Neue
Kleine Bibliothek 324

W0068987

Wolfgang Gehrcke
Christiane Reymann (Hg.)

Ein
willkommener Krieg?

NATO, Russland
und die Ukraine

PapyRossa Verlag

© 2022 by PapyRossa Verlags GmbH & Co. KG, Köln
Luxemburger Str. 202, 50937 Köln
Tel.:   +49 (0) 221 – 44 85 45
Fax: +49 (0) 221 – 44 43 05
E-Mail: mail@papyrossa.de
Internet: www.papyrossa.de

Umschlag: Verlag, unter Verwendung eines
          Motivs © by Jon Anders Wiken | Dreamstime.com [242028648]
Druck: Interpress

Die Deutsche Nationalbibliothek verzeichnet diese Publikation in
der Deutschen Nationalbibliografie; detaillierte bibliografische
Daten sind im Internet über http://dnb.d-nb.de abrufbar

ISBN 978-3-89438-801-0

Inhalt

Oskar Lafontaine

Die Lüge verhindert den Frieden
Vorwort

»Wer die Wahrheit nicht weiß, der ist bloß ein Dummkopf. Aber wer sie weiß und sie eine Lüge nennt, der ist ein Verbrecher.« An dieses Urteil Bertolt Brechts erinnern wir uns, wenn wir mit der täglichen Lügen-Propaganda der westlichen »Wertegemeinschaft« in unseren Mainstream-Medien konfrontiert werden.

»[Und] wenn alle anderen die von der Partei [dem Westen, O. L.] verbreitete Lüge glaubten – wenn alle Aufzeichnungen gleich lauteten –, dann ging die Lüge in die Geschichte ein und wurde zur Wahrheit.« Diese Erkenntnis George Orwells aus seinem berühmten Roman »1984« ist der Grund, aus dem sich seit Jahren in der Friedenspolitik engagierte Autorinnen und Autoren zusammengetan haben, um dieses Buch zu veröffentlichen.

Die Lüge darf nicht zur Wahrheit werden. Die Lüge verhindert den Frieden. Es ist erstaunlich, wie oft wir Alltagserfahrungen nicht beachten, wenn wir außenpolitische Konflikte beurteilen. Hat man je erlebt, dass miteinander Streitende sich versöhnen, wenn sie einander nur beleidigen und verleumden? Da die westliche »Wertegemeinschaft« ununterbrochen die Lüge von der Alleinschuld Putins und Russlands verbreitet, werden in diesem Buch die Gegenargumente zusammengetragen. Diejenigen, die durch die Lügen-Propaganda vergiftet wurden, werden in ihm eine einseitige Parteinahme für Russland sehen.

In den USA, in Russland und in der Ukraine haben wir es aber mit Oligarchen-Systemen zu tun, die alle nach den gleichen Regeln spielen. Ein entscheidendes Argument gegen die Alleinschuld Russlands ist, dass die USA die mit Abstand mächtigste Militärmacht der Welt sind und mit 801 Milliarden US-Dollar 2021 mehr als das Zwölffache von Russland (65,9 Milliarden US-Dollar) für Krieg und Rüstung ausgegeben haben. Und nicht russische Truppen stehen an der Grenze zu Kanada und Mexiko, sondern US-Truppen stehen entgegen allen Versprechungen, die man Gorbatschow gegeben hatte, an der Westgrenze Russlands.

Wenn man auf diese Tatsachen verweist, dann antworten die Gegner Russlands, es sei das Recht jedes freien Landes, sich dem von ihm gewählten Bündnis anzuschließen. Was auf den ersten Blick plausibel erscheint, ist, wenn man näher hinsieht, verlogen. Es ist nicht das Recht eines Landes, an der Grenze einer Atommacht, die mit anderen Atommächten rivalisiert und auf eine Zweitschlagkapazität angewiesen ist, Atomraketen einer anderen Atommacht ohne Vorwarnzeiten aufzustellen. Die Beachtung dieser roten Linie, die die USA in der Kubakrise für sich in Anspruch genommen haben, will man Russland nicht mehr zugestehen. Deshalb war die NATO-Osterweiterung so verantwortungslos. Und sie hat genau die Reaktionen hervorgerufen, die der Altmeister der US-Diplomatie, George Kennan, schon 1997 vorausgesagt hat, nämlich steigenden Nationalismus und Militarismus in Russland. Auch die korrupte Oligarchie in der Ukraine, die nach der westlichen Lügen-Erzählung für uns Freiheit und Demokratie verteidigt, hat eine erhebliche Mitschuld an der gegenwärtigen Entwicklung. Kürzlich erklärte der ehemalige ukrainische Präsident Poroschenko, das Minsker Abkommen sei nur abgeschlossen worden, um der Ukraine Zeit zur militärischen Aufrüstung für einen Krieg gegen Russland zu verschaffen. Und wie einige ukrainische Politiker damals dachten, zeigt ein geleaktes Telefonat mit Julia Timoschenko. Auf die Frage, was mit den 8 Millionen Russen in der Ukraine geschehen solle, antwortete sie: »Können wir sie nicht einfach mit Nuklearwaffen beseitigen?« Später tat sie ihre Aussage als »Scherz« ab. Die Russen aber werden dies anders verstanden haben.

Deutschland und Europa hätten den USA wegen ihrer verant-
wortungslosen Politik gegenüber Russland längst die Rote Karte zeigen müssen. Stattdessen haben sie alles geschluckt – die Kündigung
des ABM-Vertrages, die Kündigung des Vertrages über Mittelstreckenraketen und die Kündigung des Open-Skies-Vertrages.

Nachdem die heutige stellvertretende Außenministerin der
USA, Victoria Nuland, in einem Telefonat 2014 eingeräumt hatte,
dass die USA 5 Milliarden Dollar in die Destabilisierung der Ukraine gesteckt haben, fasste sie die Politik Washingtons in Europa und
in der Ukraine in einem Satz zusammen: »Fuck the EU«.

Wann endlich begreifen die Europäer, dass die USA in Europa
nur ihre Interessen vertreten und dass diese den Interessen Europas
diametral entgegenstehen? Will man den Frieden in Europa und in
der Ukraine wiederherstellen, ist eine Rückkehr zur Ost- und Entspannungspolitik Willy Brandts unabdingbar. Sicherheit kann nur
gemeinsam erreicht werden. Die Lüge verhindert den Frieden. Nur
durch Wahrhaftigkeit und die Berücksichtigung der Interessen aller
Beteiligten kann Frieden in der Ukraine und in Europa realisiert
werden.

Teil I

Was für ein Land?

Wolfgang Gehrcke / Christiane Reymann

Deutschland zeitengewendet
Dies ist nicht mehr unser Land

Das Jetzt folgt dem Vorher und geht über in ein Nachher. Diese Alltagserfahrung ist der politischen Debatte in Deutschland offenbar abhandengekommen. Die Vorgeschichte des Ukraine-Konflikts zu erforschen und der Frage nachzugehen: Wann hat eigentlich alles angefangen – und wie? Was folgt aus dem, was wir jetzt für oder gegen den Krieg tun – diese Fragen gelten bereits als Generalangriff gegen die Basta-Mentalität, mit der dieser Krieg in Politik und Medien behandelt wird. Putin gilt da als alleinschuldiger Verbrecher, dafür müsse er, müsse Russland bestraft werden. Die Strafe besteht wahlweise im militärischen Sieg über den Feind und/oder in dessen totalem Ruin.

Wir schauen uns hier an, wie der Krieg unser Land schon verändert hat und noch verändern wird. Dabei stellen wir fest, dass nicht nur außenpolitisch, im Verhältnis der Staaten zueinander, eine von Bundeskanzler Scholz so bezeichnete »Zeitenwende« vollzogen wurde, sondern auch innenpolitisch im Verhältnis der Klassen und Schichten zueinander. Und dass diese Veränderungen, anders als behauptet, nicht ursächlich auf den Krieg zurückzuführen sind. Wesentlichen Richtungsänderungen etwa zum Charakter des (Sozial-) Staates oder im gesellschaftlichen Bewusstsein haben sich schon vorher abgezeichnet.

Beginnen wir mit den 100 Milliarden für die Bundeswehr. Dass das Sondervermögen kein Vermögen, sondern Aufrüstungs- resp. Kriegskredite sind, hat sich inzwischen herumgesprochen. Am

27. Februar, nur drei Tage, nachdem russische Truppen in der Ukraine einmarschiert sind, hatte der Bundeskanzler in seiner »Zeitenwende«-Rede jene Granate an Geld für die Rüstung angekündigt. Das erschien als ungeheuer entschlossene Antwort auf »Putins Krieg«, wie Scholz und die meisten Medien ihn nennen.

»Das trifft aber nicht zu«, hält Gesine Lötzsch, Haushaltsexpertin der Linksfraktion im Bundestag, dagegen. »Die Rüstungsprojekte standen schon vorher im Koalitionsvertrag oder sind bereits im Haushaltsausschuss von der damaligen Koalition, also mit der Union, gemeinsam beschlossen worden.« Allein in der letzten Sitzung des Haushaltsausschusses vor der Sommerpause des Vorjahres – Olaf Scholz war noch Finanzminister und Russland keinen Fußbreit in der Ukraine – wurden Waffenbeschaffungen für über 20 Milliarden Euro bewilligt und das Future Combat Air System (FCAS) als Nachfolger des Eurofighters beschlossen. »Insgesamt soll dieses Luftkampfsystem 100 Milliarden Euro kosten. Das Sondervermögen wird also gar nicht ausreichen, um die ganze Wunschliste der Bundeswehr zu erfüllen«, so Lötzsch im Bundestag.[1]

Grundgesetzänderung in Rekordzeit

Zwischen der Ankündigung der Kriegskredite am 27. Februar und ihrem Beschluss im Bundestag mit der verfassungsändernden Zweidrittelmehrheit (3. Juni) und der Bestätigung im Bundesrat (10. Juni) lagen nur 103 Tage. Das sagt etwas über die Prioritätensetzung dieser Regierung aus. Die im Koalitionsvertrag beschlossene Kindersicherung soll erst am Ende der Legislatur beraten werden, also nach, wenn überhaupt, etwa 1.300 Tagen.

Vor allem stellt die Entscheidung zu den 100 Milliarden einen Rekord auf. Keine Grundgesetzänderung zuvor ist schneller durchgewunken worden. Eine gründliche Auseinandersetzung im Parlament, seinen Ausschüssen, in der Öffentlichkeit – Pustekuchen.

Zum Vergleich: Für die Grundgesetzänderungen der Notstandsgesetze hatte der damalige CDU-Innenminister Gerhard Schröder (nicht zu verwechseln mit dem späteren Bundeskanzler mit SPD-

Parteibuch) einen ersten Entwurf im Jahr 1958 vorgelegt. Es folgten jeweils revidierte Fassungen 1960, 1963, 1965 und endlich 1967; auf deren Grundlage wurde dann am 30. Mai 1968 das Grundgesetz mit den Stimmen der damaligen Großen Koalition von SPD und CDU im Bundestag geändert. Zwischen erstem Entwurf und Verabschiedung lagen zehn Jahre, breiteste Debatten in der Gesellschaft und die Proteste Hunderttausender.

Seinerzeit waren der deutsche Faschismus und Krieg noch in Erinnerung und ein wichtiges Thema. Die Opponenten gegen die Notstandsgesetze, unter ihnen der Autor, kämpften unter dem Motto: »Und sie üben wieder fleißig für ein neues '33«. Sie sahen die demokratische Substanz des Staates gefährdet durch die Machtfülle der Exekutive gegenüber der Legislative, den Einsatz der Bundeswehr im Inneren und die Einschränkungen von Grundrechten, darunter Brief-, Post- und Fernmeldegeheimnis, Berufsfreiheit, Freizügigkeit, Presse- und Meinungsfreiheit. Dazu der Antifaschist und hessische Generalstaatsanwalt in den Frankfurter Auschwitz-Prozessen, Fritz Bauer:

> »Die Menschenrechte werden hierzulande nicht wie ein Heiligtum gehütet und gehegt, sie sind vielen nicht die Substanz der Verfassung, das A und O, ohne die unser Staat zu existieren aufhört. Die Ausnahmen, Einschränkungen und Vorbehalte pflegen hier gerne die Regel zu werden, da obrigkeitsstaatliches Denken nicht tot ist und durch das für die Gegenwart und Zukunft kennzeichnende Wachstum der Bürokratie immer neue Nahrung erhält.«[2]

Ausnahmen, Einschränkungen, Vorbehalte gegenüber Grund- und Menschenrechten scheinen bis heute eine Konstante (bundes-)deutscher Politik zu sein. Nachdem zu Beginn des Jahres 2020 die ersten Fälle von SARS-CoV-2, damals sprach man noch von der »unbekannten Lungenkrankheit«, auch in Deutschland festgestellt worden waren, und die Weltgesundheitsorganisation WHO am 30. Januar weltweit eine »gesundheitliche Notlage internationaler Tragweite« festgestellt hatte, verabschiedete der Bundestag am 27. März das

»Gesetz zum Schutz der Bevölkerung vor einer epidemischen Lage nationaler Tragweite«. Ihm sollten ein Zweites und Drittes Gesetz folgen, bis die »epidemische Lage nationaler Tragweite« im November 2021 vorerst aufgehoben wurde.

An dieser Stelle geht es nicht um die Sinnhaftigkeit der Maßnahmen zur Eindämmung von COVID-19, sie waren und sind umstritten. Gegenstand hier ist die Reaktion des Staates auf ein unvorhergesehenes Ereignis und seine Befugnisse gegenüber den Bürgerinnen und Bürgern. Auch hierzu hatten die entsprechenden Gesetze den Bundestag und, wo nötig, den Bundesrat in Windeseile passiert. Es musste zwar nicht das Grundgesetz geändert werden, aber ein einfaches Gesetz zum Infektionsschutz hatte die Exekutive ermächtigt, fortan mit Verordnungen weitgehende Regeln und Einschränkungen durchzusetzen. Neben bundesweiter Maskenpflicht, Versammlungsverboten, Lockdowns, Nachweispflichten über den Gesundheitszustand, Testen, Impfen und deren Kontrolle wurden die weitestgehenden Grundrechtseinschränkungen seit Gründung der Bundesrepublik Deutschland vorgenommen, darunter der Freiheit der Person, Berufsfreiheit, Unverletzlichkeit der Wohnung, Versammlungsfreiheit, Glaubensfreiheit, des Rechts auf Freizügigkeit.

Für die Grundgesetzänderung zum »Sondervermögen« wurde nur ein kleiner neuer Absatz in Artikel 87a des Grundgesetzes eingefügt, der den Bund außerhalb der Schuldenbremse zur Ausgabe jener 100 Milliarden ermächtigt – zwecks »Stärkung der Bündnis- und Verteidigungsfähigkeit und Ertüchtigung der Streitkräfte«. Das Nähere regelt der Gesetzgeber. Diese Änderung des Grundgesetzes scheint kaum der Rede wert. Aber sie hat es in sich.

Militarismus

Der Streit um die Notstandsgesetze wurde um die Abwehr des autoritären Staates geführt. Die aktuellen Unsummen für Rüstung berühren ebenfalls den Charakter des Staates: Gilt danach noch das Friedensgebot des Grundgesetzes? Die Höhe der Kriegskredite und die Begleitumstände der Grundgesetzänderung sprechen vom Gegenteil. Sie zeugen von einer Militarisierung des Staates: Über Waffenlieferungen und die Ausbildung ukrainischer Soldaten ist Deutschland Kriegspartei geworden. Die Bevölkerung ist aufgerufen, für den Sieg Opfer zu bringen, vom Frieren bis zum Wohlstandsverlust. Der Krieg ist wieder der Ernstfall und nicht der Frieden; entsorgt ist die Überzeugung des damaligen Bundespräsidenten Gustav Heinemann, der bei seiner Vereidigung 1969 sagte: »Nicht der Krieg ist der Ernstfall, in dem der Mann sich zu bewähren habe, wie meine Generation in der kaiserlichen Zeit auf den Schulbänken unterrichtet wurde, sondern heute ist der Frieden der Ernstfall, in dem wir uns alle zu bewähren haben. Hinter dem Frieden gibt es keine Existenz mehr.«[3] Gustav Heinemann hatte damit die demonstrative Abkehr vom obrigkeitsstaatlichen Westdeutschland des Kalten Krieges vollzogen. Heute machen Regierung und Massenmedien eine doppelte Rolle rückwärts, wenn sie geschichtsvergessen zurückfallen in die Terminologie des kriegsbesoffenen Kaiserreichs und das Ziel eines ukrainischen Sieges auf den Schild heben, der zu erreichen, und vom russischen »Diktatfrieden« sprechen, der zu verhindern sei.

Doch noch gibt es Zauderer. In den Ländern der EU findet nur in Polen, Deutschland, Finnland und Schweden die Erhöhung der Militärausgaben eine breite Unterstützung durch die Bevölkerung. Zu diesem Ergebnis kommt eine Analyse aus dem Europäischen Rat für Auswärtige Beziehungen.[4] »Die Europäer« seien zwar solidarisch mit der Ukraine und unterstützten die Sanktionen gegen Russland, gespalten sei die Bevölkerung aber hinsichtlich der langfristigen Ziele. Die Bürgerinnen und Bürger seien besorgt über die Kosten der Wirtschaftssanktionen und die Gefahr einer nuklearen Eskalation. »Wenn sich nicht etwas dramatisch ändert, werden sie sich einem langen und langwierigen Krieg widersetzen.« Darin sehen die Autoren ein großes Problem: »Die Regierungen werden eine neue Sprache finden müssen, um die Kluft zwischen diesen auseinanderstrebenden Lagern zu überbrücken (…). Der Schlüssel wird darin liegen, Waffenlieferungen und Sanktionen als Teil eines Verteidigungskrieges darzustellen.«

Neusprech, »a new language«, soll Zweifel in der Bevölkerung ausräumen. Dieser Rat ist nicht neu, nicht originell, und wird durch Wiederholen auch nicht besser. Darauf sind die Regierenden und Meinungsmacher schon selbst gekommen, als sie der Idee eines gerechten Friedens den Rücken gekehrt und sich dem »gerechten Krieg« zugewandt haben. Der zeichnet sich dadurch aus, dass er keine Interessen kennt, sondern nur Werte.

Keine Politikerin, kein Politiker von CDU/CSU, FDP, SPD oder Grünen, der bzw. die nicht öffentlich die Ukraine belobigt, die im Krieg für unsere europäischen Werte kämpfe. Aus einer Bundesregierung, deren männlicher Teil zu 100 Prozent nicht gedient hat, ist plötzlich eine Ansammlung von Waffennarren geworden, die jede Typenbezeichnung von Panzern und jedes Kaliber von Haubitzen im Schlaf herunterrattern kann. Nicht vom Hauch eines Zweifels angekränkelt, ist ihr Mantra, Krieg sei das einzige Mittel, Putin zu stoppen. Heldenverehrung hält wieder Einzug in Redaktionsstuben und setzt sich an den Tisch der Koalitionäre. Den Takt gibt die Ukraine vor, »denn sie ist bereit, für den europäischen Traum zu sterben.«[5] Deshalb wird jede Forderung der ukrainischen Regierung nach noch mehr Waffen und noch mehr Geld nebst der Beschimpfungen ihres abgezogenen Rüpels von Botschafter, des Bandera-Verehrers Melnyk, in reuiger Selbstkasteiung angenommen. Der Militarismus verachtet das Leben und feiert den Heldentod.

Exkurs: Zum Stand der Demokratie in der Ukraine

»Die Ukraine als Verteidigerin der Freiheitsrechte und der Demokratie, der Meinungs-Pluralität, Rechtsstaatlichkeit sowie der Menschenrechte«, so Hubert Mooser in der konservativen Schweizer *Weltwoche* (11.7.2022), »mit Verlaub: Das ist fast schon grotesk.«[6] Schließlich sei die Ukraine eines der korruptesten Länder der Welt.

Nach den *Pandora Papers* von November 2021 war die Ukraine Spitzenreiter bei der Zahl korrupter Amtsträger. »Einer war Selens-

kyj mit Konten in Belize, Zypern und auf den Britischen Jungfern-
inseln. 41 Millionen Dollar soll er bekommen haben, überwiesen
von dem dubiosen Oligarchen Ihor Kolomojskyj«.[7] Dieser 5,5 Milliarden US-Dollar schwere Oligarch hatte auch Selenskyjs Wahl
finanziert. Sollte der derzeitige Präsident irgendwann sein Land
verlassen, kann er in London unter mehreren Luxuswohnungen
wählen, die ihm gehören,[8] und sorglos Geld abheben: Die Konten
der ukrainischen Oligarchen und Superreichen sind nicht gesperrt.

Im Spätsommer 2022 ist allen Oppositionsparteien ihre Tätigkeit untersagt. Bereits am 20. März hatte der Nationale Sicherheitsrat elf politischen Parteien jegliches Handeln verboten, darunter
sind die Kommunistische Partei, Linke Opposition, Progressive
sozialistische Partei der Ukraine, Sozialdemokratische Partei der
Ukraine und die Union der linken Kräfte. Am 14. Mai trat dann ein
Gesetz in Kraft, wonach alle Parteien, die als »prorussisch« gelten,
im Eilverfahren komplett verboten werden können. Das dafür zuständige Gericht in Lwiw hat längstens einen Monat Zeit, um über
das Existenzrecht einer Partei zu entscheiden. Direkt nach Verabschiedung dieses Gesetzes hat der Justizminister den Verbotsantrag
gegen die größte Oppositionspartei, die »Oppositionsplattform für
das Leben« eingereicht.[9]

Den Medien geht es nicht viel besser. Gleich zu Kriegsbeginn
hat die Regierung alle größeren TV-Sender »in einem Programm
vereint«, wie es der *Deutschlandfunk* nennt. Das heißt *Telemarathon*
und es zeichnet sich durch eine regierungstreue Berichterstattung
aus. Die kleineren TV-Sender könnten nur noch über Satellit oder
Internet empfangen werden.[10] Russischsprachige Sender sind ohnehin verboten.

Wenn es um den Einfluss rechts-nationalistischer und faschisti-
scher Kräfte auf die ukrainische Politik geht, wird gern auf die Wer-
chowna Rada, das Parlament, verwiesen.

»Auch wenn rechte und rechtsextreme Parteien bei den Wahlen
seit 2014 keine nennenswerten Erfolge erzielen konnten«, schreibt
die aus dem Haushalt des Bundeskanzleramtes finanzierte »Stiftung

Wissenschaft und Politik« 2019 in einer Studie, »hat nationalistisches Gedankengut in der gesellschaftlichen Auseinandersetzung um den Konflikt im Osten (wie auch bei anderen Themen) erheblichen Einfluss. Es gelingt nationalistischen Akteuren immer wieder, die politische Führung zur Anpassung ihrer Politik zu zwingen.«[11]

Die Rechte hat ihre eigenen Kampftruppen, Bataillone und Regimenter. Unter den zahlreichen Freiwilligenbataillonen ist das Asow-Regiment das bekannteste. Es ist inzwischen dem Innenministerium unterstellt, andere wüten auf eigene Faust. Das bevorzugte Terrain der extremen Rechten ist nicht das Parlament, sondern es sind die Orte der Gewalt – durch Sprache, Hassrede im Internet, und der physischen Gewalt: Bürgerkrieg und Krieg, Terror gegen Andersdenkende.

Dieses Umfeld hat der Autor miterlebt, als er im November 2014 mit seinem MdB-Kollegen Andrej Hunko in Odessa politische Gespräche geführt hat. Hier hatte am 2. Mai jenes Jahres ein grausames Massaker stattgefunden. Kräfte des Rechten Sektors hatten Gegner der Putschregierung angegriffen. Diese und Menschen, die zufällig dort waren, suchten Schutz im Gewerkschaftshaus. Der rechte Mob setzte das Gewerkschaftshaus in Brand, die Eingeschlossenen verbrannten bei lebendigem Leib oder versuchten, sich durch einen Sprung aus dem Fenster zu retten. Feuerwehr und Polizei ließen sich erst nach 40 Minuten blicken. Die offizielle Bilanz verzeichnet 48 Tote und 250 Verletzte, Aktivisten sprechen von 100 Toten.

Darüber sprachen Andrej Hunko und Wolfgang Gehrcke mit Andrej Jussow, leitendes Mitglied der Udar-(Schlag-)Partei von Vitali Klitschko, jener von der CDU-nahen Konrad-Adenauer-Stiftung mit erdachten und geförderten Partei. Ihr Gesprächsprotokoll hält die Einschätzung von Herrn Jussow fest, dass man den Ereignissen »am 2. Mai auch etwas Positives abgewinnen könne. Schließlich sei dadurch verhindert worden, dass eine ähnliche separatistische Bewegung entstehen konnte wie in Donezk oder Lugansk.« Angesprochen auf das Modell einer Kalaschnikow im Regal des Politikers antwortete er: »Was wollen Sie? Die Originale geben wir unseren Menschen auf ihrem Weg in die Freiwilligenbataillone mit.« Notiz

der beiden Parlamentarier: »Der rechte Sektor in der Ukraine umfasst weit mehr als die Parteien, über die in Deutschland dabei geredet wird.« Sie trafen auch Sergii Glebov, Associate Professor am
Institute of Social Sciences in Odessa. Der behauptete »allen Erns-
tes, dass die Ukraine-Krise nur durch einen Aufstand in Russland,
einen Kreml-Maidan, gelöst werden könne.«[12]

Das Massaker von Odessa ist bis heute nicht aufgeklärt, obwohl
eine hochrangige Expertengruppe des Europarats 2015 in einem
umfangreichen Bericht die unzureichende und parteiische Unter-
suchung durch Kiewer Behörden kritisiert hat, 2016 dasselbe durch
das Human Rights Office der UNO und 2018 durch den Hohen
Kommissar für Menschenrechte.[13]

Schon vor dem Maidan konnten im Parlament völkisch Rechte
und Faschisten von Regierungsbänken aus ihren Hass auf alles Russische ebenso verbreiten wie den Hass auf alles Linke und Kommunistische. Das zeigt ein Gesetz, das 2012 unter nach Tumulten und Schlä-
gereien in der Rada Ukrainisch als alleinige Landessprache definierte,
mit der Möglichkeit, Russisch als Regionalsprache zuzulassen. 2018
erklärte das Verfassungsgericht es für ungültig. Ein Jahr später aber
trat ein neues Sprachengesetz in Kraft, das die »Minderheitenspra-
chen« weiter zurückdrängt. Dazu gehören Bulgarisch, Griechisch,
Polnisch, Rumänisch, Ungarisch und natürlich Russisch, das in der
Hälfte der Haushalte in der Ukraine Umgangssprache ist.[14] Das Gesetz mit dem sperrigen Namen »Gesetz über die Gewährleistung der
Funktion des Ukrainischen als Staatssprache«[15] legt fest, in Etappen
das Ukrainische als Staatssprache tatsächlich durchzusetzen: In den
Verwaltungen, Dienstleistungen, Medien, der Kultur, den Schulen
und Universitäten, im gesamten öffentlichen Leben. Verstöße werden
geahndet. Versuche, »eine offizielle Mehrsprachigkeit einzuführen,
werden dem neuen Gesetz nach als Handlungen eingestuft, die eine
sprachliche Spaltung, interethnische Konflikte und Feindseligkeiten
provozieren.« Dafür drohen bis zu zehn Jahre Haft.[16]

Viel umfassendere Rechte als den (größeren und großen) Minderheiten werden den autochtonen Gemeinschaften in dem Gesetz

über die indigenen Völker[17] von 2021 zugestanden, etwa das Recht auf Bildung in der eigenen Sprache, politische Selbstverwaltung und Autonomie innerhalb des ukrainischen Staates. Das Gesetz gilt allerdings nur für die drei auf der Krim beheimateten Bevölkerungsgruppen der Krimtartaren, Karäer und Krimtschaken.

Unter dem Schirm der Ukrainisierung werden in der Ukraine Individuen und Gruppen je nach Abstammung sehr unterschiedliche Rechte zugebilligt, und viele Menschen erleben die Ukrainisierung als verzahnt mit einer Ent-Russifizierung resp. Ent-Sowjetisierung. Ein Beispiel: Die »Lustration«, das »Entkommunisierungsgesetz« von 2015. Es stellt alles, was Kiew für kommunistisch hält, unter Strafe von fünf bis zehn Jahren Gefängnis.[18] Das betrifft Meinungsäußerungen, Organisationen, Geschichtsdarstellungen, selbst der fünfzackige Stern mit Hammer und Sichel, das Symbol der Roten Armee, unter dem sich auch die Ukraine vom deutschen Faschismus befreite, ist heute verboten; Hitlergruß und Hakenkreuz hingegen nicht. Die Wolfsangel ist offiziell das Symbol des Asow-Regiments und Präsident Selenskyj postete 2022 am 9. Mai, dem Feiertag zur Befreiung vom Faschismus, auf *Twitter* das Foto eines ukrainischen Soldaten, auf dessen Brust der Totenkopf der 3. SS-Panzerdivision prangt.[19] Die Elitetruppe der Nazis kämpfte während des Zweiten Weltkriegs auch in der Südukraine. Das Foto verschwand zwar nach einer halben Stunde, aber das Internet vergisst nichts.

Wolodymyr Selenskij wurde 2019 mit überwältigenden von 73 Prozent zum Präsidenten der Ukraine vor allem aus einem Grund gewählt: Er versprach, den Krieg in der Ostukraine zu beenden. Im Dezember 2021 vertrauten ihm laut *statista* nur noch 38 Prozent, 61 Prozent hingegen nicht.[20] Anfang 2019 verankerte das Parlament in der Verfassung eine »strategische Orientierung der Ukraine zum vollständigen Beitritt zur EU und der NATO«.[21] Am 24. März unterzeichnete Präsident Selenskyj das »Dekret zur De-Okkupation und Wiedereingliederung der Krim und der Stadt Sewastopol«.[22] Am 10. Juni 2022 verkündete der Präsident, mit einer Million Soldaten den Donbass, den Süden und die Krim zurückzuerobern.[23]

Äußerer und innerer Feind

Zurück zum Militarismus in Deutschland: Kein Militarismus ohne
Feind. Zuerst wird der äußere Feind identifiziert und seine Sub-
version im Land der Guten ausgeschaltet. In diesem Sinn sperrte
Youtube – wiederum: vor Kriegsbeginn, Ende 2021 – dem Sender
RT.DE, ehemals *Russia Today*, die Kanäle, und die Landesmedien-
anstalt Berlin-Brandenburg verweigerte ihm eine Sendelizenz für
Deutschland. Die russische Regierung sprach von einem »Medien-
krieg«.[24] In einem nächsten Schritt wird der mit dem äußeren ver-
bandelte innere Feind dingfest gemacht. So schrieb der FDP-Poli-
tiker Alexander Graf Lambsdorff auf *Zeit Online* (12.4.2022): »Die
Ostermarschierer sind die fünfte Kolonne Wladimir Putins, politisch und militärisch (sic!)«. Und Kanzler Scholz hielt der AfD im
Bundestag entgegen, es wirkte wie einstudiert: Sie sei »die Partei
Russlands«.[*]

Für alle mehr oder weniger Oppositionellen wird der Raum
für Politik- und Gesellschaftskritik in rasantem Tempo immer enger; als ob sich die Herrschenden schon auf Proteste und Unruhen
vorbereiten, an die die Unterdrückten noch gar nicht denken. So
bekam der Verfassungsschutz einen neuen Ermittlungs- und Be-
obachtungsauftrag für »den Phänomenbereich der verfassungs-
schutzrelevanten Delegitimierung des Staates«[25]. Diese Konstruktion wurde im April 2021 geschaffen, seinerzeit um »Mythen« im
Zusammenhang mit den Corona-Maßnahmen aufzudecken. Heute
erscheint er laut Selbstdefinition der Schlapphüte wie geschaffen für
»insbesondere gesellschaftliche Krisensituationen, etwa signifikante
Einschränkungen im Zusammenhang mit Klimaschutzmaßnahmen
oder eine wirtschaftliche Rezession infolge des russischen Angriffs-
kriegs gegen die Ukraine«. Die könnten »instrumentalisiert werden,

---

[*]   Olaf Scholz in der Fragestunde des Bundestages, 6. Juli 2022, nachdem ein
       AfD-Abgeordneter die Sanktionen als »nutzlos« bezeichnet und die In-
       betriebnahme von Nord Stream 2 gefordert hatte: »Ich halte fest: Die AfD
       ist nicht nur eine rechtspopulistische Partei, sondern auch die Partei Russ-
       lands«.

um Institutionen und Repräsentanten des Staates systematisch zu delegitimieren und das demokratische System insgesamt zu diskreditieren«.[26]

Um das Gespinst aus *könnte, würde, wäre* etwas zu lichten: Der Staat baut vor. Für den Fall, dass die Energiewende doch nicht so klappt oder Deutschland in eine Rezession gleitet, können Proteste dagegen nicht als Auseinandersetzungen in der Sache, sondern als »Delegitimierung des Staates« geahndet werden. Ganz auf dieser Linie hat Innenministerin Nancy Faeser mögliche Proteste gegen die Inflation schon einmal vorsorglich in die ganz rechte Ecke gestellt, wo sich bekanntlich die »Partei Russlands« tummelt, als sie »die Gefahr« unterstrich, »dass diejenigen, die schon in der Coronazeit ihre Verachtung gegen die Demokratie herausgebrüllt haben und dabei oftmals Seite an Seite mit Rechtsextremen unterwegs waren, die stark steigenden Preise als neues Mobilisierungsthema zu missbrauchen versuchen.«[27]

Einmal der Willkür Tür und Tor geöffnet, gibt es kein Halten mehr. So denkt Arbeitgeberpräsident Rainer Dulger angesichts eines eintägigen (!) Streiks im Hamburger Hafen im Juli 2022 über »einen nationalen Notstand« nach, »der dann auch Streikrecht bricht«.[28] Dabei dürfte dem Arbeitgeberpräsidenten nicht unbekannt sein, dass die deutschen Notstandsgesetze explizit das Streikrecht schützen. Doch in einer Zeit, in der vorbeugend schon einmal Protest als Delegitimierung des Staates und potenziell rechtsradikal dargestellt wird, tritt das ein, wovor Fritz Bauer im Zusammenhang mit den Notstandsgesetzen gewarnt hatte:

»Die – wenn auch zunächst nur theoretischen – Möglichkeiten der Suspendierung der Grundrechte können das Denken und Handeln bestimmen; sie bestätigen die vielen, allzu vielen, die an der Unverletzlichkeit der Grundrechte deuteln, auf ihren Realismus stolz sind und an das Ethos einer Staatsräson glauben.«[29]

Die Geschichte des Rechts ist republikanisch, die der Staatsräson absolutistisch.

Gegen Russland, gegen Putin, gegen beide?

Zur deutschen Staatsräson gehört während des Ukraine-Krieges, »den Feind« in Form von Wladimir Putin, der russischen Regierung oder gar ganz Russlands verächtlich zu machen. Jeder Krieg ist grausam und ein Verbrechen, das zu beklagen und anzuklagen ist. Etwas anderes ist die hasserfüllte Sprache, in der Mitglieder der deutschen Regierung und größte Teile der Medien über die Russische Föderation und ihre Repräsentanten herfallen. Als Beispiel sei aus der morgendlichen Presseschau des *Deutschlandfunks* vom 25. Juli 2022 zitiert: »Putin führt den Westen vor und manipuliert die öffentliche Meinung«, in Moskau »sitzen Kriegsverbrecher«, »Russland achtet und missachtet Vereinbarungen nach Gutdünken«, »Moskau folgt weiter der Terrorlogik, Angst und Schrecken zu verbreiten, unberechenbar zu bleiben, Vereinbarungen mit Füßen zu treten«, »Putins Russland ist generell zu keinerlei Abkommen fähig«, »Wladimir Putin ist nicht zu trauen«, »dem Kriegstreiber Putin ist alles zuzutrauen«, »Die Ukraine wird nie sicher sein können vor diesem größenwahnsinnigen Kremlchef«, »Er pfeift auf Verträge und Abkommen«.[30]

Die Ampel-Politiker stehen dem nicht nach, die Grünen unter ihnen schon gar nicht. Um im russischen »Gaskrieg« nicht zu unterliegen, vervollkommnet Wirtschaftsminister Habeck den »Gasnotfallplan« und Außenministerin Baerbock beschuldigt Russland, »die ganze Welt als Geisel« zu nehmen und »Hunger ganz bewusst als Kriegswaffe« einzusetzen.[31] Diese zwei sind im Sommer 2022 die beliebtesten Mitglieder des Bundeskabinetts – obwohl oder weil sie jegliches Maß verloren haben? Der eine vergleicht die Drosselung der russischen Gaslieferung an Deutschland mit dem Einsatz der ersten Massenvernichtungswaffe, Giftgas, durch die kaiserliche Armee im Ersten Weltkrieg (allein durch diese: 100.000 Tote, 1,2 Millionen Verwundete); die andere den – glücklicher Weise: zeitweiligen – Ausfuhrstopp ukrainischen Getreides mit … wem? Ja, konnte denn kein einziger der aktuell 12.082 Mitarbeiterinnen und Mitarbeiter des Außenministeriums ihre Chefin darauf hinweisen, dass es die Nazi-Armee war, die den Hunger ganz bewusst als Kriegswaffe gegen die

Bevölkerung der Sowjetunion und die sowjetischen Kriegsgefange-
nen eingesetzt hat? Und dass daran vier (andere Schätzungen sprechen gar von sieben[32]) Millionen Soldaten und Zivilisten starben,
allein eine Million bei der Leningrader Hungerblockade?

Es fällt schwer zu glauben, dass Robert Habeck rein zufällig am
21. Juni 2022 die Reduzierung russischer Gaslieferungen »einen
Angriff auf Deutschland« nannte, während die ersten Panzerhau-
bitzen aus Deutschland für einen Einsatz gegen Russland in Kiew
eintrafen. Der 21. ist der Vorabend des 22. Juni, dem Tag des Über-
falls Hitlerdeutschlands auf die Sowjetunion. Er ist in Russland und
anderen ehemaligen Sowjetrepubliken ein nationaler Gedenk- und
Trauertag.

Die »wehrhafte« Gesellschaft formiert sich

Seit der Kohl-Regierung haben wir nie mehr so viel und so oft von
der »wehrhaften Demokratie« sprechen hören wie im Jahr 2022.
Überhaupt werden derzeit Rückgriffe in einen politischen Instru-
mentenkasten vorgenommen, die schon bei ihrer Erstanwendung
nicht sehr erfolgreich waren. Etwa auf die »Konzertierte Aktion«,
jene 1966 vom sozialdemokratischen Bundeswirtschaftsminister
Karl Schiller zusammengerufene Runde aus Gewerkschaften, Unter-
nehmerverbänden und Bundesregierung, die mit der ersten Wirtschaftskrise der Bundesrepublik fertigwerden sollte. Zuvor hatte übrigens Bundeskanzler Ludwig Erhard (CDU, 1963-66) das Konzept
der »Formierten Gesellschaft« verfolgt, das die Klassenspaltung in
einer »schicksalhaften Verbundenheit aller mit allen« aufgehoben
sah.[33] Mit Hilfe der damaligen »Konzertierten Aktion« sollte den
Gewerkschaften Mäßigung in Tariffragen beigebracht werden. Dieses Ziel ist gleich geblieben, wobei die Gestaltungsmacht der Gewerkschaften heute nur noch ein Schatten der damaligen ist. Jetzt
sollen sie, so Olaf Scholz, »die Lohn-Preis-Spirale« brechen. Das ist
eine etwas verschrobene Wahrnehmung, denn nicht »zu hohe« Löhne sind das Problem, sondern die Preis-Inflations-Spirale. Sie be-
wirkt die Enteignung großer Teile der Bevölkerung. Doch darauf ist

der Kanzler-Appell »Wir müssen zusammenhalten und uns unterhaken«[34] nicht gerichtet. Und so torkelt die bundesdeutsche Gesellschaft in eine Krise noch ungeahnten Ausmaßes. Begonnen hat sie wiederum schon vor dem Krieg.

Wir müssen alle ärmer werden

Verlierer sind zuallererst die Menschen am unteren Ende der Einkommensskala. Erschütternd die Entwicklung, die der Armutsbericht 2022, ihm liegen die Zahlen aus 2021 zugrunde, des Paritätischen [Wohlfahrtsverbandes][35] spiegelt. Danach ist jeder sechste Mensch in Deutschland arm, insgesamt 13,8 Millionen. »Noch nie«, so Hauptgeschäftsführer Ulrich Schneider, »wurde auf der Basis des amtlichen Mikrozensus ein höherer Wert gemessen und noch nie hat sich die Armut in jüngerer Zeit so rasant ausgebreitet wie während der Pandemie«: so bei selbstständig Erwerbstätigen von 9 auf 13,1 Prozent. Zudem steigt die Altersarmut und inzwischen ist jedes fünfte Kind arm.

Die Armut hat sich verfestigt, sie kann nicht mehr vertafelt werden. Die Tafeln sind überfordert, ihnen gehen die Lebensmittelspenden und finanziellen Zuwendungen aus. Einige müssen Bedürftige zurückweisen oder schmälern die Mahlzeiten. Jochen Brühl, Vorsitzender der Tafel Deutschland, fordert die Bundesregierung auf, konkrete und schnelle Hilfe für armutsbetroffene Menschen zu leisten, um die Nachfrage bei den Tafeln langfristig zu senken. »Ehrenamtsorganisationen können nicht das auffangen, was seit Jahren schiefläuft in unserem Land«.[36]

Das ist vor allem die enorme soziale Ungleichheit. Begonnen hat diese fatale Entwicklung vor zwei Jahrzehnten mit Hartz IV und dem größten Niedriglohnsektor in Europa, der Öffnung von Gemeingut und sozialer Sicherung für die Finanzmärkte und der Anpassung der Steuergesetze an die Interessen der ganz Großen. Schon damals wurden die Abgehängten ausgegrenzt und damit die Demokratie in ihrem Kern verletzt. Heute beschleunigen die exorbitant steigenden Rüstungsausgaben, Inflation und teure Energie diesen Prozess und

immer größere Teile der Bevölkerung werden auf die *never come
back line* ausgestoßen.

Als ob er über ein Naturgesetz spricht, konstatiert Martin
Wansleben, Hauptgeschäftsführer des Deutschen Industrie-
und Handelskammertages: »Wir werden einfach alle ärmer. Für
Deutschland male ich Ihnen ein Bild: Ich würde mich nicht wun-
dern, wenn wir am Ende 20 bis 30 Prozent ärmer sind.«[37] Wenn
das ein Mann der Wirtschaft sagt, ist dies schon befremdlich. Doch
wenn der für diese Lage mitverantwortliche Vizekanzler dasselbe sagt* und ergänzt: »Die Kosten müssen aufgebracht werden«,
dann ist das zynisch. Ent-persönlicht, ohne Subjekt, löscht er die
Verantwortung von Politik und Politikern aus und verschleiert vor
allem eines: Dass die Preissteigerungen für Energie laut Gasnot-
hilfeplan nach unten durchgereicht werden. Angesagt sind nicht
mehr nur dicke Pullover, Kurzduschen und 16 Grad in der Wohnung im Winter. Der Gesamtverband der deutschen Wohnungs-
wirtschaft rechnet mit einer Steigerung der Kosten von Haushalts-
energie von durchschnittlich 702 Euro im Jahr 2021 auf Minimum
1.361 bis Maximum 3.799 Euro im Jahr 2022.[38] Der Autor Michael
Lüders sieht in diesem »selbstverschuldeten Energiedesaster« der
Bundesregierung »den symbolischen Anfang vom Ende des deutschen Wohlstandes, begleitet von der Verarmung weiter Teile der
Gesellschaft bis hin in die Mittelschichten hinein und nicht zuletzt
unabsehbaren gesellschaftlichen Verwerfungen.«[39]

Doch auch unter diesen widrigen Umständen gibt es noch Gewinner. Zwischen dem 1. Quartal 2021 und 2022 sind zum Beispiel
die Gewinne von ExxonMobil um 220 Prozent, die von TotalEner-
gies um 187 und von Shell um 147 Prozent in die Höhe geschnellt.[40]
Hinzu kommen die üblichen Kriegsgewinnler. Rüstungs- und mit
ihnen verbundene Konzerne sind zu Lieblingen der Börse gewor-

---

* Robert Habeck sagte im Frühjahr 2022: »Wir zahlen diesen Preis durch höhere Energiepreise, durch höhere Inflation und ein abgebremstes Wachstum. Das bedeutet im Klartext, dass Deutschland (…) buchstäblich ärmer
  wird.«, zu sehen etwa im Youtube-Channel von *Zeit online*, 27.4.2022.

den, Rheinmetall konnte seine Aktienkurse zwischen Unterzeichnung des Koalitionsvertrags und Anfang Mai 2022 verdreifachen.[41] Und das Portal für die Privatanleger, FinMent, räumt vorausschauend moralische Skrupel gegenüber Investitionen in den Tod aus, indem es Rüstungsaktien schon einmal in »Friedensaktien« umtauft, mit deren Hilfe das »Gleichgewicht der Abschreckung« aus dem Kalten Krieg uns alle wieder schützen könne.[42]

Kriegswirtschaft oder Kooperation?

Im Kalten Krieg waren die Handels- und Wirtschaftsbeziehungen von Westdeutschland und Russland die materielle Basis der Politik der friedlichen Koexistenz. Ein Symbol dafür wurde das Röhrengeschäft von Hoesch, Mannesmann und Phoenix-Rheinrohr, gegen das die US-Regierung 1962 über die NATO ein Exportverbot verhängt hatte. Es dauerte Jahre politischen Kräftemessens, bis sie ihre Röhren liefern konnten, durch die dann Erdgas floss.

Als Annalena Baerbock am 10. Mai 2022 Kiew besuchte, unterstrich sie, Deutschland wolle die Energielieferungen aus Russland »auf Null« reduzieren und zwar »für immer«. Sich vom »Feind« wirtschaftlich unabhängig zu machen, folgt der Idee einer Kriegswirtschaft. So werden die Ostpolitik und die Idee einer gemeinsamen Sicherheit in Europa politisch, wirtschaftlich, auf allen Ebenen begraben.

Der Weg, die für den Winter 2022/23 drohende Energiekrise abzuwenden, liegt auf der Hand bzw. auf dem Meeresboden der Ostsee. Es könnte wieder (vorübergehend?) mehr russisches Gas bezogen werden. Damit billigt niemand zugleich den russischen Krieg wie auch keiner den Krieg Saudi-Arabiens gegen den Jemen gutheißt, wenn saudisches Öl gekauft wird. Zudem nutzt es der Ukraine nicht, wenn Deutschland deindustrialisiert und krisengeschüttelt ist. Im Bundestag tritt nur die AfD dafür ein, mehr russisches Gas zu beziehen.[*] Aus der Linksfraktion sind es einzelne Ab-

---

[*] Die AfD ist keine Partei europäischer Sicherheit. Sie ist für mehr NATO, für das »Sondervermögen« der Bundeswehr und streitet für weitere Erhöhungen der Rüstungsausgaben.

geordnete wie Sahra Wagenknecht oder Klaus Ernst. Dieser hatte
sich für ein Ende der Sanktionen gegen Russland ausgesprochen,
um die Gasversorgung in Deutschland zu sichern, und forderte
zudem, Nord Stream 2 befristet in Betrieb zu nehmen. Stehenden
Fußes wiesen Fraktionschef Dietmar Bartsch und auch die Partei-
vorsitzenden diese Überlegungen zurück. Sie entsprächen nicht der
Beschlusslage der Partei DIE LINKE. Die Angst vor einer gesellschaftlichen Ächtung ist enorm.

Neu denken

Ende der 1960er Jahre war der Sozialstaat in Westdeutschland noch
halbwegs in Ordnung – und wohlfahrtsstaatliche Illusionen waren
verbreitet. Zugleich hatte die 68er-Revolte diese »Ordnung« als im
Inneren marode erkannt – noch marode, weil die Geschichte und
Vorgeschichte des deutschen Faschismus nicht bearbeitet und auto-
ritäres Denken dominant war, und schon marode, weil sie nicht zu
einer Idee fähig war, für die es sich zu engagieren lohnt.

In dieser Zeit haben wir mit anderen zusammen die Ideen der
sozialen, politischen, sexuellen Befreiung und des Friedens als das
entdeckt, was das Leben reich machen kann. In Auseinandersetzung
mit Reaktion, kleinbürgerlichem Mief und Kriegstreibern brachen
wir auf, uns dieses Land anzueignen. Und das hat ja auch den einen
oder anderen sympathischen Zug angenommen: Eine Protestkultur
mit Eigensinn und Mut, internationale Solidarität, einen – begrenz-
ten – Willen zur Aussöhnung mit nahen und ferneren Nachbarn.
Das war keine tiefe gesellschaftliche Umwälzung, eher haben wir,
ohne es zu wollen, zur Modernisierung des Kapitalismus beigetragen; aber die eigenen Vorstellungen sind über diese Grenze hinaus-
geflogen.

Während der letzten Jahrzehnte erleben wir allenthalben ein-
fache oder doppelte Rollen rückwärts. Die Kriegssituation steigert
deren Wucht und Allgegenwart. Und die Anzeichen einer gewissen Bescheidenheit sind (wieder) dem Anspruch auf Führung ge-
wichen – ob in der Lars-Klingbeil-Variante als auch militärische

Führungsmacht oder der Habeck'schen »dienenden Führungsrolle«.[43] Vor beiden Varianten kann einem nur grauen. Wir leben
jetzt in einem Land, das sich in seiner aktuellen Verfasstheit nicht
als friedensfördernd erweist, und das den Kompass zu gemeinsamer Sicherheit verloren hat: Die Interessen des Gegenübers mit-
zudenken. Es geht schon lange nicht mehr »nur« um europäische
Sicherheit. Es geht um Sicherheit in einer Welt, die von tektoni-
schen Kräfteverschiebungen erschüttert wird. Dafür einen friedlichen Rahmen zu schaffen, wäre unter »normalen« Bedingungen
die Aufgabe mehrerer Generationen. Doch diese Zeit haben wir
nicht.

Anmerkungen

1 Gesine Lötzsch, Bei Rheinmetall knallen die Sektkorken, Rede im Bundestag
   24. März 2022, www.gesine-loetzsch.de
2 Fritz Bauer, »Einleitung«, in: Jürgen Seifert, Gefahr im Verzuge. Zur Problema-
   tik der Notstandsgesetzgebung. Frankfurt am Main, 1963, S. 5-10, hier S. 10.
3 Gustav Heinemann, Dem Frieden dienen, Antrittsrede am 1. Juli 1969, in:
   Deutsche Geschichte in Bildern und Dokumenten, ghdi.ghi-dc.org
4 European Council on foreign relations (ECFR), Peace versus Justice: The co-
   ming European split over the war in Ukraine, 15. Juni 2022, ecfr.eu
5 Ursula von der Leyen, Die Ukraine und die EU. Eine geopolitische Entscheidung, FAZ, 17. Mai 2022
6 Verkappter Heldenmythos: Verteidigt die Ukraine im Krieg gegen Russland
   westliche Werte? Nein, im Gegenteil! Wir zertrümmern mit der Ukraine-
   Politik unsere Werte gleich selber, weltwoche.ch, 11.7.2022
7 Vom Kleptokraten zum Helden: Es ist nicht lange her, dass die «Pandora
   Papers» die Korruption von Wolodymyr Selenskyj offenlegten, weltwoche.
   ch, 22.3.2022
8 Selenskyj-Kritik verboten! – Küppersbusch TV, 7.4.2022, einzusehen unter
   youtube.com/watch?v=FOFJ5R0eago
9 Selenskyjs Parteienverbot, taz.de, 20.5.2022
10 »Telemarathon«: Kaum Kritik an Selenskyj, deutschlandfunk.de, 21.7.2022
11 Sabine Fischer, Der Donbas-Konflikt. Widerstreitende Narrative und Interessen, schwieriger Friedensprozess, SWP-Studie 2019/S03, 8.2.2019, swp-
   berlin.org
12 Bericht an den Bundestagspräsidenten zur genehmigten Dienstreise in die
   Ukraine und nach Rostov am Don (Russland) der Abgeordneten Wolfgang
   Gehrcke und Andrej Hunko, 11.12.2014, andrej-hunko.de

13 Dr. Eike Fesefeldt, Bis heute nicht aufgeklärt, 2. Mai 2020, Legal Tribune Online, lto.de

14 Chiara Pontin, National minority rights protection in Ukraine. The difficult journey towards compliance with international standards, Forum für Mittelost- und Südosteuropa – fomoso.org, 17.12.2021; die Autorin weist darauf hin, dass die ethnische Selbsteinordnung nicht mit der sprachlichen deckungsgleich sei. Russisch kann auch die Umgangssprache von Menschen sein, die sich als ethnische Ukrainer bezeichnen.

15 Was ändert sich mit dem neuen Sprachengesetz in der Ukraine?, Ukraine crises media center, 26.4.2019, uacrisis.org

16 Ebd.

17 Ukraine: New Law Determines Legal Status of Indigenous People, Library of Congress, 2.8.2021, loc.gov

18 Wolfgang Gehrcke / Christiane Reymann, Deutschland und Russland – wie weiter?, Berlin 2017, S. 149

19 Jackpot für den Kreml. Selenskyj postet Soldat mit SS-Symbol: Exxpress, 13.5.2022, exxpress.at

20 Statista, Vertrauen in den Präsidenten der Ukraine Wolodymyr Selenskyj bis Dezember 2021, 15.3.2022, de.statista.com

21 Landeszentrale für politische Bildung Baden-Württemberg (Homepage), Die Beziehungen der Ukraine zur EU und zur NATO, ohne Datum, abgerufen am 18.8.2022, lpb-bw.de/ukraine-eu-nato

22 Bundeszentrale für politische Bildung (Homepage), Ukraine. Chronik: 23. März bis 25. April 2021, bpb.de/themen/europa/ukraine/332322/chronik-23-maerz-bis-25-april-2021/

23 Ukraine will mit einer Million Soldaten den Süden zurückerobern, faz.net, 11.7.2022

24 Schon ein Medienkrieg?, Der Tagesspiegel, 17. Dezember 2021

25 Bundesamt für Verfassungsschutz (Homepage), Verfassungsschutzrelevante Delegitimierung des Staates, Begriff und Erscheinungsformen, verfassungsschutz.de

26 Ebd.

27 Bundesinnenministerin warnt vor radikalen Protesten wegen hoher Energiepreise, Handelsblatt, 16. Juli 2022 [Update am 17. Juli 2022], handelsblatt.com

28 Arbeitgeberchef sieht Deutschland vor schweren Zeiten: »Die fetten Jahre sind vorbei«, Rheinische Post, 30. Juni 2022, rp-online.de

29 Fritz Bauer, a.a.O.

30 Deutschlandfunk, Presseschau, 25. Juli 2022, deutschlandfunk.de

31 Baerbock: Moskau nutzt Hunger als Kriegswaffe, ZDF, 24.6.2022, zdf.de

32 Wikipedia, Stichwort: Hungerplan

33 Konrad-Adenauer-Stiftung (Homepage), Stichwort: Formierte Gesellschaft, kas.de

34 Olaf Scholz, Die EU muss zu einem geopolitischen Akteur werden, Frankfurter Allgemeine Zeitung, 17. Juli 2022

35 Paritätischer Armutsbericht 2022. Zwischen Pandemie und Inflation, 29. Juni 2022, der-paritaetische.de

36 Tafel Deutschland (Homepage), Krieg in der Ukraine und Inflation werden für die Tafeln zur Belastungsprobe, tafel.de

37 Florian Warweg, »Werden am Ende 20 bis 30 Prozent ärmer sein«, DIHK-Hauptgeschäftsführer zu Auswirkungen von Sanktionen und Ukraine-Krieg auf Deutschland, 22. Juli 2022, nachdenkseiten.de

38 Die Wohnungswirtschaft in Deutschland | Jahrespressekonferenz des GdW am 7. Juli 2022 | Daten und Trends der Wohnungs- und Immobilienwirtschaft 2021/2022 (PDF), S. 34, gdw.de

39 Michael Lüders, Ukraine über alles? Über Moral und wirtschaftlichen Niedergang, 1. Juli 2022, youtube.com

40 DIE LINKE im Bundestag, Übergewinnsteuer für Kriegsgewinnler!, 10. Mai 2022, linksfraktion.de

41 Gesine Lötzsch, a.a.O.

42 Finment – Financial Investment (Homepage), Die Top 7 der Rüstungsaktien 2022: Diese Wertpapiere profitieren vom neuen Wettrüsten, finment.com

43 SPD-Chef Klingbeil: »Deutschland muss den Anspruch einer Führungsmacht haben«, Redaktionsnetzwerk Deutschland, 21. Juni 2022, rnd.de; Habeck sieht Deutschland in einer »dienenden Führungsrolle«, Focus, 2. März 2022, focus.de

Vollständige URLs und deren Abrufdaten liegen der Herausgeberin und dem Herausgeber, den jeweiligen Autorinnen bzw. Autoren sowie dem Verlag vor. Dies gilt für alle Beiträge dieses Buches.

Ekkehard Sieker

Der Kampf um Köpfe für den Krieg
Medien im Neoliberalismus

Arthur Ponsonby, ein britischer Adeliger, Staatsbeamter und Pazifist, schrieb unter dem Eindruck des Ersten Weltkriegs 1928 das Buch »Lügen in Kriegszeiten«.[1] Darin untersuchte und beschrieb er ausgiebig die Prinzipien der Kriegspropaganda.[2] Diese Grundsätze lauteten in der zusammenfassenden Formulierung der belgischen Historikerin Anne Morelli:[3]

1. Wir wollen den Krieg nicht
2. Das gegnerische Lager trägt die Verantwortung
3. Der Führer des Gegners ist ein Teufel
4. Wir kämpfen für eine gute Sache
5. Der Gegner kämpft mit unerlaubten Waffen
6. Der Gegner begeht mit Absicht Grausamkeiten, wir nur versehentlich
7. Unsere Verluste sind gering, die des Gegners enorm
8. Künstler und Intellektuelle unterstützen unsere Sache
9. Unsere Mission ist heilig
10. Wer unsere Berichterstattung in Zweifel zieht, ist ein Verräter.

Die rechtskonservative katholische Wochenzeitung *Die Tagespost* stellt zur aktuellen Situation der Kriegspropaganda kritisch fest: »Die Hoheit über die Verbreitung von Informationen zu erlangen und zu behalten, ist als Kriegsziel heute mindestens so wichtig wie die Lufthoheit über feindlichem Gebiet. Als erlaubt gilt, was den eigenen Zielen nützt.«[4]

Deshalb werden die Grundaussagen von Arthur Ponsonby im Wesentlichen bis heute von Propagandisten eines Krieges inhaltlich verkündet und sind nach wie vor – etwa in der Berichterstattung über den Ukraine-Krieg – aktuell zu finden.

»Wie wird die Welt regiert und in den Krieg geführt?« Das fragte bereits während des Ersten Weltkriegs der österreichische Schriftsteller und Satiriker Karl Kraus.

Seine kurze Antwort lautete: »Diplomaten belügen Journalisten und glauben es, wenn sie's lesen.«[5] Es war eine Reaktion des Schriftstellers auf eine Falschmeldung der deutschen und österreichischen Presse über einen angeblichen französischen Bombenabwurf auf Nürnberg Anfang August 1914 – auf den dann die deutsche Kriegserklärung an Frankreich erfolgte. Dieser fingierte Bericht – diese nachrichtliche Fälschung – war für Karl Kraus die Urlüge und das Paradebeispiel für die Manipulation der Massen in Kriegszeiten, die Kraus dazu führte, »den Journalismus und die intellektuelle Korruption, die von ihm ausgeht, mit ganzer Seelenkraft zu verabscheuen«.[6]

Der Krieg um Köpfe

Im Zusammenhang mit Handlungen in einem Krieg – oder zur Vorbereitung eines Krieges – muss man also über die herrschenden Medien, deren Interessen und deren Einfluss sprechen. Herrschende Medien sorgen professionell für die ideologisch-inhaltliche Generalmobilmachung der Bevölkerung, die dazu gebracht werden soll, die wirtschaftspolitischen und militärischen Entscheidungen der eigenen Regierung und der NATO-Verbündeten möglichst kritik- und widerspruchslos zu akzeptieren. Umso bedeutsamer ist deshalb die Rolle eines kritischen, aufklärerischen Journalismus, um auch einer solchen Kriegspropaganda etwas entgegensetzen zu können.

Die Wächterfunktion des Journalismus: Herrschaftskritik

Der Journalist Eckart Spoo erklärte 1995 klar, was unter aufklärerischem Journalismus zu verstehen ist: »Aufklärerischer Journalismus richtete sich gegen die Interessen der Machthaber, die ihn deswegen zu unterdrücken versuchten, Pressefreiheit hätte nicht gefordert und erkämpft werden müssen für die Verbreitung von Hofnachrichten über die glückliche Geburt eines Prinzen, auch nicht für die Verbreitung von Greuelgeschichten. Solcher Journalismus war schon im Absolutismus erlaubt und bei Hofe wohl gelitten.«[7]

Die Frankfurter Hochschullehrerin für Kommunikationswissenschaft und Medienanalyse Sabine Schiffer schreibt vor dem Hintergrund des Krieges in der Ukraine zur Bedeutung von Journalisten als »Kontrolleuren von Macht« im Berliner *Tagesspiegel*: »Dazu gehört die klare Verurteilung des Krieges ebenso wie die Aufklärung der Hintergründe und Widersprüche. Bürger sind auf valide Informationen zur Meinungsbildung angewiesen und brauchen einen Journalismus, der sich als Kontrolleur von Macht begreift und sich nicht auf die Seite der Mächtigen schlägt.«[8]

Aufklärerischer Journalismus ist also grundsätzlich herrschaftskritisch. Die Mächtigen kontrollierende Journalistinnen und Journalisten müssen in einer wirklich demokratischen Gesellschaft – rechtlich, personell, finanziell und von den Medienstrukturen her – die Möglichkeit haben, effektiv und unabhängig von den Interessen dieser Mächtigen in Staat und Gesellschaft ihrer Arbeit nachzugehen.

Neoliberalismus und Demokratie – NGOs und Geheimdienste

Währenddessen werden die Mächtigen immer vermögender. So betrug beispielsweise im Jahr 2020 der Börsenwert der fünf größten IT-Unternehmen der Welt – diese sind *Alphabet (Google)*, *Amazon*, *Meta (Facebook)*, *Apple* und *Microsoft* – rund zehntausend Milliarden US-Dollar, das sind nach damaligen Tauschwerten umgerechnet über 8 Billionen Euro. Zum Vergleich: In demselben Corona-Jahr 2020 wurde in Deutschland insgesamt ein Bruttoinlandsprodukt (BIP) von weniger als die Hälfte davon – nämlich 3,6 Billionen Euro – erwirtschaftet. Das ist das Ergebnis der neoliberalen Wirtschaftsordnung, jener Entwicklungsetappe des Kapitalismus, die sich ab

Mitte der 70er Jahre des vergangenen Jahrhunderts, ausgehend von den USA und Westeuropa, durchzusetzen begann.

Das Wirtschaftsmagazin *Makroskop* weist auf weitere fatale gesellschaftliche Folgen der neoliberalen Ideologie hin:»Neoliberalen Ökonomen ist es gelungen, mithilfe von Journalisten und dem Geld von Vermögenden, den Menschen den Glauben an die Allmacht des Marktes einzutrichtern. (…) Der Neoliberalismus ist das erfolgreichste Projekt der Gegen-Aufklärung.«[9]

Der kanadische Historiker Quinn Slobodian tendiert nach seinen Untersuchungen zu folgender Beurteilung der Rolle des Neoliberalismus:»Es geht nicht darum, die Märkte zu entfesseln und den Kapitalismus zu befreien, sondern die Demokratie soweit es geht von der Wirtschaft fern zu halten. Neoliberalismus ist also nicht zuerst eine Theorie über die Wirtschaft, sondern darüber, wie Staaten aufgebaut sein müssen.«[10]

»Neoliberales Denken – Im Kern demokratiefeindlich« überschrieb der *Deutschlandfunk* ein Gespräch mit einem Politikwissenschaftler.[11]

Die US-Präsidentschaft von Ronald Reagan – von 1981 bis 1989 – ist nicht nur mit der Durchsetzung des Neoliberalismus in Wirtschaft, Politik, Gesellschaft verbunden, sondern auch mit einer neuen Qualität von mittelbarer Manipulation von Nichtregierungsorganisationen (NGOs) durch Geheimdienste. Er hat eine Institution gründen lassen, deren Tätigkeit für viele internationale NGOs bis heute von einigem Einfluss ist. Bis Anfang der 1980er Jahre führten US-Geheimdienste, wie die CIA, unscheinbare Aktivitäten in zivilen internationalen Organisationen weltweit selbst durch; man ging also nicht nur den normalen geheimdienstlichen Tätigkeiten nach, sondern man hat auch international manipulative Einmischungen in zivilen gesellschaftlichen Organisationen vorgenommen und man hat versucht, sie politisch zu steuern. Das Risiko dabei aufzufliegen, ist umstandshalber sehr groß gewesen. US-Präsident Ronald Reagan und der damalige CIA-Direktor William J. Casey sind 1983 daher auf die Idee gekommen eine *Nationale Demokratie-Stiftung – die Na-*

tional Endowment for Democracy (NED) zu gründen. Diese Stiftung sollte mit Mitteln des US-Kongresses ausgestattet werden und die frühere Geheimdienstarbeit, etwa der CIA, in und um die zivilen Gruppen und die NGOs (Non-Governmental Organizations) übernehmen und koordinieren.

Diese NGOs arbeiten manipulativ als Stellvertreter der US-Interessen in souveränen Staaten, und sie werden dabei direkt oder indirekt geführt von der *NED* und deren politischem und dienstlichem Umfeld. »Vieles von dem, was wir heute tun, erledigte vor 25 Jahren noch insgeheim die CIA«, erläutert Allen Weinstein, der ein Mitgründer der *National Endowment for Democracy (NED)* unter Reagan war.[12]

Wichtig für solche Organisationen wie die *National Endowment for Democracy (NED)* ist natürlich die Kommunikation mit Mitgliedern der von ihnen unterstützten Organisationen und der entsprechenden zu beeinflussenden Öffentlichkeit. Es ist Kommunikation, die vorbereitet und inhaltlich auf ein strategisches Ziel ausgerichtet ist. Die *NED* schreibt dazu: »Marketing, Öffentlichkeitsarbeit, öffentliche Diplomatie und ähnliche Informationskampagnen sind alle mit dem Bereich der ›Strategischen Kommunikation‹ verwandt, die im weitesten Sinne als der gezielte Einsatz von Informationen und Botschaften zur Förderung der Mission einer bestimmten Organisation definiert wird, sei es ein Unternehmen, eine Regierung, ein gemeinnütziger oder militärischer Akteur.«[13]

Die Postmoderne als Komplizin des Neoliberalismus

Zu dem demokratiefeindlichen Neoliberalismus gesellte sich in den letzten rund 50 Jahren eine ihn rechtfertigende antiaufklärerische Kulturphilosophie der Postmoderne. Der argentinische Politikwissenschaftler Roberto Follari schrieb 2003: Die »Beziehung zwischen dem Postmodernen und der Legitimierung des Neoliberalismus ist unbestreitbar. (...) Der Neoliberalismus ist eine bestimmte Politik, die natürlich auf den günstigen wirtschaftlichen Bedingungen wie der großen Kapitalkonzentration und der Globalisierung gründet;

die Postmoderne ist die kulturelle Bedingung, in der sich diese Politik als Problem stellt und verwirklicht, das heißt, sie ist die Szene
und der Raum, in welchem bestimmte Schauspieler die konkrete
Verwirklichung der neoliberalen Programme und ihrer unendli-
chen Anpassungen ›verhandeln‹«.[14]

»Die Postmoderne mit ihrem Fokus auf das kulturelle Partiku-
lare arbeitet dem ökonomischen Neoliberalismus als Komplizin zu:
denn sie verhindert die Wahrnehmung größerer, übergreifender Interessen sowie die entsprechende Solidarisierung unterschiedlicher
Gruppen.« Damit weist der österreichische Kulturphilosoph Robert
Pfaller auf einen wichtigen Grund hin für das weitgehende Ausblei-
ben von gesellschaftlichem Widerstand gegen »die größte Umver-
teilung des gesellschaftlichen Reichtums der jüngeren Geschichte«.[15]

Der Sozialphilosoph Werner Seppmann warnte bereits 2012
vor den gefährlichen gesellschaftlichen Folgen der postmodernen
Ideologie: »In den meisten Fällen handelt es sich beim ›Postmodernen Denken‹ um eine (wenn in der Regel auch indirekte) Apologie
herrschender Verhältnisse, die als Funktionselement eines ebenso
intellektuellen, wie ›lebensweltlichen‹ Irrationalismus die kulturelle
Barbarisierung fördert.«[16]

Medien als Konstrukteure von Wirklichkeit

Eine erste wichtige Konstruktionsmethode ist der gezielte Einsatz
von ›Strategischer Kommunikation‹. Erinnern wir uns: Die von Reagan und dem damaligen CIA-Direktor William J. Casey sind 1983
gegründete *National Endowment for Democracy (NED)* erklärt den
Begriff ›Strategische Kommunikation‹ so: Sie wird »im weitesten
Sinne als der gezielte Einsatz von Informationen und Botschaften
zur Förderung der Mission einer bestimmten Organisation definiert
(…), sei es ein Unternehmen, eine Regierung, ein gemeinnütziger
oder militärischer Akteur.«[17]

Die mit zunehmenden Einsatz dieser Form des Informationsaus-
tausches verbundenen Probleme für die öffentliche Kommunikation
und den Journalismus analysierte die *Deutsche Gesellschaft für Pu-*

blizistik- und Kommunikationswissenschaft (DGPuK) im Jahr 2016 auf ihrer Jahrestagung in München unter dem Titel »Die Macht der Strategischen Kommunikation – Medienhandeln im Zusammenhang von Propaganda, PR und Big Data«.

Der ehemalige *SWR*-Chefreporter Thomas Leif machte anschließend deutlich: »Unabhängiger Journalismus ist zum Mythos geworden. Die Kaste der Kaufleute hat übernommen!« »Denn« – so heißt es dann weiterleitend – »die Macht der Kommunikationsprofis nehme in dem Maße zu, wie die Gesellschaft nicht mehr bereit sei, in Qualitätsjournalismus zu investieren. Mit der Digitalisierung einhergehen auch neue technische Möglichkeiten, die ihren Einsatz in der Strategischen Kommunikation finden. Als ein Schlagwort sei ›Big Data‹ genannt.«[18]

Strategische Information, Informationskrieg – Beispiel: AKW Saporischschja

Auf der Webseite der *Frankfurter Allgemeinen Zeitung (FAZ)* erfährt man am 8. August 2022 abends unter der Überschrift »Atomkraftwerk vermint und unter Beschuss« von folgender bedrohlichen Situation: »Immer wieder kommt es zu Kampfhandlungen am Kernkraftwerk Saporischschja im Süden der Ukraine. Die Ukraine berichtet von Minen und Geschossen in den Werkshallen und warnt vor einer ›atomarer Erpressung‹ durch Russland.«[19] Diese Angaben der *FAZ* stammen offensichtlich direkt aus der Ukraine. Aber von wem dort genau, der ukrainischen Regierung?

An demselben Tag verbreitet das zur *Madsack Mediengruppe* gehörende *Redaktionsnetzwerk Deutschland (RND)* einen größeren Bericht unter dem Titel »Atomkraftwerk mit Sprengstoff verkabelt ›Russisches Land oder verbrannte Erde‹: Planen russische Truppen die nukleare Katastrophe?« Weiter heißt es dann: »Russische Truppen sollen Energieeinheiten des Kernkraftwerks in Saporischschja, im Südosten der Ukraine, mit Sprengstoff verkabelt haben. Wie das ukrainische Zentrum für strategische Kommunikation und Informationssicherheit im Ministerium für Kultur und Informationspolitik auf *Twitter* schrieb, habe der Befehlshaber der im Kraftwerk stationierten Truppe, Generalmajor Wassiljew, erklärt, man sei ›jederzeit bereit, das Kraftwerk in die Luft zu sprengen‹.«[20]

Dieses Netzwerk, das »überregionale Inhalte für regionale Tageszeitungen und deren Nachrichtenportale im Internet« erstellt, beschreibt seine tägliche mediale Reichweite selbst so: »Das RND zählt zu den größten redaktionellen Netzwerken Deutschlands und beliefert mehr als 60 Tageszeitungen in der Republik mit einer täglichen Gesamtauflage von mehr als 2,3 Millionen Exemplaren und einer Reichweite von rund 6,8 Millionen Lesern am Tag.«[21]

Was ist die Quelle dieser Berichterstattung?

Die Quelle dieser Nachricht ist nach obigen Angaben des *Redaktionsnetzwerks Deutschland (RND)* »das ukrainische Zentrum für strategische Kommunikation und Informationssicherheit im Ministerium für Kultur und Informationspolitik«, das diese angeblichen Vorgänge auf *Twitter* mitgeteilt habe.

In demselben *RND*-Artikel wird auch die Frage »Haben russische Truppen Sprengstoff im AKW installiert?« von den *RND*-Autoren so beantwortet: »Andrij Jusow, Vertreter des ukrainischen Verteidigungsministeriums, hatte ebenfalls bestätigt, dass er Informationen erhalten habe, dass russische Truppen Sprengstoff in den Energieeinheiten des AKW installiert hätten. Jusow, der auch Chef des ukrainischen Militärgeheimdienstes ist, erklärte, glaubwürdigen Quellen zufolge sei der Sprengstoff im Kernkraftwerk deponiert worden, um eine erwartete ukrainische Gegenoffensive in der Region abzuwenden.«

Am 8. August 2022 nachmittags ist – wie der *RND*-Bericht zeigt – also bekannt, dass die ukrainische Regierung und ein Vertreter ihres Militärgeheimdienstes mit Hilfe des *Regierungszentrums für Strategische Kommunikation* internationale Medien – offensichtlich über *Twitter* – diese Behauptungen über mutmaßlich ungeheuerliche Taten des russischen Militärs im AKW Saporischschja international verbreitet.

Versucht man nun, diese Aussagen über die extrem gefährlichen russischen Handlungen im AKW Saporischschja auf *Twitter* zu finden, so stellt sich heraus, dass das *Centre for Strategic Communication* der Selenskyj-Regierung am Mittag des 8. August 2022 folgende drei Kurzmeldungen zum AKW Saporischschja über diesen Dienst international in englischer Sprache verbreitet hat; die Übersetzung lautet:

(1) »DRINGEND: Russische Truppen haben Energieeinheiten des Kernkraftwerks Saporischschja mit Sprengstoff verkabelt. Generalmajor Wassiljew, Befehlshaber der im Kraftwerk stationierten Garnison, erklärte sich bereit, das Kraftwerk in die Luft zu sprengen, was zu einer nuklearen Katastrophe führen würde.«

(2) »›Dies wird entweder russisches Land oder verbrannte Erde sein‹, sagte er. Er sagte seinen Soldaten auch, dass sie, egal wie schwierig die Befehle auch sein mögen, sie ›mit Ehre‹ ausführen müssten, und nannte sie ›Befreier‹«.

(3) »Zuvor hatte der Vertreter von @DI_Ukraine, Andrij Jusov, gesagt, dass sie Informationen über die Installation von Sprengstoff durch russische Truppen in den Energieeinheiten des AKW Saporischschja bestätigt hätten.«

»*Defence intelligence of Ukraine, Official Twitter*«[22]

Das ukrainische *Centre for Strategic Communication*

Das *Twitter*-Konto, in dem man diese drei Aussagen findet, gehört zu der Organisation *StratCom Centre UA*. Diese Organisation ist das regierungseigene *Centre for Strategic Communication* der Ukraine, das sich selbst kurz so vorstellt: »Das Zentrum wurde im Rahmen des Ministeriums für Kultur und Informationspolitik der Ukraine als einer der Mechanismen zur Bekämpfung von Desinformation durch gemeinsame Anstrengungen von Staat und Zivilgesellschaft eingerichtet. Das Zentrum konzentriert sich auf Kommunikation, die darauf abzielt, externen Bedrohungen, insbesondere Informationsangriffen der Russischen Föderation, entgegenzuwirken.«[23]

Die ukrainische Regierung mit ihrer Organisation *Stratcom*

Centre UA wird dabei unterstützt von einer NGO namens *StratCom Ukraine* hinter der sich die NATO als Partner verbirgt. Diese NGO erklärt stolz: »2016 entwickelte das StratCom Ukraine in Zusammenarbeit mit dem NATO-Informations- und Dokumentationszentrum, dem britischen Verteidigungsministerium, dem Ministerium für Informationspolitik, dem NSDC (dem *National Security Defence Council* der Ukraine, der Verf.) sowie ausländischen und ukrainischen Experten ein Konzept für den Aufbau des Systems der strategischen Regierungskommunikation, das zur Grundlage der Nationalen Doktrin für Informationssicherheit wurde.«[24]

Es handelt sich beim *Centre for Strategic Communication* also um eine offizielle Organisation der Ukraine, die mit Unterstützung der NATO-Partner auch strategische Regierungskommunikation im militärischen Bereich – also Kriegspropaganda – betreibt. Die nationale Nachrichtenagentur der Ukraine namens *UKRINFORM* wartete dementsprechend dann auch noch am 8. August nachmittags mit einer Agenturmeldung auf, die von ›nuklearer Erpressung der ganzen Welt‹ spricht: »Die russischen Streitkräfte haben erklärt, sie seien bereit, das verminte Kernkraftwerk Saporischschja in die Luft zu sprengen. Dies teilte der Pressedienst der Nationalen Kernenergiegesellschaft *Energoatom* über den Messengerdienst Telegram mit«, berichtet *UKRINFORM*. Und weiter: »›Die Russen verbergen ihre Pläne nicht und erpressen offen die ganze Welt, indem sie erklären, dass sie das KKW Saporischschja vermint haben und bereit sind, es in die Luft zu jagen‹«, heißt es in der Meldung.[25]

Der nationale AKW-Betreiber der Ukraine *Energoatom* ist wiederum ein Staatsunternehmen und kommt somit als eine weitere staatliche Quelle für die verbreiteten Vorwürfe gegenüber Russland hinzu.[26]

Sind die Aussagen inhaltlich belastbar?

Am frühen Nachmittag des 8. August 2022 weist auch der britische *Guardian* auf mögliche nukleare Verwüstungen durch das bedrohliche Vorgehen der russischen Streitkräfte im AKW Saporischschja hin, als deren Quelle er den ukrainischen Geheimdienst angibt:

»Ein finales Ausmaß stellt die Behauptung des ukrainischen Geheimdienstes dar – über die ukrainische Medien berichten –, dass Russland Einrichtungen vermint hat, wobei der Chef der Strahlen-, chemischen und biologischen Abwehrtruppen der russischen Streitkräfte, Generalmajor Waleri Wassiljew, der jetzt die Garnison in Saporischschja befehligt, mit den Worten zitiert wird: ›Es wird entweder russisches Land oder eine verbrannte Wüste geben.‹« Doch eine Überlegung macht den Autor des *Guardian*-Artikels etwas stutzig.: »Eine größere und absichtliche Detonation in Saporischschja würde jedoch sowohl Südrussland als auch die Ukraine mit einer nuklearen Verseuchung bedrohen, so dass es wichtig ist, zwischen ›nuklearer Erpressung‹ und einer ernsthaften Bedrohung zu unterscheiden, die Auswirkungen auf Russland selbst hätte.«[27]

Ist eine solche Erpressung als ernsthafte Bedrohung gedacht, so ergibt sich auch für Russland daraus das Drohen mit nuklearem Selbstmord und Selbstverstümmelung.

Einen Tag später, am 9. August 2022 – nachts unserer Zeit –, konnte man in einer Kurzstudie von dem in Washington DC gelegenen *Institute for the Study of War (ISW)* bereits eine erste Antwort auf die Frage erhalten, inwieweit die Behauptungen über die nukleare Erpressung durch die russischen Truppen im AKW Saporischschja mittels einer konventionellen Sprengung eines Reaktorblocks wirklich nachzuweisen sind.

Das *ISW*, das unter anderem seine Mission für die USA selbst so beschreibt: »Wir sind bestrebt, die Fähigkeit der Nation zur Durchführung militärischer Operationen und zur Reaktion auf neue Bedrohungen zu verbessern, um die strategischen Ziele der USA zu erreichen.«[28]

Dieser Thinktank erklärt zu Beginn der einschlägigen Analyse »Westliche und ukrainische Medien verbreiteten einen wahrscheinlich falschen Bericht über einen russischen General, der angeblich damit drohte, die größte Nuklearanlage Europas, das von Russland besetzte Kernkraftwerk Saporischschja, zu zerstören, falls Russland die Anlage nicht halten könne.« Die *ISW*-Analyse fährt hierzu etwas später ergänzend fort, dass unabhängig davon, woher die ursprüngliche Meldung eigentlich stammt – wer sie also ursprünglich in die Welt gesetzt hat –, diese Berichterstattung »unzuverlässig (ist). Sie ist indirekt und behauptet nicht, eine offizielle Erklärung oder eine Erklärung, die auf einer offiziellen russischen Nachrichten- oder Regierungswebsite gemacht wurde, wiederzugeben.«[29]

Diese Einschätzung ist natürlich gerade auch für alle Journalisten bedeutsam: Die von der ukrainischen Regierung – unter anderem über *Twitter* – am 8. August 2022 international verbreiteten Behauptungen, sind inhaltlich zum Zeitpunkt der Veröffentlichung nach Einschätzung des *ISW* nicht belastbar.

Wie reagieren Medien hier in Deutschland auf die *ISW*-Analyse?
Man neigt zur Ignoranz. Dazu drei kurze Beispiele:

a) *Der Tagesspiegel* aus Berlin am 10.8.2022:
Unter der Überschrift »Die Welt sollte Tschernobyl nicht vergessen« forderte Selenskyj im *Tagesspiegel* neue Sanktionen gegen Russland: »Nötig sind neue Sanktionen gegen den terroristischen Staat und die gesamte russische Atomindustrie wegen der Schaffung der Gefahr einer atomaren Katastrophe.«

Erst am Ende des Artikels erfahren die Leser: »Ein Bericht der Ukrainer, wonach russische Truppen ›Energieeinheiten des Kernkraftwerks Saporischschja mit Sprengstoff verkabelt‹ haben sollen, hat sich inzwischen als wahrscheinlich falsch erwiesen, wie der US-Thinktank ›Institute for the Study of War‹ schreibt. Die Quellenlage für die Behauptung sei höchst unsicher.«[30]

b) die Berliner *tageszeitung* – *taz* am 10.8.2022:
Man erfährt: »Das Szenario ist apokalyptisch: Die russischen Besatzungstruppen hätten das Atomkraftwerk Saporischschja ›mit Sprengstoff verkabelt‹, um es im Zweifel in die Luft sprengen zu können, erklärte Anfang der Woche das ukrainische Ministerium für Kultur und Informationspolitik. Der russische Armee-Befehls-

haber am größten Atomkraftwerk in Europa wurde mit den Worten zitiert, ›dies wird entweder russisches Land oder verbrannte Erde sein‹.«[31]

Interessant hierbei ist, dass das regierungseigene *Centre for Strategic Communication* der Ukraine in dem Artikel auf das ›ukrainische Ministerium für Kultur und Informationspolitik‹ verkürzt wird, in dessen Rahmen es sich organisatorisch befindet. Dass dieser Teil der *taz*-Meldung aus dem Umfeld professioneller ›Strategischer Kommunikation‹ stammt, wird weggelassen. Weggelassen genauso wie der Hinweis auf die Ergebnisse der *ISW*-Analyse die seit dem 9. August – also seit einem Tag prinzipiell der *taz* vorliegen könnten. Das *ISW* ist der *taz* sicher nicht unbekannt, denn die Zeitung nutzt in demselben Artikel eine Grafik in deren Quellen- und Copyright-Angabe auch das Institut *ISW* auftaucht.

c) der Kölner Fernseh-Nachrichtensender *n-tv* am 12.8.2022:
In einem kurzen Interview mit dem *n-tv*-Reporter erfahren die Zuschauer angebliche Neuigkeiten von diesem Korrespondenten, der sich in Dnipro aufhält, einer Stadt, die rund 100 Kilometer nördlich des Kernkraftwerks Saporischschja liegt. Er berichtet davon, dass die Russen das AKW vermint haben und »sie drohen es zu sprengen«. Er spricht davon, dass dieses Kernkraftwerk »fast wie eine Geisel« für die Russen sei. Die Inhalte des seit drei Tagen vorliegenden *ISW*-Berichts haben diesen Reporter scheinbar nicht erreicht oder gänzlich unberührt gelassen.[32]

Von Kriegspropaganda und Mediensoldaten

Die ukrainische Regierung verbreitet mit Hilfe ihres *Centre for Strategic Communication* wahrhaft bedrohliche Meldungen über geplante Untaten der Russen im AKW Saporischschja. Für die offizielle Mitteilung dieser angeblichen ›nuklearen Erpressung‹ werden von der ukrainischen Regierung drei kurze – dem behaupteten Inhalt völlig unangemessene – Tweets gewählt, ohne in irgendeiner Form sachliche und nachprüfbare Belege für die behaupteten ungeheuren Vorwürfe beizubringen. Diese mit strategisch-kommunikativen Mitteln und mit Unterstützung des Militärgeheimdienstes der Ukraine erstellten Meldungen sind anschließend dann von vielen Medien international – im Kern ungeprüft – verbreitet worden. Für diese Meldungen gilt – und das muss aufgeklärten Journalisten einfach klar sein: Es sind Meldungen in Kriegszeiten, es sind die Meldungen einer der Kriegsparteien, die, davon ist journalistisch auszugehen, mit den Mitteln der ›Strategischen Kommunikation‹ einen Informationskrieg führt. Kurz gesagt: Man sollte das Publikum wenigstens darauf hinweisen, dass die Gefahr besteht, dass es sich bei den Meldungen um Kriegspropaganda handelt.

Wenn Journalisten derartige Nachrichten inhaltlich ungeprüft und ohne entsprechende Charakterisierung als mögliche Kriegspropaganda einfach verbreiten, und zwar als ein dabei bewusst oder auch unbewusst handelnder Teil einer strategischen Informationskriegsführung, dann haben sie vor den Anforderungen einer aufklärerischen Berichterstattung längst kapituliert. Sie unterstützen damit als Mediensoldaten eine Kriegspartei und verbreiten mindestens fahrlässig – aber auf jeden Fall unverantwortlich – Angst in der Bevölkerung. Daran ändert auch der allfällige Hinweis, dass sich die Meldungen (der Kriegsparteien) nicht unabhängig überprüfen lassen, wenig bis nichts.

Die grundsätzliche militärische Bedeutung der ›Strategischen Kommunikation‹

Auf die grundsätzliche politische oder militärische Bedeutung der ›Strategischen Kommunikation‹, gerade auch in Konflikt- oder Kriegssituationen, wie jetzt in der Ukraine, weist die indische Denkfabrik *United Service Institution of India (USI)* in einer Analyse hin: Die 1870 gegründete Einrichtung zur Analyse von Fragen der Nationalen Sicherheit und des Militärs schreibt: »Kriegsführung war schon immer mit einem Element der Kommunikation verbunden. Ohne Massenkommunikation, die gewalttätige Aktionen rechtfertigt, kann es wohl keinen Krieg geben. Soldaten brauchen eine

Sache, für die sie kämpfen. Die Öffentlichkeit braucht eine Sache, hinter der sie steht. Führende Politiker und einflussreiche Persönlichkeiten der Welt müssen zu Fürsprechern werden.«[33]

Menschen mit Informationen kriegsbereit stimmen, das kann mit professionell eingesetzter ›Strategischer Kommunikation‹ durch jede Kriegs- oder Konfliktpartei angestrebt und oft auch erreicht werden. »Strategische Kommunikation« so verdeutlicht die indische *USI* in der gleichen Analyse »zielt darauf ab, Wahrnehmungen zu formen und sie in einem schraubstockartigen Griff zu binden.«

Wenn dieser Zusammenhang außer Acht gerät, läuft Journalismus Gefahr, mit unhinterfragten und ungeprüften Meldungen bewusst oder unbewusst dabei zu helfen, Konflikte und Kriege auszulösen bzw. zu verschärfen. Quellenprüfung und -kritik ist Teil eines jeden verantwortungsvollen Journalismus.

Alarmstufe Gelb … für die bürgerliche Demokratie

Im Weltbild postmoderner Erzähl- und Sichtweisen wird die ›Strategische Kommunikation‹ inszeniert als ein Teil der sogenannten »weichen Machtausübung«, postmodern als »Soft-Power« verklärt. Damit kommen Mächtige mitunter weiter als durch den unmittelbaren Einsatz von physischer Gewalt, beschrieben als »Hard-Power«.[34] Beide Formen der Macht- und Gewaltausübung werden in unterschiedlichen Ausprägungen und Kombinationen angewendet, Kriegspropaganda und Krieg inbegriffen.

Der Neoliberalismus als spaltende, undemokratische Entwicklungsetappe der kapitalistischen Wirtschaftsordnung und die Postmoderne als dessen anti-aufklärerische Ideologie höhlen stetig, von Zeit zu Zeit in Sprüngen, den bürgerlich-demokratischen Staat aus. Diesen Prozess gilt es zu erkennen und zu diskutieren, um Strategien der Gegenwehr zu entwickeln und umzusetzen. Andernfalls können die Herrschenden über eine neoliberal durchorganisierte Ökonomie mit Hilfe postmodern ideologisierter Medien als Komplizen die langsame aber sichere Faschisierung des bürgerlich-demokratischen Staates bewirken.

Anmerkungen

1   Arthur Ponsonby, Lügen in Kriegszeiten – Kritische Betrachtungen, Neu-
    auflage, Frankfurt/Main 2022
2   »Wir wollen keinen Krieg«: Die zehn Prinzipien der Kriegspropaganda von
    Arthur Ponsonby, weltwoche.ch, 16.3.2022
3   Mathias Bröckers, Lüge in Kriegszeiten, 29.7.2014, heise.de
4   Wahrheit, Lüge und Desinformation im Krieg, die-tagespost.de, 30.6.2022
5   Karl Kraus, 1915, projekt-gutenberg.org
6   Wikipedia, Stichwort: Flugzeug von Nürnberg; Mathias Bröckers: Lüge in
    Kriegszeiten, a.a.O.; Kraus-Zitat:»Ich habe viele Jahre damit verbracht, den
    Journalismus und die intellektuelle Korruption, die von ihm ausgeht, mit
    ganzer Seelenkraft zu verabscheuen.«, aphorismen.de/zitat/193357
7   Eckart Spoo, Journalismus und Moral, in: Vorgänge 132, 12/1995, humanis-
    tische-union.de
8   Von der edlen Lüge zu guten Fake News?, tagesspiegel.de, 21.4.2022
9   Zu den Börsenwerten der IT-Konzerne: alleaktien.de/lexikon/gafam; US-
    Dollar in Euro-Umrechnung 2020: de.exchange-rates.org/Rate/USD/
    EUR/31.12.2020; BIP Deutschland 2020: destatis.de; Zitat von Makroskop:
    Gegen-Aufklärung im Namen der Freiheit, makroskop.eu, 7.7.2016
10 Interview mit Quinn Slobodian:»Für Neoliberale ist Demokratie in Ord-
    nung – solange sie nicht bestimmte Grenzen überschreitet«, krautreporter.
    de, 5.12.2019
11 Neoliberales Denken – Im Kern demokratiefeindlich, deutschlandfunkkul-
    tur.de, 28.2.2021
12 Allen Weinstein in: Innocence Abroad: The New World of Spyless Coups,
    washingtonpost.com, 22.9.1991; zu Allen Weinstein: National Endowment
    for Democracy, Annual Report 2011 (PDF), ned.org
13 National Endowment for Democracy, Issue Brief: Distinguishing Disinfor-
    mation from Propaganda, Misinformation, and »Fake News«, 17.10.2017,
    ned.org
14 Roberto Follari, Postmoderne als Wende und neoliberale Katastrophe: Die
    neuen Herausforderungen, in: polylog. Zeitschrift für interkulturelles Philo-
    sophieren, 9/2003 (PDF), polylog.net
15 »Das Persönliche hintanhalten und eine bestimmte höfliche Rolle spielen«
    – Interview mit Robert Pfaller über das Spannungsverhältnis aus Form und
    Inhalt, lisa.gerda-henkel-stiftung.de, 16.2.2021
16 Werner Seppmann, Die Unordnung der Dinge. Wider die Gegenaufklärung:
    Ein Sammelband über den Beitrag »Postmodernen Denkens« zur Barbari-
    sierung der Gesellschaft, in: junge Welt, 10.1.2012
17 National Endowment for Democracy, Issue Brief: Distinguishing Disinfor-
    mation …, a.a.O. 17.10.2017, ned.org
18 Alle Zitate aus DGPuK-Tagungsband 7: Kerstin Liesem / Lars Rademacher
    (Hg.), Die Macht der Strategischen Kommunikation – Medienethische Per-
    spektiven der Digitalisierung, Baden-Baden 2018, Vorwort S. 5 f

19 Atomkraftwerk vermint und unter Beschuss, faz.net, 8.8.2022

20 »Russisches Land oder verbrannte Erde«: Planen russische Truppen die nukleare Katastrophe?, rnd.de, 8.8.2022

21 Homepage der Madsack-Gruppe, Informationen zu RedaktionsNetzwerk Deutschland (RND), madsack.de

22 twitter.com/StratcomCentre, vom 8. August 2022, 12:41 (pm)

23 Homepage des Centre for strategic communication, About us, spravdi.gov.ua

24 Zu den NATO-Partnern der NGO: stratcomua.org/en; zum Zitat: StratCom Ukraine. Centre for strategic communications. Broschüre, S. 9 (PDF), stratcomua.org/Content/CmsFile/en/startpage__StratComUA.pdf

25 Russian forces declare their readiness to blow up mined Zaporizhzhia NPP – Energoatom, 8.8.2022, ukrinform.net

26 About State Enterprise »NNEGC Energoatom«, energoatom.com.ua

27 How dangerous is the situation at the Zaporizhzhia nuclear plant?, theguardian.com, 8.8.2022

28 Zitat zu Mission: Homepage des ISW – Institute for the study of war, Who we are, understandingwar.org

29 Kurzstudie ISW, Russian Offensive Campaign Assessment August 8, 8.8.2022, understandingwar.org

30 Selenskyj warnt vor Atomkatastrophe: »Die Welt sollte Tschernobyl nicht vergessen«, tagesspiegel.de, 10.8.2022

31 Krieg und »friedliche« Kernenergie, taz.de, 10.8.2022

32 »Russen haben AKW vermint und drohen, es zu sprengen«, n-tv.de, 12.8.2022

33 The United Service Institution of India, The Value of Strategic Communications & the Ukrainian Conflict, April-Juni 2022, usiofindia.org

34 Zum Begriffspaar Soft- und Hard-Power und ihrer Verwendung: Unterschied zwischen Hard Power und Soft Power, sawakinome.com; Homepage der Bundeszentrale für politische Bildung, Das Europalexikon, Eintrag: Soft Power, bpb.de

Gerd Schumann

Von grün zu olivgrün
Wie es dazu kam, dass eine ehemalige Friedenspartei einen Atomkrieg riskiert. Eine Spurensuche

Bündnis 90/Die Grünen erfüllen in diesen Kriegszeiten eine Doppelfunktion. Einerseits sorgt die Partei als treibende Kraft in der Ampelkoalition dafür, dass sich die Bundesrepublik Deutschland – und mit dieser maßgeblich auch die EU – in die Strategie der USA, globale Führungsmacht zu bleiben und China nebst Verbündeten zurückzuschlagen, einreiht. Andererseits integriert sie als ehemalige Friedenspartei einen größeren Teil der militärkritischen deutschen Öffentlichkeit in ihren Konfrontationskurs gegenüber dem Osten.

Zudem überschreitet die Partei, sofern sie »der Bereitschaft von Baerbock, Hofreiter und Bütikofer zum globalen Showdown« folgt, erstmals die Schwelle »zur apokalyptischen Gemeingefährlichkeit«, formuliert Georg Fülberth (*konkret*, 7/2022) den noch vor kurzem so fernen Gedanken an die Möglichkeit eines atomaren Infernos. Der Politologe benennt damit den Kernpunkt, in dem sich die Politik der jetzigen Grünen von vorherigen Entwicklungen in ihrer Geschichte unterscheidet – selbst von deren bisher dunkelstem Kapitel, dem von ihr mit initiierten Angriffskrieg gegen Jugoslawien von 1999. Die Grünen heute spielen va banque.

Diese kaum fassbare Zuspitzung ihrer schon lange vorher NATO-kompatiblen Position vollzieht sich im Kontext der Ukraine-Krise. »Die Grünen sind nicht mehr wiederzuerkennen. (…) Sie haben sich in atemberaubender Geschwindigkeit von alten Überzeugun-

gen verabschiedet. Waffen in Kriegsgebiete – das war bis vor wenigen Wochen noch eine im Wahlprogramm verbriefte rote Linie.«
(*Handelsblatt*, 20.4.2022). Die »einstige Partei der Drückeberger« sei
»zu einem Hort der Wehrhaftigkeit mutiert«: Inzwischen sind von
allen zur »militärischen Abschreckung« Befragten »am entschie-
densten (…) die Anhänger der Grünen der Ansicht, dass man bereit
sein muss, sein Land und die Freiheit mit allen Mitteln zu verteidigen« (*FAZ*, 27.5.2022). Und es gelingt offensichtlich, wie Landtags-
wahlen, Umfragen und die in der ersten Jahreshälfte 2022 durch die
Decke gehenden Popularitätswerte des grünen Spitzenpersonals an-
deuten, die grüne Basis zum Mitmachen anzuhalten und die eigene
Klientel sogar zu erweitern.

Die Frage, wie es zu dieser hochgefährlichen Politik mit womöglich fürchterlichen Konsequenzen kommen konnte, lässt sich – Putin her oder hin – kaum rational beantworten. Was aus Washingtoner Sicht eventuell sogar Sinn ergibt für den Erhalt einer globalen
Vorherrschaft, kann sich als fatal für die Menschheit herausstellen;
für die Ukraine tut es das bereits. Vernunft setzt immer auch voraus,
die Folgen des eigenen Handelns vom Ende her zu denken. Dazu
scheinen die Grünen nicht willens oder in der Lage zu sein. Die inte-
ressensbedingten Gründe hierfür mag es geben, der jetzige Erkennt-
nisstand dazu ist indes unzulänglich und lässt Raum für Spekulatio-
nen. Sicher ist allerdings, dass Macht und Einfluss korrumpieren,
und die Grünen hundertprozentig im Kapitalismus angekommen
sind. Ihre Geschichte erzählt davon.

Vielfalt und Einheit

Fotos wirken dann ikonisch, wenn sie das Geschehen hinter dem
Geschehen erahnen lassen. Die Aufnahme vom Gründungspartei-
tag der Grünen in Karlsruhe im Januar 1980 zeigt ein zeitdoku-
mentarisches Ensemble, das Gegenwart und Zukunft zugleich ein-
zufangen scheint: Stilisierte Sonnenblumen, die legendäre Losung
»Ökologisch, basisdemokratisch, sozial, gewaltfrei« sowie modische
Accessoires eines gesellschaftlichen Aufbruchs: lange Haare, Voll-

bärte, Wallegewänder, die markante Folklorejoppe des ergrauten Ökobauern Baldur Springmann. Alles nicht nur von der Erscheinung her eine bunte Schar.

»Christen, Kommunisten, Wertkonservative, aber auch völkisch orientierte Bauern und Nationalisten tummeln sich«, bemerkt der *Deutschlandfunk* vier Jahrzehnte danach und zitiert den Göttinger Politikwissenschaftler Michael Lühmann: »Viele ticken links, sind aber zutiefst bürgerlich.« Das seien einst »im Prinzip radikale Linke« gewesen, »die Ende der 70er-Jahre in einer tiefen, tiefen Sinnkrise steckten. Dann versuchten, quasi die Grüne Partei so ein bisschen zu übernehmen. Und interessanterweise hat aber die ökologische Idee sie übernommen. Im Prinzip sind die Grünen eines der größten De-Radikalisierungsprogramme der Demokratiegeschichte.« (*DLF*, 10.1.2020)

Die Schlachten um Brokdorf, Grohnde, Kalkar, um die Spekulationsobjekte in Frankfurt-Westend und anderswo waren weitgehend geschlagen, die Auseinandersetzungen um die Startbahn-West und um Pershing 2 und Cruise Missiles hielten noch an, doch machten sich Müdigkeit und Lethargie spürbar breit. Parlamentarische Alternativen wurden gesucht. Die »Sonstige politische Vereinigung ›Die Grünen‹« erzielte bei den EG-Wahlen 1979 mit 3,2 Prozent oder 900.000 Stimmen einen Achtungserfolg, wenn sie auch an der Fünf-Prozent-Sperre scheiterte.

Personell umfasste das Projekt ein ebenfalls breites Spektrum. EG-Verwaltungsrätin Petra K. Kelly, ehemals SPD-Mitglied, hatte den Boden für ein etabliertes Pendant zu den »neuen sozialen Bewegungen« sondiert und traf im November 1978 mit Vertretern verschiedener Umweltorganisationen zusammen. Einige von denen gehörten dann zum eher rechten, nationalistischen Spektrum der zukünftigen Partei. Herbert Gruhl, einst umweltpolitischer Sprecher der CDU-Fraktion, und August Haußleiter von der nationalkonservativen Aktion Unabhängiger Deutscher waren dabei, ebenso Prominente wie der Künstler Joseph Beuys mit seinem Trauma als Wehrmachtssoldat im russischen Winter.

Bei aller vorhandenen Vielfalt und abseits des Mythos von der grünen Partei als zukünftige parlamentarische Hoffnungsträgerin sozialer Bewegungen kristallisierte sich bereits in der Formierungsphase ein bedenklicher Charakterzug heraus: Die Neigung, mit Vorurteilen nach Osten »hinter den Eisernen Vorhang« zu blicken. Die Wende von der offenen Konfrontation im Kalten Krieg zum Konzept Wandel durch Handel unter Kanzler Willy Brandt (1969-1974) stand unter dem Eindruck der Achtundsechziger zwar nicht zur Diskussion. Doch formierten sich die Ressentiments zusehends vor allem in verschiedenen Menschenrechtskampagnen.

Führend beteiligten sich daran – neben den bekannten offen revanchistischen Kreisen in Politik, Medien und Wirtschaft – vormalige Mitglieder maoistischer Gruppen, »Kommunisten« (Deutschlandfunk) genannt, allerdings in Kontroverse stehend zur DKP, die auf Distanz zu den Grünen blieb. Viele von ihnen erwiesen sich ebenso wie später die schon immer streng antikommunistisch ausgerichteten Spontis um Joseph Fischer und Daniel Cohn-Bendit als flexibel und anpassungsbegabt. Eine stattliche Zahl Aktiver von ihnen machte Karriere in der Partei.

Baden-Württembergs heutiger Ministerpräsident Winfried Kretschmann beispielsweise; der spätere Berater von Außenminister Fischer (1998–2005) Hans-Gerhart »Joscha« Schmierer, bis 1982 Erster Sekretär des Kommunistischen Bundes Westdeutschland (KBW); der derzeitige Vorsitzende der China-Delegation des EU-Parlaments Reinhard Bütikofer; Ralf Fücks, gemeinsam mit seiner Frau Marieluise Beck derzeit an der Spitze des Thinktanks »Zentrum Liberale Moderne«, der grünen Avantgarde im westlichen Ideologieexport nach Osteuropa. Lange Zeit hatten sie ihren Hauptfeind im sowjetischen »Sozialimperialismus« ausgemacht. Inzwischen wird diese Rolle Russland und China zugewiesen. Bütikofer, einst Mitglied der maoistischen Deutsch-Chinesischen Freundschaftsgesellschaft, wurde im März 2022 zur »unerwünschten Person« in Beijing erklärt. Der Einfluss, den alle Genannten – die Reihe könnte um etliche Namen erweitert werden – bei Bündnis 90/Die Grünen über die Jahrzehnte ausübten, lässt sich kaum überschätzen. Ihre wechselnden Positionen gehören zu den ideologischen Eckpfeilern der Partei.

Grüne Politik, mittlerweile vorgeblich dem Kampf gegen »Autokraten« sowie für die »universalen Menschenrechte jenseits der Klassen« (Fülberth) gewidmet, baut wesentlich auf Frankreichs »Nouvelles Philosophes«, die neuen Philosophen unter Anleitung von Bernard Kouchner, Mitgründer von »Médecins sans frontières«. Der Freund von Cohn-Bendit überlegte schon 1975 angesichts der Massenfluchten aus dem kriegszerrütteten Vietnam, ob nicht der Einsatz der 6. US-Flotte angemessen wäre. Das Recht auf »Humanitäre Intervention« (Droit d'ingérence humanitaire) stehe über dem Völkerrecht. Die NATO wird zum militärischen Arm der »Zivilgesellschaft« erklärt.

Cohn-Bendit und Bernard-Henri Lévy appellieren Mitte der 1990er Jahre, als die Grünen noch um ihre Position zu Bundeswehreinsätzen im jugoslawischen Bürgerkrieg ringen, aus Sarajevo, militärisch einzugreifen, Marieluise Beck gründet eine Hilfsorganisation für bosnische Frauen und wendet sich »osteuropäischen Themen zu. Anders als ihre Partei befürwortet sie bereits den Einsatz der NATO auf dem Balkan« (*FAZ*, 25.8.2017). Die Ukraine, Belarus und die westlichen Balkanländer bilden seit 2005 den »Schwerpunkt ihrer außenpolitischen Arbeit«. Nach ihrem Auftritt während des Maidan 2014 in Kiew sagt sie, »die Stimmung« habe sie »sehr an Sarajevo vor 20 Jahren erinnert« (*taz*, 24.2.2014).

Lévy wird schließlich im März 2022 in Odessa an Straßenbarrikaden fotografiert. Seine Biografie weist mittlerweile Erfolge spezieller Art auf. Er feierte unter anderem, nach seiner »Bekehrung vom Marxismus und Maoismus zum Antitotalitarismus« (*FAZ*, 6.8.2020), den Lynchmord an Libyens Staatschef Muammar al-Gaddafi 2011, in dessen Folge das Land im Chaos versank, und beförderte die diversen NATO-Kriege ab 1999. Seit 50 Jahren sei er, konstatiert die *FAZ*, »auf den Kampf gegen die Diktatoren als Wiedergänger Hitlers und den Kult um die eigene Person fixiert«

(6.8.2020). Wie heute »der Satan« Wladimir Putin (*FAZ*, 16.4.2022), so gestern Saddam Hussein und vorgestern Slobodan Milošević.

Bisher unterstellte Gewissheiten wie territoriale Integrität und Souveränität stehen zur Disposition. Kaum saßen die Grünen 1999 – und 2021! – auf der Regierungsbank, machte sich außenpolitisch Unsicherheit breit, wurde Verhandlungsbereitschaft durch Forderungen, Druck, Ultimaten und den erhobenen Zeigefinger der Moral ergänzt. Das wirkt integer, und ist doch ein zweischneidiges Schwert, »weil die Moralisierung und Emotionalisierung der Politik eine verhängnisvolle Triebkraft ist«, so der Ökonom Jörg Goldberg. In Deutschland stelle »der Eintritt der Grünen in die Bundesregierung dabei einen besonderen Risikofaktor dar« (*junge Welt*, 5.7.2022).

Unterdessen spitzt sich auf US-amerikanisches Drängen die internationale Lage zu, und die aus unerfindlichen Gründen transatlantisch gesinnten Grünen kommen Washington durchaus gelegen. Eine eher ökonomisch diktierte Vernunft bleibt in dem Maße auf der Strecke, wie die Grünen ihre ideologischen Standards einbringen. Eine Durchsetzung von Minsk II und damit die Eröffnung von Auswegen aus dem seit 2014 andauernden Krieg um die ostukrainischen »Volksrepubliken« findet nicht statt, und auch in Sachen NATO-Ausdehnung gen Osten wird Moskau keine Entwarnung signalisiert. Annalena Baerbock demonstriert stattdessen bei ihrem Amtsantritt Stärke: »Russland würde einen hohen politischen und vor allem wirtschaftlichen Preis für eine erneute Verletzung der ukrainischen Staatlichkeit zahlen.«

Uiguren und Tibet kehren derweil, gut getimed, zurück in die Schlagzeilen – umrahmt von antichinesischen Corona-News. Im Gegensatz zu Putin nutzen auch deutsche Regierungspolitiker die hervorragende Möglichkeit nicht, bei den Olympischen Winterspielen mit Chinas Staatspräsidenten Xi Jinping zusammenzutreffen und zu reden. Die Veranstaltung wird politisch boykottiert und medial verrissen als »Olympische Spielchen« (*Tagesspiegel*, 21.2.2022), die »Festung China« (*Spiegel*-Titel, 6/2022) herbeigeredet. Im Handumdrehen finden sich die EU und Deutschland wieder an der Seite ihres großen Bruders jenseits des Atlantiks, der Beijing als seinen globalen Feind ausgemacht hat.

Koloniales Gruppenbild

Das zweite ikonische Bild zeigt auf Seite eins der *Frankfurter Allgemeinen* (13.4.2022) eine strahlend-lächelnde Frau umringt von Uniformierten: Außenministerin Baerbock im malischen Bamako, luftig-leger aufgestellt in violetter Designer-Robe, mit eleganter Sonnenbrille vor ihrem Dienstflugzeug, Airbus A350, neben sich drei deutsche Soldaten, bewaffnet, Kampfanzüge, zwei von ihnen weiblich, einer plaudernden, gelöst wirkenden Baerbock angetan lauschend – eine scheinbare Idylle, doch in Wirklichkeit ein neokoloniales Gruppenbild mit Damen. Die Bundeswehrtruppe in Mali wird verstärkt und ersetzt abziehende Soldaten der ehemaligen Kolonialmacht Frankreich.

Germans to the front. Subsaharische Flüchtlinge stoppen, Russen und Dschihadisten in die Schranken verweisen, Rohstoffe sichern. Der deutsche Militäreinsatz in Mali gilt als der derzeit gefährlichste, doch die Kriegsgöttin aus Europa zeigt sich optimistisch und trägt auch in der Wüste Stöckelschuhe. Sie steht, wird gesagt, für eine neue Generation einer inzwischen verbürgerlichten Partei, pragmatisch und systemverbunden. Baerbock hat daraus nie einen Hehl gemacht. Ihr wegen einiger Probleme mit dem richtigen Zitieren kritisiertes Buch »Jetzt. Wie wir unser Land erneuern« widmet sie ihrer Oma und all den »Generationen, die so viel erlitten, erkämpft und geleistet haben und auf deren Schultern wir stehen«. Ihr eigener Großvater »kämpfte etwa im Winter 1945 an diesem Fluss (der Oder), an dieser Grenze« (Deutschlands zu Polen), so Baerbock am 6. Mai 2021 beim »Atlantic Council«, einer US-amerikanischen »Denkfabrik«. Zwei Generationen nach den Achtundsechzigern haben deren Enkel den deutschen Faschismus auf ihre Art bewältigt.

Anlässlich eines EU-Sanktionspakets formuliert die deutsche Außenministerin am 25. Februar 2022 den erschreckend alternativlosen Anspruch: »Das wird Russland ruinieren.« Und weiter: »Wir treffen das System Putin dort, wo es getroffen werden muss, eben nicht nur wirtschaftlich und finanziell, sondern in seinem Machtkern.« Ihr Co-Vorsitzender Robert Habeck war – vom damaligen ukrainischen Botschafter in Deutschland, Andrej Melnyk, in der Ostukraine in Szene gesetzt – bereits im Mai 2021 mit seiner Forderung nach Defensivwaffen für Kiew vorgeprescht. Baerbock hatte das noch als kontraproduktiv empfunden, weil es linke Wählerstimmen kosten könnte. Als Ministerin dann setzte sie umgehend auf Konfrontation mit Moskau, was sich eskalationsfördernd auswirken musste.

Sie hat sich frühzeitig an der Seite der russophoben Regierung der Ukraine positioniert. In Sachen Gas und Öl machte der damalige Präsident Petro Poroschenko bereits 2018 Stimmung. »Nord Stream 2 füttert das Monster«, verkündete dieser in einem Beitrag für die *FAZ* (18.5.2018). Die Pipeline solle die »Einheit Europas« unterminieren und »am Ende zerstören«. Das sei »schon immer die Ideologie hinter der Energiepolitik des Kremls« gewesen, behauptete er damals. Baerbock folgte als eine der ersten Grünen. Ihre geopolitisch und ökologisch begründete Ablehnung des Milliardenprojekts demonstrierte nicht nur Russland, sondern auch den USA, dass Deutschlands immer noch auf Diplomatie und Handel ausgerichtete Ostpolitik mit den Grünen beendet werden könnte. Und dass auch die einst suspekte Basis nicht querschießen würde. Diese ist inzwischen so realo-realistisch wie ihre Führung.

Die Partei ist älter und jünger zugleich geworden: Die um die Jahrtausendwende herum Geborenen haben in der Regel wenig mitbekommen vom Marxismus. Der spielte in den ersten zehn Jahren grüner Parteigeschichte noch eine gewisse Rolle, was zur Folge hatte, dass politische Programmatiken auch kritisch mit dem Kapitalismus und dessen Staat umgingen. Die Methode des Marxismus, dialektisch-materialistisch die Verhältnisse zu analysieren, versandete als aufklärerisches Gegengewicht zu den Realo-Positionen der späten 1980er Jahre.

Die verbliebenen marxistischen Positionen inklusive der Skepsis
bezüglich des DDR-Anschlusses wurden bereits 1990 als Ursachen
der damaligen Wahlniederlage ausgemacht, die letzten prägenden
Aktivistinnen des linken Flügels wie Jutta Ditfurth verließen die
Partei. Thomas Ebermann und Rainer Trampert waren bereits ge-
gangen, das Konzept der »Antipartei-Partei« hatte sich ebenso erle-
digt wie die außerparlamentarischen Aufbrüche. Im Bonner Bundestag landete lediglich noch eine kleine Gruppe der DDR-Grünen.
»Sind die Grünen noch zu retten?«, fragte Ralf Fücks 1991 als Herausgeber des gleichnamigen Paperbacks. »Er gilt als einer der Vordenker der Grünen, deren Bundessprecher er 1989/90 war«, steht
in der biografischen Notiz. Derweil kehrte Joseph Fischer zurück
an den Rhein und schmiedete das Bündnis mit den Sozialdemo-
kraten.

Die realpolitische Option formierte sich zur realen Aufstiegs-
chance und damit zur Möglichkeit, ertragreiche Posten im politischen Machtzentrum zu ergattern. Fast alle bekannten vormaligen
Spontis und Maoisten finden sich auf der Seite der Realos, halten als
langlebige Legenden die Mythen der Vergangenheit wach und erfüllen die Aufgabe, ein progressives Image zu konservieren und sich
zugleich allen Zeitenwenden anzupassen. Dieses Doppelrezept geht
dann auf, wenn es seriös, nachdenklich, aber konsequent vertreten
wird. Glaubwürdigkeit ist Voraussetzung dafür, den Einfluss zu erweitern und sich jeweils pragmatisch erkannten Notwendigkeiten
zu beugen. Deren Erfüllung ist Karrierevoraussetzung. Baerbock
und Habeck, die Shootingstars der nächsten Generation, beweisen
es.

Grüne Jugend und Mittelalter von heute sind in der Regel gebildet, gut bezahlt, gehören zu einem größeren Teil betuchteren
Schichten mit familiär bedingten Erbperspektiven an, beruflich
engagiert sind sie in den aufstrebenden Sparten der IT-Ökonomie
und – schon traditionell – in Bildungseinrichtungen. Und auch in
der Öko-Wirtschaft, die längst in der Großindustrie Einzug gehalten hat, lässt sich inzwischen viel Geld verdienen. Jedenfalls hat das

neue »intellektuelle Kleinbürgertum« (*konkret*, 5/2022) keine Ketten zu verlieren, sondern im äußersten Fall einen Zeitvertrag, der nicht verlängert wird.

Zweierlei Maß

Auf Foto drei gibt Habeck dem Emir von Katar mit einer Verbeugung, den Kopf gesenkt, die Hand. Ein Bückling von tiefer Symbolik. Es ist der 20. März 2022, und die sich rigoros gegen Russland austobende Sanktionsmaschinerie hat innerhalb von vier Wochen die über Jahrzehnte mühsam aufgebauten Handelsbeziehungen zu Moskau gekappt und zum historischen Irrweg erklärt.

Feuerwehraktionen ersetzen einen Plan, man kauft hemmungslos bei bisher verrufenen Autokraten Gas, Öl und Kohle und setzt auf das hochgiftige, schmutzige und zudem superteure Frackingverfahren zur Rohstoffförderung. Verflüssigtes Gas wird über See transportiert auf – bisher nur in geringer Zahl vorhandenen – Spezialtankern und offshore gelöscht auf hastig genehmigten und errichteten Terminals, und schließlich weiterverfrachtet auf derzeit unbekannten Wegen. Und das Milliardenprojekt Nord Stream 2 liegt brach. Derweil erklärt die EU Gas und Atomstrom für »nachhaltig«, eine klimazerstörerische Entscheidung.

»Mit Russland vollständig brechen zu wollen, ohne über alternative Energiequellen zu verfügen«, so der Politikwissenschaftler Michael Lüders, zeuge »nicht von höherer Moral, sondern von sträflicher Dummheit« (*der Freitag*, 16.6.2022). Erst perspektivisch, ab etwa 2026, könne »Deutschland zwei bis fünf Prozent seines Erdgasbedarfs aus Katar beziehen. Grundsätzlich aber sei russisches Gas weder für Deutschland noch für Europa vollständig aus anderen Quellen zu ersetzen«. Lüders: »Ein wenig erinnert Deutschland in diesen Tagen an die Titanic.« Unterdessen schaltet Habeck von selbstgewisser Abwiegelung auf Alarm, die Energiepreise steigen ins Unermessliche. Wer außer dem immer so besorgt und nachdenklich wirkenden Wirtschaftsminister könnte den Leuten vermitteln, dass wieder verstärkt fossile Brennstoffe eingesetzt werden, die kaum bezahlbar sind und in deren Folge »Wohlstandszerstörung in Europa und (...) Hunger im globalen Süden« (Lüders) auf die Agenda rücken? Die Sozialdemokratie hat ihre soziale Integrationsfähigkeit weitgehend eingebüßt und die ökologische nie besessen. Die Grünen übernehmen.

»Wir sind jetzt schon da, wo Deutschland nie war«, sagt der Durchhalteminister Habeck mit Blick auf die geringen Gasvorräte. Er setzt auf »so etwas Altmodisches wie Verantwortungsgefühl«. Menschen sollen idealistisch handeln und etwas tun, »weil sie Bock haben, in diesem Land zu leben, weil sie Stolz und Freude dabei empfinden, für andere etwas zu tun« (*Der Spiegel*, 26/2022). Stolze Deutsche frieren und spendieren freudig schwere Waffen und ein 100-Milliarden-Rüstungspaket: »Was wir tun, finde ich aber allemal besser, als in Putins Fängen zu bleiben.« Habeck prophezeit »eine harte Zeit«, in die »wir« laufen, und beschwört nationalen Zusammenhalt und Gemeinschaftssinn: »Wenn wir das meistern, in der Solidarität, über die wir gesprochen haben, bin ich stolz auf dieses Land.« (*Der Spiegel*, 26/2022)

Insbesondere die großen Waffenschmieden bis hin zur Luftfahrtindustrie jubeln. »41 von den 100 Milliarden Euro gehen an die Dimension ›Luft‹, was für Airbus eine gute Nachricht ist.« (*Der Spiegel*, 25/2022) So Michael Schöllhorn, Chef der Rüstungssparte von Airbus, der für »entscheidend« hält, nach fünf Jahren den »Anschluss an diese Investitionsoffensive hinzubekommen, eine Verstetigung« zu erreichen. Falls das nicht gelänge, würde die »europäische Rüstungsindustrie (...) noch weiter hinter die amerikanische zurückfallen«. Besonders dringend würden »sogenannte LEO-Konstellationen für niedrige Umlaufbahnen« benötigt, »wie sie Elon Musk an die Ukraine geliefert hat«. Die »Low Earth Orbit«-Satelliten dienen zur militärischen Kommunikation und Überwachung für den »Kampf im All« (*Scientific American*, 17.3.2021). Für die Schlachten am Boden hat Rheinmetall gerade den neuen Kampfpanzer Panther KF51 präsentiert.

Seit dem Beginn des russischen Angriffskrieges gab es seitens der Grünen keinen Versuch, über einen Waffenstillstand auch nur zu reden, geschweige denn realistische Verhandlungsvorschläge ins Gespräch zu bringen. Sie betätigten sich stattdessen als die erfolgreichsten Waffenexporteure in der BRD-Geschichte und sorgten dafür, dass sich die unentschiedene Meinung in der Bevölkerung zuungunsten der Friedenskräfte wendete. »Putins Fängen« zu entkommen bedeutet auch, auf Distanz zu China zu gehen – die Globalisierung wird durch Protektionismus ersetzt.

Ohne die Grünen beim Namen zu nennen, warnt Herbert Diess: Hierzulande werde »extrem unterschätzt, wie stark unser Wohlstand von China mitfinanziert wird«, so der scheidende Chef von VW, dem größten Autokonzern der Welt. »Würden wir uns davon abkoppeln, sähe Deutschland völlig anders aus.« Mehr als 5.000 deutsche Unternehmen sind in China tätig. In der Bundesrepublik hängt eine Million Arbeitsplätze davon ab. Mit einer Exportrate von acht Prozent ist die Volksrepublik Deutschlands wichtigster Handelspartner, und Diess bereitet insbesondere die »Grundhaltung« der Regierung in Berlin gegenüber China »größere Sorgen« (*Der Spiegel*, 27/2022). Der Krieg in der Ukraine wird aus geopolitischen Gegensätzen gespeist.

Die Olivgrünen

Eine ehemals antimilitaristische Kraft setzt auf die NATO als Friedensbringerin und Freiheitsgarantin. Der aggressive Charakter des Militärbündnisses ist trotz der jahrzehntelangen Erfahrungen, insbesondere nach dem Ende der Bipolarität, kein Thema mehr. Die NATO-Osterweiterung wird als freundlicher Akt im Interesse der Völker im postsowjetischen Raum dargestellt.

Das alt-neue Feindbild vom russischen Bären war schon vor dem Anschluss der Krim an Russland und den Turbulenzen um die Donbass-»Volksrepubliken« aus der Requisite des Kalten Kriegs geholt worden. Unter Negierung, Relativierung oder Leugnung von 1990 gemachten Zusagen, sich nicht nach Osten auszudehnen (vgl. *Der Spiegel*, 18/2022), war der Washingtoner Pakt Moskau beharrlich näher gerückt. Annalena Baerbock sieht indes »Abrüstung als ein wichtiges Element von Sicherheit« in den Konzepten der NATO (*Der Spiegel*, 19/2022).

Der Westen will den Sieg über Russland, egal, wie teuer er erkauft wird. »Die Ukrainer sind bereit, für die europäische Perspektive zu sterben. Wir wollen, dass sie mit uns den europäischen Traum leben«, erklärte EU-Kommissionspräsidentin Ursula von der Leyen (CDU) am 17. Juni 2022 pathetisch. Ihre Helden sind auch die der Grünen.

Literatur

Baerbock, Annalena (2021): Jetzt. Wie wir unser Land erneuern. Berlin

Berman, Paul (2006): Idealisten an der Macht. Die Passion des Joschka Fischer. München

Cohn-Bendit, Daniel / Cohn-Bendit, Gabriel (1968): Linksradikalismus. Gewaltkur gegen die Alterskrankheit des Kommunismus. Reinbek

Ditfurth, Jutta (1991): Das waren die Grünen. Abschied von einer Hoffnung. Düsseldorf

Fücks, Ralf (Hg., 1991): Sind die Grünen noch zu retten? Reinbek

Kelly, Petra (1983): Um Hoffnung kämpfen. Gewaltfrei in eine grüne Zukunft. Göttingen

Schumann, Gerd (2021): Joschka Fischer. Wollt ihr mich oder eure Träume? Ein Nachruf. Berlin

Sperr, Monika (1985): Petra K. Kelly. Politikerin aus Betroffenheit. Hamburg

Werner Rügemer

»Unsere europäischen Werte«[*]
Höchste Militärausgaben, niedrigste Löhne: Notizen zum Standort Ukraine

Bei der ersten Einführung eines gesetzlichen Mindestlohns in der Ukraine, im Jahre 2015, betrug er 0,34 Euro, also 34 Cent pro Stunde. Danach wurde er erhöht: 2017 betrug er 68 Cent, 2019 betrug er 10 Cent mehr, also immerhin 78 Cent, und seit 2021 liegt er bei 1,21 Euro. Schon mal gehört?

Selbst dieser Niedrigstlohn wird nicht immer bezahlt
Das bedeutet natürlich nicht, dass dieser Mindestlohn in diesem Staat tatsächlich korrekt bezahlt wird. Bei einer vollen Arbeitswoche im Jahre 2017 betrug so der monatliche Mindestlohn 96 Euro. Aber zum Beispiel in der Textil- und Lederindustrie kam dieser Mindestlohn bei einem Drittel der meist weiblichen Beschäftigten nur durch erzwungene und nicht eigens bezahlte Überstunden zustande. Auch Bezahlung nach Stücklohn ist verbreitet – die bestimmte Zahl an Hemden muss in einer Stunde fertiggenäht sein; wenn das nicht klappt, muss unbezahlt nachgearbeitet werden.

Wenn keine Aufträge vorlagen, wurde unbezahlter Urlaub angeordnet. Der gesetzlich zustehende Jahresurlaub wurde vielfach nicht gewährt bzw. nicht bezahlt. Die Unternehmensleitung verhinderte die Wahl von Belegschaftsvertretungen. Mit diesem Mindestlohn lagen die Menschen weit unterhalb des offiziellen Existenzminimums: Es betrug im besagten Jahr 166 Euro.

---

[*] Dieser Beitrag erschien erstmals am 21.7.2022 auf den NachDenkSeiten.

Die Hungerlohn-Kette
aus der Ukraine in die EU-Nachbarstaaten

Es gibt etwa 2.800 offiziell registrierte Textilunternehmen, aber auch eine vermutlich ebenso hohe Zahl an nicht registrierten Kleinunternehmen. Sie bilden seit Jahrzehnten eine ganz normale Schattenwirtschaft, oft in Kleinstädten und Dörfern.

Dabei rangieren die meisten dieser Unternehmen nur als Zweitklasse-Zulieferer für die international besser vernetzten Billigproduzenten in den benachbarten EU-Staaten, vor allem in Polen, aber auch in Rumänien und Ungarn.

So gehen 41 Prozent der Schuhe als Hungerlohn-Halbfertigware aus der Ukraine erstmal in die Niedriglohnfabriken Rumäniens, Ungarns und Italiens: Dort kriegen sie dann das unschuldige und schöne Etikett »Made in EU«.

Textilbeschäftigte selbst können sich
nur Second-Hand-Importe aus Deutschland leisten

Die Mehrheit der etwa 220.000 Textilbeschäftigten sind ältere Frauen. Sie halten sich nur durch eigene Subsistenzwirtschaft über Wasser, etwa durch einen eigenen Garten mit Hühnerstall. Krankheiten wegen Mangelernährung sind verbreitet.

Ihre eigenen Kleider kaufen die Textilarbeiterinnen meist aus Second-Hand-Importen: Die kommen vor allem aus Deutschland, Polen, Belgien, der Schweiz und den USA. Die Ukraine importiert nämlich viel mehr Textilien als sie exportiert.

Die teuren, in der Ukraine vorproduzierten Importe von Boss und Esprit aus dem reichen EU-Westen sind für die reiche Elite und die NGO-Blase in Kiew bestimmt – während die Mehrzahl der Importe billigste Second-Hand-Textilien sind. Die Textilarbeiterinnen, aber auch die Mehrheit der Bevölkerung können sich nur die fast kostenlosen Wegwerf-Textilien aus den reichen Staaten leisten.[1]

Aber westliche Gewerkschaften und »Menschenrechtler« blicken immer noch nach Asien und Bangladesh, wenn es um menschenrechtswidrige Niedriglöhnerei in der Textilindustrie geht. Obwohl die Niedriglöhne in der Ukraine viel niedriger sind. Auch bei den aktuellen Diskussionen in der EU und im Deutschen Bundestag über ein Lieferkettengesetz: Da geht der Blick weit hinaus, global, nach Asien, während die EU-ukrainische Armutskette verleugnet wird.

Hier sitzt sie, die Korruption: C&A, Hugo Boss, Adidas, Marks&Spencer, New Balance, Esprit, Zara, Mexx sind die profitierenden Endabnehmer. Sie leben von der menschenrechtswidrigen Ausbeutung. Hier in den reichen EU-Staaten sitzen die wichtigsten Akteure der Korruption. Klammheimlich begrüßen sie freudig die nicht vorhandene bzw. komplizenhafte Arbeitsaufsicht des ukrainischen Staates, und die EU deckt das systemische Arbeitsunrecht ebenfalls, mit rituell-heuchlerischer und folgenloser Anmahnung der Korruption in der Ukraine.[2]

Autozulieferer, Pharma, Maschinenbau

So ähnlich wie in der Textil- und Lederindustrie läuft es auch in anderen Bereichen. Die Ukraine war ein Schwerpunkt industrieller Produktion in der Sowjetunion. Nach der Selbstständigkeit 1991 übernahmen Oligarchen die Firmen, holten Gewinne raus, steckten nichts in die Innovation. Für westliche Firmen standen Millionen gut qualifizierter Beschäftigter bereit – zu Niedrigstlöhnen.

Tausende Unternehmen vor allem aus den USA und EU-Staaten – allein aus Deutschland etwa 2.000 – vergeben Zuliefer-Aufträge für eher einfachere Teile: Porsche, VW, BMW, Schaeffler, Bosch und Leoni etwa für Autokabel; Pharma-Konzerne wie Bayer, BASF, Henkel, Ratiopharm und Wella lassen ihre Produkte abfüllen und verpacken; Arcelor Mittal, Siemens, Demag, Vaillant, Viessmann unterhalten Montage- und Verkaufsfilialen. Hier werden durchaus Löhne von zwei bis drei Euro gezahlt, also mehr als der Mindestlohn, aber eben noch niedriger als in den angrenzenden EU-Staaten Ungarn, Polen, Rumänien.

Deshalb sind die ukrainischen Standorte mit den Standorten derselben Unternehmen in diesen benachbarten EU-Staaten eng vernetzt, wo die gesetzlichen Mindestlöhne über 3 Euro und unter 4 Euro liegen. Die Vernetzung gilt aber genauso mit den noch ärmeren Nachbarstaaten Moldau, Georgien und Armenien, die nicht EU-Mitglieder sind. Hier werden ebenfalls Filialen betrieben. Im Zuge der »Östlichen Nachbarschaft«, organisiert von der EU, werden alle Unterschiede der Qualifikation, der noch niedrigeren Bezahlung ausgenutzt – mit der Ukraine als Drehtür.

Millionenfache Arbeitsmigration

Diese selektive Ausnutzung von Standortvorteilen durch westliche Kapitalisten hat nicht zur volkswirtschaftlichen Entwicklung geführt, im Gegenteil. Die Ukraine wurde volkswirtschaftlich verarmt. Die Bevölkerungsmehrheit wurde ärmer und kränker gemacht. Eine massenhafte Reaktion ist die Arbeitsmigration.

Sie setzte schon früh ein. Bis Ende der 1990er Jahre wanderten mehrere hunderttausend Ukrainer nach Russland aus. Die Löhne waren zwar nicht viel höher, aber in Russland schlagen nicht die exzessive Verwestlichung des Lebensstils und die Verteuerung der Lebenshaltungskosten für Nahrung, Mieten, Gesundheit und staatliche Gebühren durch.

Seit den 2000er Jahren und beschleunigt durch die Folgen des Maidan-Putsches 2014 sind etwa 5 Millionen UkrainerInnen als Arbeitsmigranten unterwegs – etwa zwei Millionen mehr oder weniger dauerhaft im Ausland, etwa drei Millionen pendeln in die Nachbarstaaten. Insbesondere der polnische Staat, der ohnehin Ansprüche auf westliche Teile der Ukraine erhebt, fördert die Arbeitsmigration aus der Ukraine. Etwa zwei Millionen UkrainerInnen verdingen sich in Polen vor allem in niedrigen Diensten als Putzkräfte, Haushaltshilfen, Kellner, Altenbetreuer, LKW-Fahrer.[3] In Polen blüht auch das Geschäft von Vermittlungsagenturen: Die erklären Ukrainer zu polnischen Staatsangehörigen und vermitteln sie etwa als häusliche Pflegekräfte nach Deutschland und in die Schweiz: Da wird dann schon mal der dortige Mindestlohn bezahlt, für eine 40-Stunden-Woche, aber in Wirklichkeit müssen die Pflegekräfte 24 Stunden in Bereitschaft sein, so steht es im Vertrag mit der polnischen Agentur.

Hunderttausende UkrainerInnen verdingen sich zudem dauerhaft, auf Zeit oder hin- und herpendelnd in Rumänien, Ungarn, der Slowakei und Tschechien, mit Mindestlöhnen zwischen 3,10 Euro und 3,76 Euro. Da freuen sich die UkrainerInnen, auch wenn sie ein bisschen unter diese Mindestlöhne gedrückt werden – das ist immer noch viel besser als in ihrer Heimat, und die Arbeitsaufsicht sagt nichts und die EU sagt auch nichts.

Studierende aus der Ukraine sind gern engagierte Saisonkräfte in der EU-Landwirtschaft. Allein in Niedersachsen sind es jährlich etwa 7.000 Studierende, die freilich nicht unbedingt studieren, sondern mit gefälschten Immatrikulationspapieren einreisen. Weder in der Ukraine noch in Deutschland wird kontrolliert, wie eine Studie der Friedrich-Ebert-Stiftung ergab.[4]

Mindestlohn in Litauen: 2015 betrug er 1,82 Euro, also fünf mal höher als damals in der Ukraine; 2020 betrug er 3,72 Euro. Die EU fördert den Ausbau Litauens zur europäischen Speditions-Zentrale: Mithilfe Künstlicher Intelligenz werden billige und willige LKW-Fahrer aus Drittstaaten wie Ukraine, Moldau, aber auch von weiter her wie von den Philippinen quer durch Europa gelenkt. Sie brauchen keine Sprache zu lernen, sie bekommen ihre Anweisungen über Smartphone und Navigator. So fehlten mit Beginn des Krieges in der Ukraine den Speditionen in Litauen und Polen plötzlich über 100.000 LKW-Fahrer – aus der Ukraine, sie durften wegen des Militärdienstes nicht mehr ausreisen.[5]

Frauen-Armut I:
Es blüht die verbotene Prostitution

Der patriarchale Oligarchenstaat Ukraine hat die Ungleichheit zwischen Mann und Frau extrem vertieft. Mit 32 Prozent *gender pay gap* stehen ukrainische Frauen an der allerletzten Stelle in Europa: Im Durchschnitt bekommen sie ein Drittel weniger Lohn und Gehalt als ihre männlichen Kollegen, im Bereich Finanzen und Versicherung sind es bei gleicher Arbeit sogar 40 Prozent[6] – der EU-Durchschnitt ist 14 Prozent. Wegen der patriarchalen Stereotype werden Frauen zudem besonders häufig in prekäre Teilzeitjobs abgedrängt, sogar noch weit mehr als in Merkel-Deutschland, das bei der Benachteiligung von Frauen unter den EU-Staaten mit an vorletzter Stelle steht.

Zu dieser patriarchalen Frauen-Armut gehört das Verbot der Prostitution, die aber genau unter diesen Bedingungen besonders blüht. Auch Grundschullehrerinnen, die mit ihren 120 Euro im Monat nicht auskommen, zählen zu den geschätzten 180.000 Frauen, die in der Ukraine als Prostituierte arbeiten, geschiedene alleinstehende Frauen mit Kind, Arbeitslose.

Weil die Prostitution verboten ist, verdienen Bordellbetreiber ebenso mit wie Polizisten und Taxifahrer, weil sie durch Schweigen gute Einnahmen haben. Auch Privatwohnungen werden genutzt, wie die Bordelle in bester Lage in der Hauptstadt Kiew. Touristen werden angelockt – mit 80 Euro sind sie dabei. Acht Dienstleistungen pro Nacht – keine Seltenheit. Etwas weniger als die Hälfte der Einnahmen bleibt bei den Frauen. So manche hoffen auf eine Übergangzeit von einem Jahr, zwei oder auch drei Jahren. Oft vergeblich. Ein Drittel wird drogensüchtig, ein Drittel gilt als HIV-positiv.[7]

Nach der »Liberalisierung« der Sexualdienste durch die Bundesregierung aus Schröder/SPD und Fischer/Grünen wurde Deutschland zum »Bordell Europas«. Die bundeseigene Gesellschaft für Technische Zusammenarbeit (GTZ) gab in einem 2005 erstellten und 2006 zurückgezogenen »Deutschland-Reiseführer für Frauen« »migrationswilligen Frauen aus der Ukraine« gezielt Tipps zur Arbeit als Prostituierte in Deutschland.[8] Viele kamen. Merkel-Deutschland wurde zum europäischen Zentrum für gewerbliche Prostitution, mehrheitlich zudem illegal und behördlich geduldet – günstige Bedingungen für Frauen, die nicht aus einem EU-Mitgliedstaat kommen. So liegt es nahe, dass Zuhälter jetzt im Jahre 2022 flüchtende ukrainische Frauen schon an der Grenze anzuwerben versuchen.[9]

Frauen-Armut II:
Der weibliche Körper als Nutzungsmaterial

Die Ukraine ist für westliche Unternehmen ein gefälliger Standort für Praktiken, die sonst verboten sind, ein tausendfach genutzter Standort für die US-geführte Globalisierung. Das gilt auch für die gewerbliche Nutzung des weiblichen Körpers, weit über illegale Prostitution hinaus.

Die Ukraine ist der globale hot spot für industrielle Leihmutterschaft, mit weitergehender »Liberalisierung« als sonst. Die weit verbreitete Frauen-Armut bietet ein unerschöpfliches Reservoir.

Vittoria Vita, La Vita Nova, Delivering Dreams oder etwas prosaischer BioTex – unter solchen Namen preisen in Kiew und Charkiw Agenturen für Leihmutterschaft ihre Dienste bzw. ihre Frauen an. In Katalogen werden, für zahlungskräftige Ausländer, hübsche gesunde Ukrainerinnen angeboten. Zwischen 39.900 und 64.900 Euro liegen die Preise für ein gesund abgeliefertes Baby. Aus den USA, Kanada, Westeuropa, China kommen die Wunschkind-Touristen.[10]

Das Wunscheltern-Paar liefert in einer der Dutzend Spezialkliniken Ei und Samen ab. Die werden in der Retorte befruchtet. Dann wird das fremde Embryo der Leihmutter eingepflanzt. Diese trägt ein genetisch fremdes Kind aus. Das wurde in den USA entwickelt, ist aber viel teurer: Zwischen 110.000 und 240.000 Euro. In der Ukraine ist es weniger reguliert. Die austragende Frau darf genetisch nichts mit dem Kind zu tun haben, sie ist nur ein fremdes Werkzeug, das nach Benutzung sofort vergessen werden soll, gar nicht mehr existiert – und für die nächste Nutzung für ein ganz anderes fremdes Paar bereitsteht.

Die Preise unterscheiden sich je nachdem, ob die Wunscheltern für ihr bestelltes Baby ein bestimmtes Geschlecht haben wollen oder nicht: Ohne Geschlechtswahl kostet es bei BioTex 39.900 Euro, mit zweimaligem Versuch auf das gewünschte Geschlecht kostet es 49.900 Euro, und bei zahlenmäßig unbegrenzten Versuchen kostet es 64.900 Euro. Zu diesen Angeboten gehört die Hotel-Unterbringung, die Ausstellung der Geburtsurkunde und des Reisepasses im deutschen Konsulat. Bisher wurden mehr als 10.000 solcher Babys weltweit ausgeliefert.

Die Leih- oder Surrogatmutter – eine Leihmutterfirma trägt den dazu passenden Namen: Surrogacy Ukraine – bekommt während der Schwangerschaft eine monatliche Prämie zwischen 300 und 400 Euro, nach gelungener Ablieferung des Produkts wird die Erfolgsprämie auf 15.000 Euro aufgestockt. Wenn es eine Fehlgeburt gibt, das Kind behindert ist oder dessen Annahme verweigert wird, bekommen die Leihmütter nichts. Deren seelische Verfassung bleibt unbeachtet, gegen gesundheitliche Schäden besteht keine soziale Absicherung. Untersuchungen über Langzeitfolgen werden nicht angestellt.

Null-Stunden-Verträge, Enteignung der Gewerkschaften
Die Selenskyj-Regierung erhöhte zwar den Mindestlohn auf 1,21 Euro, schwächt und zerstört aber gleichzeitig die ohnehin schon seit der Unabhängigkeit immer mehr geschwächten Gewerkschaften. Das Arbeitsgesetz vom Dezember 2019 ist der bisherige Höhepunkt des extremen Arbeitsunrechts:

- Der Null-Stunden-Arbeitsvertrag ist zulässig: Arbeit auf Abruf. Wenn der Unternehmer Arbeit zu vergeben hat, holt er sich kurzfristig den Beschäftigten. Da kann die Zahl der Arbeitsstunden und das Arbeitseinkommen auch mal Null betragen.
- Entlassungen müssen nicht mehr begründet werden.
- Die individuelle Aushandlung der Arbeitsverträge wird gefördert – »Aushandlung« ist natürlich ein beschönigender Begriff für alternativlose Angebote, was bei der hohen Arbeitslosigkeit kein Problem ist. In Unternehmen mit weniger als 250 Beschäftigten – das sind über 95 Prozent der Unternehmen – können Tarifverhandlungen ausgesetzt werden. Die davon profitierenden Unternehmen sind insbesondere staatliche, dann die Agrar- sowie Nahrungsmittel- und Tabakkonzerne wie Nestlé und Philip Morris.

Außerdem sollen die Gewerkschaften enteignet, das Vermögen soll eingezogen werden. Auch wenn sie geschwächt sind, so haben sie aus sowjetischer Zeit noch Grundstücke und teilweise große Häuser, und zwar in den Zentren der Städte. Für Selenskyj sind das »russische Überreste« – also enteignen!

Hunderttausende Ukrainer protestierten gegen das neue Gesetz – darüber berichtete keine westliche Tagesschau. In einem gemeinsamen Brief vom 9. September 2021 haben die Internationale Gewerkschafts-Föderation und die Europäische Gewerkschafts-Föderation – ITUC, CSI, IGB – die ukrainische Regierung und das mit der Integration der Ukraine beauftragte EU-Komitee darauf hingewiesen: Die Ukraine verletzt mit dem neuen Arbeitsgesetz nicht nur alle Arbeitsrechte der UNO und der Internationalen Arbeitsorganisation ILO, sondern auch die niedrigen Standards der EU – keine Reaktion.[11]

Enteignung und Verarmung der Bauern

Nach der Selbstständigkeit bekamen die etwa 7 Millionen Bauern aus ihren Kollektivfarmen im Durchschnitt etwa vier Hektar Land als Eigentum zugeteilt. Das ist zu wenig, um eine eigenständige Landwirtschaft zu betreiben. Deshalb verpachten die Bauern bisher ihr kleines Land an in- und ausländische Oligarchen für eine niedrige Pachtgebühr, gegenwärtig im Durchschnitt für 150 Dollar pro Jahr, 2008 waren es noch 80 Dollar.

So hat etwa der Oligarch Andry Werewsky mit dem Konzern Kernel 570.000 Hektar Pachtland zusammengerafft, der Oligarch Oleg Bachmatjuk schaffte es mit UkrLandFarming auf 500.000 Hektar, der US-»Heuschrecken«-Investor NCH Capital aus New York brachte es auf 400.000 Hektar, der Oligarch Juriy Kosuk für MHP auf 370.000 Hektar, der Oligarch Rinat Achmetov für seine Agro-Holding auf 220.000 Hektar, während die Continental Farmers Group aus Saudi-Arabien »nur« 195.000 Hektar pachtet. Schwedische und niederländische Pensionsfonds mischen mit. Aus Bayern kommen Klein-Oligarchen wie Dietrich Treis und Hans Wenzel, die zuhause 60 Hektar haben, in der Ukraine aber unvergleichlich günstig gepachtete 4.500 Hektar bewirtschaften.[12] Alexander Wolters aus Sachsen hat sich 4.200 Hektar zusammengepachtet, für 60 Euro pro Hektar im Jahr.[13]

Sie alle sind voll in die EU und den westlichen Weltmarkt integriert:

- Die rechtlichen und Steuersitze sind vorzugsweise in den EU-üblichen Finanzoasen Zypern, Luxemburg und der Schweiz, die ukrainischen Regierungen brachten Steuererlasse und Subventionen bei.
- Sie erhalten immer wieder hohe Kredite der Europäischen Bank für Wiederaufbau und Entwicklung (EBRD) und der Europäischen Investitionsbank (EIB).
- Die Samen-, Düngemittel-, Pestizid- und Landtechnik ist v. a. in den Händen von US- und deutschen Konzernen wie Cargill, Archer Daniels, John Deere, Corteva, Bayer und BASF.

Hochbezahlte Manager führen die Geschäfte. Einige wenige der Bauern können zum Mindestlohn Hilfsdienste in diesem großflächig organisierten Agrobusiness ausführen. Ein bisschen nicht-verpachtetes Land ermöglicht ihnen kümmerliches Überleben.[14]

Doch die Selenskyj-Regierung hat die Pacht-Praxis beendet: Seit 1. Juli 2021 können die Bauern ihr Land verkaufen, zunächst nur an Käufer mit ukrainischer Staatsangehörigkeit. Dafür richtet die Regierung ein Auktionsportal ein, in dem auch anonym geboten werden kann. Die Freigabe des Verkaufs der höchst fruchtbaren ukrainischen Schwarzerde wurde nicht nur von oligarchischen *land grabbern* verlangt, sondern auch vom Internationalen Währungsfonds IWF, der der hochverschuldeten Ukraine für einen neuen 5-Milliarden-Kredit u. a. diese Auflage machte: Land darf verkauft werden, das führt zu wirtschaftlichem Aufschwung! Ein späteres Referendum 2024 soll dann den nächsten Schritt einleiten: Verkauf des Bodens auch an Ausländer. Die weitere Verarmung der Bauernfamilien ist eine der Folgen, die unter diesen Bedingungen eingeleitet wird. Deshalb protestierten viele Bauern gegen diese »Landreform« – ohne Wirkung.

Schmuggelzentrale Ukraine: Seit 30 Jahren

Ab 1992 kauften die größten Zigarettenkonzerne Philip Morris, R. J. Reynolds, British American Tobacco und Japan Tobacco die Zigarettenfabriken in der Ukraine. Teilweise blieb der Staat ein paar Jahre als Minderheitsgesellschafter dabei.

Die Produktion mit guten, aber nun schlechter bezahlten Fachkräften galt zum wenigsten für den ukrainischen Markt. Das große Spektrum der Luxusmarken wie Marlboro und Chesterfield bis hinunter zu Billigstmarken wurde für den Export produziert. Dafür senkte die komplizenhafte Regierung die Tabaksteuer auf ein international konkurrenzloses Niveau, weniger als die Hälfte der in Europa sonst geltenden Steuer. Gleichzeitig blieben die Zollkontrollen auf niedrigstem Niveau.

Ende der 1990er Jahre erkannte die Europäische Kommission: Philip Morris & Co produzieren in der Ukraine mehr als 90 Prozent für den Export, einschließlich mit den Billigzigaretten für den globalen Schmuggel in arme Staaten, aber auch in die reichen EU-Staaten. Durch den Schmuggel würden die EU-Staaten jährlich um 4 Mrd. Euro geschädigt. Die EU klagte gegen Philip Morris und Reynolds auf Schadenersatz. Das Gericht in New York wies die Klage 2001 ab. Drei Jahre später willigte Philip Morris ein, an die EU 1,3 Mrd. Dollar zu zahlen, um den Kampf gegen Schmuggel und gefälschte Etiketten zu unterstützen.

Morris zahlte aber erstmal nicht, 2010 wurde das Abkommen erneuert. Morris hat sich verpflichtet, die Summe, auf 12 Jahre verteilt, an Belgien, Finnland, Frankreich, Deutschland, Griechenland, Italien, Luxemburg, die Niederlande, Portugal und Spanien zu bezahlen. Diese Staaten haben das Abkommen unterzeichnet – aber alle osteuropäischen EU-Staaten nicht. Gleichzeitig blühte hinter den Kulissen die Komplizenschaft: Michel Petite, von 2001 bis 2007 Generaldirektor des Juristischen Dienstes der EU-Kommission, wechselte 2008 zur US-Kanzlei Clifford Chance, übernahm dort den Mandanten Philip Morris und wurde auch noch Vorsitzender des »Ethik-Komitees« der EU.[15]

In der Ukraine kostet eine Schachtel Marlboro-Zigaretten trotz inzwischen etwas erhöhter Tabaksteuer 2,50 Euro und im Kosovo 1,65 (Stand 2021) – während die Schachtel in Deutschland 7 Euro kostet, in Belgien 6,20, in Frankreich 10, in Italien 6 usw. Deshalb gehen natürlich der Export und der Schmuggel aus der Ukraine weiter. Deshalb wird rituell-ergebnislos verhandelt, so auch beim 21. Gipfeltreffen EU-Ukraine. »Die Ukraine ist zu einer weltweiten Drehscheibe für die Lieferung illegaler Zigaretten nach Europa geworden«, so gestand der Vizechef des ukrainischen Präsidentenamtes, Alexej Hontscharuk. Präsident Selenskyj hat natürlich wieder zugesagt, dass die Ukraine den Tabakschmuggel noch heftiger bekämpfen wird als bisher.[16]

Ukraine: Höchste Militärausgaben in Europa

Durch den von westlichen Akteuren – NATO, Horizon Capital, Swedbank, National Endowment for Democracy, Black See Trust, Soros Foundation – organisierten Maidan-Putsch 2014 wurde der kleine Banker Arsenij Jazeniuk ins Amt des ukrainischen Ministerpräsidenten gehievt.[17] Die Boykotte gegen Russland führten zum Verlust mehrerer hunderttausend Arbeitsplätze in der Ukraine – allein für deutsche Unternehmen wie den Autozulieferer Leoni waren es etwa 40.000.

Die ukrainische Regierung orientierte sich nun an der EU und führte 2015 einen gesetzlichen Mindestlohn ein: 34 Cent pro Arbeitsstunde. Das war eine deutliche Ansage, auf welchem Niveau sich die Arbeitseinkommen bewegten. Die Beschäftigten wie in der Textilindustrie und im Agrobusiness freuen sich, wenn der Mindestlohn wirklich gezahlt wird. Andere Beschäftigte freuen sich, wenn der Stundenlohn in die Nähe von drei Euro kommt. Die Arbeitsmigration Richtung Ausland beschleunigte sich, wurde und wird von den nicht so stark verarmten osteuropäischen Nachbarstaaten gern genutzt. Die Ukraine wurde endgültig zur »Lieferantin billiger Arbeitskräfte in die EU-Länder.«[18]

Der hinsichtlich der Bevölkerungsmehrheit allerärmste Staat

in Europa rüstete mithilfe der NATO, insbesondere der USA und Großbritanniens, ab 2016 noch schneller auf, von 2,9 Prozent des Bruttoinlandsproduktes (BIP) für das Militär innerhalb eines halben Jahrzehnts auf das Doppelte bis 2020, also schon vor dem Krieg: auf 5,9 Prozent – hochprozentigster Musterknabe für die Forderung von US-Präsident Obama, die Militärbudgets auf 2 Prozent zu erhöhen. Damit steht die Ukraine nach Saudi-Arabien weltweit an 2. Stelle, noch vor dem zweitbesten US-Musterknaben, dem hochgerüsteten Israel.[19]

Das Nicht-NATO-Mitglied Ukraine mit jetzt 41 Millionen Einwohnern hat mit seinen 292.000 Soldaten mehr Militärs als die anderen und auch größeren NATO-Mitglieder (USA natürlich ausgenommen), also mehr Soldaten als Deutschland, Frankreich, Großbritannien, Italien, Griechenland, Spanien, Polen, Rumänien ... Der Staat mit der allerärmsten Bevölkerungsmehrheit in Europa leistete sich bzw. seinen Herren und Damen in Washington, Brüssel, London, Paris und Berlin zugleich die weitaus höchsten Militärausgaben, vielleicht zur Vorbereitung eines Krieges, oder wofür?

Die ärmste und kränkeste Bevölkerung Europas

Der IWF vergab dem »korruptesten Staat Europas« (Transparency International) Kredite mit Auflagen für Sozial- und Rentenkürzungen, für Erhöhung der Kommunalgebühren (Wasser, Abwasser, Müll) und der staatlichen Energiepreise sowie für weitere Privatisierungen. Der IWF war auch Kriegstreiber: Der Verlust des Donbass würde sich negativ auf die Höhe der westlichen Kredite auswirken, ließ er verlautbaren.[20]

Die Staatsverschuldung wurde 2020 auf optisch hübsche 60 Prozent herabgedrückt – hervorragend für einen Beitritt zur EU. Begleitfolge: Die Bevölkerungsmehrheit ist noch ärmer, die Lebenshaltungskosten, Nahrungsmittel, Kommunalabgaben, Mieten, Gesundheits- und Energiekosten sind gestiegen – sind nur noch teilweise bezahlbar oder eben gar nicht mehr. Die Durchschnittsrente betrug 2013, vor dem Maidan-Putsch, noch 140 Euro, das war der Höhepunkt in der Geschichte der unabhängigen Ukraine. Seit 2017 beträgt die Durchschnittsrente 55 Euro. Immer mehr RentnerInnen müssen weiterarbeiten.[21]

Seit der westlich orientierten Unabhängigkeit schrumpfte die Bevölkerung der Ukraine von 51 Millionen Einwohnern auf jetzt 41 Millionen. Schon vor dem jetzigen Krieg prognostizierte die Internationale Organisation für Migration (IOM) für das Jahr 2050 eine weitere Schrumpfung: 32 Millionen Einwohner, und die würden dann im Durchschnitt noch älter sein als jetzt schon.

Die ärmste Bevölkerung Europas ist auch die kränkeste: Die Ukraine steht in Europa an erster Stelle der Todesfälle wegen Mangelernährung.[22]

Wie lobte doch die Präsidentin der Europäischen Kommission, Frau von der Leyen, so überschwänglich: »Die Ukraine verteidigt beeindruckend unsere europäischen Werte!« Deshalb soll die Ukraine EU-Mitglied werden. Die Präsidentin fügte hinzu: »Die Ukraine verdient diesen Status, denn sie ist bereit, für den europäischen Traum zu sterben.«[23]

Die christlich lackierte Politikerin hat mehr recht, als sie glaubt.

Anmerkungen

1   Oksana Dutschak: Sweatshops am Rande Europas. Wie Markenkleidung in der Ukraine genäht wird, Bundeszentrale für politische Bildung 4.12.2017; siehe auch: Clean Clothes Campaign: Länderprofil Ukraine 2017, herausgegeben von der Rosa Luxemburg-Stiftung.
2   Werner Rügemer: Imperium EU. ArbeitsUnrecht, Krise, neue Gegenwehr. Köln 2020
3   Die nützlichen Migranten. Zwei Millionen Ukrainer in Polen, Deutschlandfunk 27.2.2018
4   Ukrainische Saisonarbeitskräfte in der Landwirtschaft, fes.de, 6.4.2022
5   Lastwagenfahrer fallen aus. Viele Ukrainer eingezogen, FAZ 9.3.2022
6   Gender Pay Gap in the Ukraine, globalpeoplestrategist.com/
7   Käufliche Liebe im Untergrund, Der Spiegel 30.6.2012
8   Bund gab Ukrainerinnen Tips für Prostitution in Deutschland, Welt am Sonntag 9.4.2006
9   Ukrainerinnen auf der Flucht: »Oft schon an Grenze von Zuhältern angesprochen«, MDR Sachsen 3.6.2022

10 Geschäft mit dem Babyglück – Leihmütter in der Ukraine, arte-TV
    29.1.2021; Babys für die Welt. Das Geschäft mit ukrainischen Leihmüttern,
    DLF/SWR/ORF 30.11.2021; In der Ukraine boomte das Geschäft mit der
    Leihmutterschaft. Dann kam der Krieg, Stern 25.3.2022

11 Sharan Burrow/ITUC and Luca Visentini/ETUC: Letter to Mr. Volodymyr
    Zelenskyy and others, Brussels 9 September 2021, pmguinfo.dp.ua/images/
    photo-news/09_2021/original_lista.pdf

12 Ukraine-Krieg: Niederbayerischer Landwirt bangt um seine Mitarbeiter,
    Bayerischer Rundfunk 4.3.2022; ARD Tagesschau 17.5.2022

13 Deutsche Landwirte in der Ukraine ächzen über Preisschwankungen und
    Transportprobleme, mdr.de 21.5.2022

14 Who Benefits from the Creation of a Land Market in Ukraine? oaklandinsti-
    tute.org, December 2020; Christina Planks: Land grabs in the Black Earth:
    Ukrainian Oligarchs and International Investors, Heinrich Böll-Stiftung
    30.10.2013; Transnational Institute: Land Concentration, Land Grabbing
    and Peoples' Struggles in Europe, June 2013

15 Geschichte der EU-Vereinbarungen zum Tabakschmuggel: Unfairtobacco.
    org

16 Schmuggel: Ukraine will Kooperation mit der EU verbessern, euraktiv.de/
    section/eu-aussenpolitik/news/schmuggel-ukraine-will-kooperation-mit-
    der-eu-verbessern/, abgerufen 15.7.2022

17 Werner Rügemer: Jazeniuk made in USA, Ossietzky 9/2014

18 Olga Gulina / Oleksii Pozniak: Ukraine – Migrationsströme im Wandel,
    zois-berlin.de/publikationen/ukraine-migrationsstroeme-im-wandel,
    11.4.2018

19 Militärausgaben der Ukraine von 2006 bis 2021, de.statista.com, abgerufen
    15.7.2022

20 cnbc.com/2014/05/01/ukraine-gets-17bn-bailout-russian-risks-remain.
    html

21 Ukraine-analysen Nr. 200, 27.4.2018, laender-analysen.de/ukraine

22 Cardioviscular mortality attribuable to dietary risk factors in 51 countries in
    the WHO European Region from 1990 to 2016, European Journal of Epide-
    miology 34, 37ff. (2019)

23 Die Ukraine und die EU – Eine geopolitische Entscheidung, FAZ 17.5.2022

Teil II

Was für ein Krieg?

Sevim Dağdelen

Russland ruinieren und China vernichten
Die Kriegsziele des Wertewestens und die Torpedierung einer Verhandlungslösung

Der NATO-Gipfel in Madrid im Juni 2022 ist in jeder Hinsicht eine Zäsur. Zum ersten Mal wird Russland im neuen Strategischen Konzept der NATO als Feindstaat, als die »größte und unmittelbarste Bedrohung für die Sicherheit der Verbündeten und für Frieden und Stabilität im euro-atlantischen Raum« bezeichnet.[1] Und von der Volksrepublik China gingen »systemische Herausforderungen für die euro-atlantische Sicherheit« aus. In Europa werden zusätzliche NATO-Erweiterungen ins Visier genommen, explizit um die Ukraine, Georgien und Bosnien-Herzegowina.

Zugleich will sich die NATO nicht auf den euroatlantischen Raum begrenzen, in den Vordergrund rückt der Einsatz im Indopazifik. Denn als besondere Bedrohung gilt der NATO eine »immer enger werdende strategische Partnerschaft zwischen der Volksrepublik China und der Russischen Föderation«. Nicht zuletzt deshalb wird der erbarmungslose Wirtschaftskrieg mit immer härteren Sanktionen gegen Moskau geführt. Hierzu bedient sich die US-geführte NATO der EU, die als »einzigartiger und unentbehrlicher Partner für die NATO« gekennzeichnet wird. Laut Strategischem Konzept der NATO sollen europäische NATO-Partner, die nicht in der EU sind, wie etwa die Türkei, voll in die Europäische Sicherheits- und Verteidigungspolitik einbezogen werden. Die EU als Ganzes soll als Wirtschafts-NATO fungieren und deren strategische Ziele mit entsprechender Sanktionspolitik unterstützen.

Das große Problem für die EU-Mitgliedstaaten und insbesondere Deutschland ist dabei allerdings, dass sie mit ihrem Wirtschaftskrieg nicht »Russland ruinieren« (Baerbock), sondern vor allem Millionen Menschen in Europa.

Im Grunde steht durch die Auseinandersetzung mit Russland das gesamte deutsche Produktionsmodell, das auf relativ preiswerten und langfristig sicheren Energielieferungen basiert, zur Disposition. Verantwortlich dafür ist allerdings nicht Moskau, wie die Bundesregierung gerne weismachen möchte, sondern die Ampelkoalition, die Millionen Menschen hierzulande wirtschaftlich zu Grunde richtet und gerade die Ärmsten dazu verpflichten möchte, ihren Beitrag zu leisten, um einen vermeintlichen Sieg gegen Russland erringen zu können. Durch die Sanktionspolitik ist bereits jetzt der deutsche Exportüberschuss dahin und der Euro stürzt gegenüber dem Dollar ab, so dass sich die Energierechnungen weiter verteuern. Während aber Millionen Menschen in Deutschland und Europa der soziale Ruin ins Haus steht, hat Russland durch die höheren Energiepreise auch bei etwa einem Drittel weniger Energielieferungen in die EU ein Drittel mehr verdient.[2]

Während Indien, China und weitere asiatische Staaten verstärkt russische Energie teilweise zu einem Abschlagspreis importieren, muss die EU auf teureres und klimaschädlicheres Fracking-Gas aus den USA setzen, wofür zudem die Infrastruktur noch nicht bereit ist. Und statt 100 Milliarden Euro in Energiesicherheit zu investieren, setzt gerade die Bundesregierung auf eine beispiellose Aufrüstung mit einem 100-Milliarden-Sonderschuldenpaket zu Gunsten vor allem deutscher Rüstungsschmieden, wie auch einer permanenten Erhöhung der deutschen Militärausgaben auf über 70 Milliarden Euro im Jahr.

Zugleich führt die NATO nunmehr offen einen »Proxy-War«, einen Stellvertreterkrieg, in der Ukraine gegen Russland. Mit massiven Waffenlieferungen aus den NATO-Staaten wie auch materieller Unterstützung und üppigen Finanzhilfen für Kiew soll der Sieg gegen Russland erreicht werden. Das Führen von Stellvertreterkriegen ist dabei kein Phänomen des Jahres 2022. Der Journalist Tom Stevenson stellt in seinem Überblick »Das Zeitalter der Stellvertreterkriege« in *Le Monde diplomatique* (7. Januar 2021) zu Recht fest: »Seit Beginn dieses Jahrhunderts gibt es kaum einen Krieg, der ohne ›proxies‹, also ohne Stellvertreter vor Ort, ausgekommen wäre. Überall auf der Welt – ob in Südamerika, in Zentralafrika, im Nahen Osten oder in Osteuropa – verfolgen kriegführende Staaten ihre Ziele mithilfe lokaler Bündnispartner.«[3]

Allianzbildung gegen China

Dabei zielt der Versuch, Russland mit einem globalen Wirtschaftskrieg und einem Stellvertreterkrieg in der Ukraine zu schlagen und zu ruinieren, nicht nur auf Russland selbst, sondern in letzter Instanz auf den neuen Hauptfeind China. Ist Russland einmal aus der Allianz mit China herausgebrochen, wird sich Peking kaum mehr im Indopazifik behaupten können, so das Machtkalkül der NATO. Zudem soll China durch eine Allianzbildung der NATO mit asiatischen Staaten bekämpft werden. Dabei setzt die Militärallianz insbesondere auf die »AP4« – die »Asia-Pacific Four«: Australien, Japan, Südkorea und Neuseeland – um sie gegen Peking in Stellung zu bringen.[4] Ziel ist nicht die direkte Inkorporierung in die NATO. Vielmehr geht es um enge Militärabkommen mit den »AP4«, damit diese Staaten ertüchtigt werden, den Konflikt mit China stellvertretend für die USA und die europäischen NATO-Mitglieder zu führen.

Insbesondere im Fall von Japan zeichnet sich aber bereits jetzt ab, dass die Kombination aus exorbitant steigenden Militärausgaben – seit 2015 um über 25 % auf 54 Milliarden US-Dollar im Jahr 2021 und einer Ankündigung, sie in den nächsten fünf Jahren nahezu auf über 100 Milliarden verdoppeln zu wollen –, einer Beteiligung am Wirtschaftskrieg gegen Russland wie auch ersten Sanktionen gegen China dabei ist, die inländische Wirtschaft zu zerstören. Der Yen stürzt regelrecht ab. Die japanische Währung ist auf dem niedrigsten Stand seit 1998.[5] In rasantem Tempo verarmen weitere Bevölkerungskreise. Japan wird zum Niedriglohnland. »Ein in Tokio ansässiger Softwareingenieur ist jetzt 30 Prozent billiger als einer in Vietnam, ganz zu schweigen vom Silicon Valley«, feierte das *Handelsblatt* am 28. Juni 2022.[6]

So zieht der Weltwirtschaftskrieg wie der Stellvertreterkrieg gegen Russland unmittelbar gar nicht beteiligte Länder mit dem Strudel nach unten.

Abnutzungskrieg gegen Russland

Es geht der NATO offenbar nicht um irgendeine Art von Verständigung und Frieden zwischen der Ukraine und Russland, sondern darum, einen Verständigungsfrieden zu torpedieren. Der Krieg in der Ukraine soll als Abnutzungskrieg Russland in die Knie zwingen und offenbar zynisch bis zum letzten ukrainischen Soldaten geführt werden. Waffen, Waffen, immer mehr Waffen, so das Mantra. Russland müsse militärisch besiegt werden. Diese Strategie ist aus zwei Gründen töricht und unverantwortlich:

Erstens wird die Atommacht Russland kaum bereit sein, in einem Konflikt, den sie aus ihrer Sicht aus existenziellen Sicherheitsinteressen führt, aufzugeben, bevor dieses Ziel erreicht ist. Mit jedem Tag und jeder weiteren Waffenlieferung steigt daher die Gefahr der Ausweitung des Kriegs bis hin zum Dritten Weltkrieg und der atomaren Zerstörung Europas.

Zweitens ist es zynisch, die Ukraine in einen langwierigen Stellvertreterkrieg zu schicken und die Menschen dort für eigene geopolitische Interessen auf dem Schlachtfeld zu opfern.

Dass die Chancen auf einen Waffenstillstand und eine diplomatische Einigung schon einmal wesentlich besser standen, daran scheint sich angesichts der medialen Dauermobilmachung kaum jemand mehr zu erinnern. Dabei ist ein Blick zurück durchaus aufschlussreich.

Chancen und Hindernisse
für eine Verhandlungslösung

Nach den Gesprächen in Istanbul zwischen ukrainischen und russischen Vertretern Ende März 2022 haben zahlreiche Medien über steigende Chancen auf eine Verhandlungslösung im Ukraine-Krieg berichtet. Laut *Redaktionsnetzwerk Deutschland* gab es in der türkischen Metropole »offenbar eine große Annäherung«. Unter Verweis auf die britische *Financial Times* meldete *RND* am 29. März, dass beide Seiten in einem vielversprechenden Entwurf eines Waffenstillstandsdokuments wichtige Zugeständnisse gemacht hätten: Russland habe demnach auf einen Sturz der Regierung verzichtet, während sich die Ukraine offen gezeigt habe, einen neutralen Status des Landes sowie Verhandlungen über die Zukunft der Krim zu akzeptieren.[7]

Am 5. April berichtete die *Washington Post*, dass in der NATO die Fortsetzung des Krieges gegenüber einem Waffenstillstand und einer Verhandlungslösung bevorzugt wird: »Für einige in der NATO ist es besser, wenn die Ukrainer weiterkämpfen und sterben als einen Frieden zu erreichen, der zu früh kommt oder zu einem zu hohen Preis für Kiew und das übrige Europa.«[8]

Der Besuch des britischen Premierministers Boris Johnson bei Präsident Wolodymyr Selenskyj in Kiew am 9. April war laut ukrainischen Presseberichten neben den Berichten über Kriegsverbrechen in Butscha das maßgebliche »Hindernis« für die Fortführung von Verhandlungen mit Russland.[9] Deutlicher noch die britische *Times* am 4. April, der zufolge Boris Johnson vor seinem Kiew-Besuch die Maxime ausgab: »Keine Einigung mit Russland, solange die Ukraine nicht die Peitsche in der Hand hat«.[10] Laut britischem *Guardian* vom 28. April hat Premier Johnson den ukrainischen Präsidenten Selenskyj »angewiesen«, »keine Zugeständnisse an Putin zu machen«.[11]

Die *NZZ* meldete am 12. April, dass die britische Regierung unter Johnson auf einen militärischen Sieg der Ukraine setzt. Die konservative Unterhausabgeordnete Alicia Kearns sagte: »Lieber bewaffnen wir die Ukrainer bis an die Zähne, als dass wir Putin einen Erfolg gönnen.«[12]

»Strategische Notwendigkeit«

Die britische Außenministerin Liz Truss bekundete in einer Grundsatzrede, der »Sieg der Ukraine« sei »für uns alle eine strategische Notwendigkeit«, daher müsse die militärische Unterstützung massiv ausgeweitet werden.[13]

Guardian-Kolumnist Simon Jenkins warnte am 28. April: »Liz Truss riskiert, den Krieg in der Ukraine für ihre eigenen Ambitionen anzufachen«. Dies sei wohl der erste Tory-Wahlkampf, »der an den Grenzen Russlands ausgetragen wird«. Johnson und Truss wollten, dass Selenskyj »so lange weiterkämpft, bis Russland vollständig besiegt ist. Sie brauchen einen Triumph in ihrem Stellvertreterkrieg. In der Zwischenzeit kann jeder, der nicht ihrer Meinung ist, als Schwächling, Feigling oder Putin-Anhänger abgetan werden. Dass dieser Konflikt von Großbritannien für einen schäbigen bevorstehenden Führungswettstreit missbraucht wird, ist widerwärtig.«[14]

Russland »über Jahre« schwächen

Nach seinem Kiew-Besuch am 25. April erklärte US-Verteidigungsminister Lloyd Austin, die USA wollten die Gelegenheit nutzen, um Russland im Zuge des Ukraine-Kriegs auf Dauer militärisch und wirtschaftlich zu schwächen.[15] Laut *New York Times* geht es der US-Regierung nicht mehr um einen Kampf um die Kontrolle der Ukraine, sondern um einen Kampf gegen Moskau im Zuge eines neuen Kalten Krieges.[16]

Bei dem von Austin einberufenen Treffen von Verteidigungsministern der NATO-Mitglieder und weiterer Staaten in Ramstein in Rheinland-Pfalz am 26. April legte der Pentagon-Chef den militärischen Sieg der Ukraine als strategisches Ziel fest.[17]

Die Bundesregierung gab ihre ablehnende Position bezüglich Panzerlieferungen in die Ukraine auf, Verteidigungsministerin Christine Lambrecht sagte in Ramstein die Lieferung schwerer Waffen an die Ukraine zu, angefangen mit Flugabwehrpanzern vom Typ Gepard. Die *FAZ* berichtete am 27. April über einen Strategiewechsel der US-Administration, der laut US-Präsident Biden darin besteht, Russland »über Jahre« zu schwächen.[18]

Der frühere Bundesminister und Erste Bürgermeister von Hamburg, Klaus von Dohnanyi, machte in der ARD-Sendung *Maischberger* am 12. Mai insbesondere die USA für den Krieg in der Ukraine mitverantwortlich. Es sei zum Krieg gekommen, »weil der Westen nicht bereit war, über die einzige wichtige Frage für Russland und Putin auch nur zu verhandeln«: die Frage nach der NATO-Mitgliedschaft der Ukraine. US-Präsident Joe Biden habe Verhandlungen darüber stets abgelehnt. Putin sei zwar »der Aggressor«, so der SPD-Politiker. Die Möglichkeit, den Krieg zu verhindern, habe aber »im Westen« gelegen. Es sei eine »Sünde amerikanischer Politik«, nicht verhandelt zu haben.[19]

Eine »für alle Seiten tragfähige Lösung« sieht Dohnanyi dennoch. Dafür müssten sich die Europäer jedoch an Washington und nicht an Moskau wenden. Die USA müssten erklären, dass der ukrainische Präsident Selenskyj recht habe, wenn er sagt, die Ukraine könne auch neutral sein.

Krieg »bis zum letzten Ukrainer«

Auch der langjährige US-Diplomat und ehemalige stellvertretende Verteidigungsminister für internationale Sicherheitsfragen, Chas Freeman, äußerte sich schon am 22. März in einem Interview zur Kriegsstrategie des Westens, die offenbar darauf abziele, »die Kämpfe zu verlängern, anstatt ihr Ende und einen Kompromiss zu beschleunigen«. Zwar werde dieses Vorgehen zu einer großen Zahl an Todesopfern führen; dennoch fragten sich einige im Westen offenbar insgeheim: »Was ist so schrecklich an einem langen Krieg?« Schließlich sei das Ganze – der Stellvertreterkrieg gegen Russland – für den Westen »im Wesentlichen kostenfrei«. Man könne die Strategie der US-Regierung im Ukraine-Krieg auf den Punkt bringen, »bis zum letzten Ukrainer« zu kämpfen.[20]

»Grundlagen für einen Frieden«

Der US-amerikanische Starökonom und UN-Sonderberater Jeffrey Sachs warnte bereits am 1. April im Interview mit der *Welt* vor der US-Strategie, die auf einen jahrelangen Stellvertreterkrieg in der Ukraine mit Tausenden von Toten hinauslaufe. Auf die Frage, ob Energiesanktionen die richtigen Maßnahmen seien, Putin zum Einlenken zu bewegen und den Ukraine-Krieg zu beenden, antwortete Sachs: »Was den Ukraine-Krieg beenden könnte, sind die Angebote, die Präsident Wolodymyr Selenskyj Russland vor den Verhandlungen in Ankara (…) gemacht hat. Eine neutrale Ukraine, Autonomie für den Donbass und die Bereitschaft, den Krieg am Verhandlungstisch zu beenden; das sind Grundlagen für einen Frieden. Die Europäische Kommission, Deutschland und die anderen EU-Länder sollten sich jetzt darauf konzentrieren, eine schnelle Verhandlungslösung zu fördern. Es wird ständig über Sanktionen oder militärische Hilfen geredet, aber nicht genug darüber, wie eine Verhandlungslösung aussehen könnte.«[21]

Diffamierungen als Teil der Kriegspropaganda

Wer sich aber für eine Verhandlungslösung und einen sofortigen Stopp des Wirtschaftskrieges gegen Russland sowie des Stellvertreterkrieges ausspricht, der wird öffentlich als Putin-Unterstützer diffamiert. Diese Diffamierung aller Kriegsgegnerinnen und Kriegsgegner ist Teil einer immer heftiger werdenden Kriegspropaganda, an der sich sowohl die Regierungsparteien wie auch die großen öffentlich-rechtlichen und privaten Medien beteiligen. Die Erzeugung eines inneren Militarismus soll den äußeren Militarismus begleiten, um Zustimmung zu dieser ökonomischen Selbstamputation zu erzeugen und jeden Widerstand gegen die wachsende Weltkriegsgefahr im Keim zu ersticken.

Bei diesem Versuch, eine kollektive Kriegshysterie zu erzeugen, will auch die Opposition nicht abseits stehen. So twitterte der Vorsitzende der Unionsfraktion im Deutschen Bundestag, Friedrich Merz, am 16. Juli 2022: »Rechnet die Bundesregierung mit einer zunehmenden Kriegsmüdigkeit der Bevölkerung? Wenn das so ist, dann ist es nur noch ein kleiner Schritt hin zum Verrat an der #Ukraine. Wer aber die Ukraine verrät, der verrät auch unsere #Freiheit und unsere Demokratie.«[22]

Was überrascht, ist nicht nur die offen zur Schau gestellte Kriegsbereitschaft, sondern die hohe moralische Warte, von der aus man spricht. Die NATO ist keineswegs das Bündnis der Demokratien, das sie als Selbstbild vor sich herträgt. Militärputsche in Mitgliedstaaten waren in der Vergangenheit so wenig ein Hindernis für die Mitgliedschaft wie das heutige Abdecken der Südflanke des Militärpakts durch Erdoğans Türkei. Und nicht zu vergessen: Nicht nur Mitglieder des selbst erklärten Verteidigungsbündnisses, wie die USA, haben in aller Welt völkerrechtswidrige Kriege wie im Irak 2003 mit hunderttausenden Toten geführt. Die NATO selbst hat 1999 Jugoslawien überfallen, ab 2001 einen 20 Jahre währenden blutigen Krieg um geopolitische Interessen am Hindukusch geführt und nicht zuletzt mit einer Intervention das nordafrikanische Land Libyen weitgehend zerstört und in Teilen islamistische Terrormilizen an die Macht gebracht. Doch die Politik der doppelten Standards gehört zur Methode, um hierzulande bei der Bevölkerung keine Kriegsmüdigkeit aufkommen zu lassen.

Das Problem der Kriegsparteien im Bundestag ist, dass dieser Krieg zum ersten Mal Millionen Menschen hierzulande direkt trifft und eine weitere Kriegsbeteiligung nichts anderes als eine Verelendung von Millionen Menschen hierzulande bedeutet, während die Reichen immer reicher werden und die Aktionäre der deutschen Rüstungskonzerne die Champagnerkorken knallen lassen.

Kriegsmüdigkeit ist kein Makel, sondern eine moralische Pflicht aus wohlverstandenem Eigeninteresse, für die Kriegsbesoffenheit der deutschen »Eliten« nicht seine Existenz aufs Spiel zu setzen. Zum Sieg der deutschen Frauenfußballmannschaft gegen Finnland bei der EM am 16. Juli twitterte die deutsche Außenministerin Annalena Baerbock ihrem finnischen Amtskollegen zu: »Sorry, lieber @Haavisto, dass die @DFB_Frauen heute Abend bei #FINGER erneut so effizienten Fußball dargeboten haben. Aber bald spielen wir ja gemeinsam im Team NATO. Ich freue mich jetzt aufs Viertelfinale! #WEURO2022«.[23]

Während sich die deutsche Außenministerin im »Team NATO« aufs »Endspiel« vorbereitet, gilt es, den Widerstand zu organisieren gegen diejenigen, die am Ende in einen Weltkrieg stolpern und nicht Russland, sondern uns alle ruinieren werden, wenn wir ihnen nicht in den Arm fallen.

Anmerkungen

1 NATO nennt Russland »größte und unmittelbarste Bedrohung«, n-tv.de, 29.6.2022
2 Moskau rechnet mit 13,7 Milliarden Euro Mehreinnahmen, tagesschau.de, 28.5.2022
3 Tom Stevenson, Proxy Wars. Das Zeitalter der Stellvertreterkriege, Le Monde diplomatique, 7.1.2021, monde-diplomatique.de
4 Alexandra Sakaki, NATO and the ›Asia-Pacific Four‹: Renewed purpose for cooperation, 13.7.2022, 9dashline.com
5 Yen fällt auf ein neues Rekordtief, Sumikai – Aktuelle Nachrichten aus Japan, 15.7.2022, sumikai.com
6 »Softwareentwickler 30 Prozent billiger als in Vietnam« – Japan wird zum Niedriglohnland, Handelsblatt, 28.6.2022, handelsblatt.com
7 Durchbruch in Istanbul? Erste Ergebnisse bei Verhandlungen zwischen Ukraine und Russland, Redaktionsnetzwerk Deutschland, 29.3.2022, rnd.de
8 NATO says Ukraine to decide on peace deal with Russia — within limits, Washington Post, 5.4.2022, washingtonpost.com
9 Possibility of talks between Zelenskyy and Putin came to a halt after Johnson's visit – UP sources, Ukrainska Pravda, 5.5.2022, pravda.com.ua
10 No settlement with Russia until Ukraine holds whip hand, says Boris Johnson, The Times, 4.4.2022, thetimes.co.uk
11 Liz Truss risks recklessly inflaming Ukraine's war to serve her own ambition, The Guardian, 28.4.2022, theguardian.com
12 Boris Johnson inszeniert sich als Selenskis treuster Verbündeter, Neue Zürcher Zeitung, 12.4.2022, nzz.ch
13 Britische Regierung (Homepage, dt. Version): Die Rückkehr der Geopolitik: Rede von Außenministerin Liz Truss beim Osterbankett des Lord Mayor, Mansion House, 27.4.2022 (aktualisiert: 29.4.2022), gov.uk
14 Liz Truss risks recklessly inflaming Ukraine's war to serve her own ambition, The Guardian, 28.4.2022, theguardian.com

15 U.S. Department of Defense, Secretary of State Antony J. Blinken and Secretary of Defense Lloyd J. Austin III Remarks to Traveling Press, 25.4.2022, www.defense.gov

16 Behind Austin's Call for a ›Weakened‹ Russia, Hints of a Shift, New York Times, 25.4.2022, nytimes.com

17 U.S. Department of Defense, Secretary Austin's Opening Remarks at the Ukraine Defense Consultative Group, Ramstein Air Base, Germany (As Prepared), 26.4.2022, defense.gov

18 Amerika will Russland über den Krieg hinaus schwächen, FAZ, 27.4.2022 (aktualisiert), faz.net

19 Können nur die USA diesen Krieg beenden? Klaus von Dohnanyi im Gespräch, Maischberger (ARD), 12.5.2022, bei Youtube abrufbar

20 US fighting Russia ›to the last Ukrainian‹: veteran US diplomat, The Grayzone, 22.3.2022, bei Youtube abrufbar

21 »Die USA würden jahrelangen Krieg tolerieren. Sie würden viele Tote in Kauf nehmen«. Interview mit Jeffrey Sachs, welt.de, 1.4.2022

22 twitter.com/_FriedrichMerz/status/1548320309639426050?cxt=HHwWhM Cl6cjH3vwqAAAA

23 twitter.com/abaerbock/status/1548410597330497537

John P. Neelsen

Der Ukraine-Konflikt

Bürgerkrieg, regionaler Nachfolgekrieg, Hegemonialkrieg

Seit dem 24. Februar 2022 tobt ein Krieg in der Ukraine. Folgt man den Mainstream-Medien und der politischen Klasse in den Ländern des kollektiven Westens, handelt es sich um einen durch nichts zu rechtfertigenden, willkürlichen, illegalen Angriffskrieg Russlands.[1] Eine Zeitenwende von einer seit dem Zweiten Weltkrieg über 75 Jahre andauernden Periode des Friedens, des Völker- und Selbstbestimmungsrechts in Europa zu einem Eroberungskrieg, dem mit militärischer Gewalt, Abschreckung und Aufrüstung, Ausschluss des Aggressors aus der Weltgemeinschaft und Vernichtung seiner systemischen und generell materiellen Kriegsführungskapazität zu begegnen ist.

Historische Hintergründe werden dabei ebenso ausgeblendet wie die Erklärungen Moskaus über Ursachen und Ziele seiner Intervention. Stattdessen ist von Eroberungskrieg und in Verkehrung der klassischen leninschen Theorie von der sich über die ganze Welt ausbreitenden, ausbeuterisch-kriegsbereiten Entwicklung des westlich *metropolitanen* Kapitalismus unter Herrschaft des Finanzkapitals, vom russischen »Imperialismus«, so auch Kanzler Scholz, die Rede. Dabei sei die Ukraine nur der Anfang, die osteuropäischen EU-Länder die nächsten Opfer. Gegenüber dieser existenziellen Bedrohung ist Zusammenschluss und massive Aufrüstung sowie umfassende Gegenwehr angesagt. Unterstützung dafür findet sich bei vielen Wissenschaftlern. Deren Argumentation reicht von Thesen zur psychischen Disposition von Präsident Putin in Gestalt einer

Nostalgie für das Zarenreich bzw. dem Wunsch nach territorialer
Wiederherstellung Russlands in den Grenzen der Sowjetunion bis
hin zum Streben nach dem Status der führenden Großmacht in und
über Europa. Vorgeschichte und Entwicklung, bilaterale Beziehungen und geopolitische Kontexte des russischen Einmarsches werden
dabei kaum berücksichtigt. Gleiches gilt für institutionell-struktu-
relle Aspekte der jeweiligen politischen Systeme. Favorisiert werden
dagegen psychologisierende Charakterstudien des gegnerischen
Staatschefs im Verein mit impliziten Vorstellungen absoluter Macht
und deren uneingeschränkter arbiträrer Einsatzmöglichkeit. Wie
kenntnisreich, bereichernd und stringent im Einzelnen auch immer
belegt, am Ende stützen sie eine politische Parteinahme. Im Folgenden wird auf ihre Detaillierung und Kritik zu Gunsten einer geopolitischen Analyse der Entwicklung verzichtet. Am Ende müssen
sich Erklärungsgehalt und -reichweite aller Ansätze an den Fakten
messen lassen.

Einem alternativen Narrativ zufolge handelt es sich um die erste
gewalttätige Manifestation einer Zeitenwende als tiefgreifende, kon-
fliktreiche Phase des Übergangs von einer machtpolitischen Hege-
monie der USA und der etablierten, westlich neoliberalen Weltordnung zu einem multipolaren völkerrechtsbasierten System.

In der Tat ist der kollektive Westen auch jenseits des Ukraine-
Konflikts mit drei tiefgreifenden Problemkomplexen konfrontiert.
Da ist (1) der beschleunigte Aufstieg der Schwellenländer, insbesondere Chinas, den mit wirtschaftlichen und politischen Maßnahmen
zu verhindern bzw. einzuhegen sich bisher als unmöglich erwiesen
hat. Die USA finden sich in der Thukydides-Falle gefangen: es bleiben ihnen nur ganz wenige Jahre, in denen sie noch eine militärisch-
technologische Überlegenheit ausspielen können. Da stellt sich (2)
die umfassende planetare Klima- und allgemeine Umweltkrise, für
die der kollektive Westen entscheidend verantwortlich ist. Deren
Lösung aber muss nach Jahrzehnten der Verzögerung nicht nur in
den kommenden drei bis fünf Jahren eingeleitet werden, um die
schlimmsten Katastrophen zu vermeiden. Sie erfordern eine grund-

legende Änderung der neoliberalen Wirtschaftsordnung und der metropolitanen Lebens- und Produktionsweise. (3) Diese beiden systemisch-geopolitischen Herausforderungen treffen zusammen in einer Zeit der gesellschaftlichen und wirtschaftlichen Krise, charakterisiert durch hohe Staatsverschuldung und Inflation bei geringem Wachstum und steigender Ungleichheit, gepaart mit Fragmentierung der Gesellschaft, Verlust der sozialen Kohäsion, Schwächung und Vertrauensverlust in die Demokratie.

Die Grundthesen sind folgende:

1. Die unmittelbaren Ursachen des Krieges gehen auf den Zusammenbruch der Sowjetunion (SU) und den Zerfall ihrer 15 konstituierenden Teilrepubliken in souveräne Nachfolgestaaten zurück. Absolut nicht singulär, sind sie im Gegenteil typisch für Entwicklungen im Gefolge der Auflösung von Staaten und Reichen, wie nach dem Ende der überseeischen europäischen Kolonialreiche oder zuletzt beim Zerfall Jugoslawiens nach 1990 zu beobachten.* So auch in der Nachfolge der SU. Die Ukraine ist dabei kein Einzelfall, wie die Konflikte um Georgien mit Südossetien und Abchasien oder Moldawien mit Istrien nahelegen.

---

* Vgl. die blutige Spaltung von British India in Pakistan, später aufgeteilt in Pakistan und Bangladesch, und Indien, Jahrzehnte später gefolgt vom antimuslimischen Hindu-Nationalismus oder Sri Lanka, in dem der anti-tamilische singhalesisch-buddhistische Antagonismus am Ende zum Bürgerkrieg mit Intervention Indiens führte. Näherliegende Beispiele sind Zypern mit seiner türkisch-griechischen Bevölkerung, die anfänglich vereint, sich im Gefolge eines Bürgerkriegs nach Intervention der Türkei heute in zwei feindlichen, staatlich organisierten Gebieten gegenübersteht. Am meisten ähnelt die Situation in der Ukraine der Jugoslawiens nach 1990/91, als die Föderation nicht ohne ausländische Intervention in 6 Republiken zerbrach, die sich z. T. in bewaffneten Konflikten mit vielen Opfern um Territorien und Grenzen, begleitet von Flucht und Vertreibung, bekämpften. Die vom Westen militärisch unterstützte Abspaltung des Kosovo, historisches Herzstück serbischer Identität, mit der heute größten US/NATO-Basis auf dem Balkan, bleibt von Serbien – und einigen Ländern der EU, bis heute nicht anerkannt. Siehe auch den (französischsprachigen) Wikipedia-Eintrag zu Camp Bondsteel.

2. Der kollektive Westen hat sich unter Führung der USA seit Jahren aktiv in die internen Verhältnisse der Ukraine und ihrer Entwicklung in der Verfolgung seiner eigenen geopolitischen Interessen eingemischt. Der militärische Einmarsch Russlands bietet die Gelegenheit, die in den letzten Jahren bröckelnde Front des transatlantischen Westens zu erneuern, sie gleichzeitig in den Indopazifik durch Einbindung von Japan, Australien, Neuseeland und Südkorea auszuweiten und auf die Ebene des systemischen Antagonismus von Demokratie gegen Autoritarismus zu heben.

3. Im Ukraine-Konflikt vermischen und überlagern sich nationale und internationale Ebenen, Akteure und Machtinteressen. Sie stehen im Kontext des Wandels der geopolitischen Machtverhältnisse, gekennzeichnet von der Hegemoniekrise der USA, des Niedergangs des kollektiven Westens und des Kampfs um eine neue Weltordnung in ein polyzentrisches internationales System. Erste Belege sind die jüngsten Konferenzen von NATO, G7 und EU gegenüber den BRICS als Vertreter der Schwellenländer. Die Ukraine ist dabei nur der Schauplatz dieser mit allen, inklusive militärischen, Mitteln weltweit ausgefochtenen Konfrontation.

I.
Bürgerkrieg – Die nationale Ebene

Selbst wenn der Form nach zunächst friedlich, stellten sich nach 70 Jahren gemeinsamer Zugehörigkeit im sowjetischen föderalen Staat bei dessen Auflösung grenzüberschreitende wie nationale Widersprüche und Konflikte um ethnisch-kulturelle Zugehörigkeiten, Herrschaftsverhältnisse und Einflusszonen.[*/2] So auch in der Ukrai-

---

* So wurde der Donbass 1922 der eben formierten Ukrainischen Sozialistischen Republik zugeschlagen. Und die Krim, zentrales Hafengebiet Russlands im Schwarzen Meer und von strategischer Bedeutung, weil sein einziger Zugang zum Mittelmeer? Die Halbinsel wurde 1954 – nach 170 Jahren Zugehörigkeit zu Russland – im Rahmen der Feierlichkeiten zum 300. Jahrestag des Bündnis-Vertrags von Perejaslaw zwischen der damals zur polnisch-litauischen Adelsrepublik gehörigen Ukraine und Russland vom damaligen Parteichef Nikita Chruschtschow einfach an die Ukraine verschenkt.

ne. Dort – wie in ähnlich gelagerten, nicht zuletzt aus entkoloni-
sierten Ländern des globalen Südens bekannten Fällen – stellen sich
komplexe und potentiell konfliktbeladene Probleme des ›Nation
Building‹, inklusive einer neuen kollektiven Identität. Darüber
hinaus ging es nach Jahrzehnten als Teilregion einer gesamtge-
sellschaftlichen Planwirtschaft um den Aufbau einer national-bin-
nenwirtschaftlich integrierten, privatkapitalistischen Ordnung.
Und schließlich um die außenpolitische Orientierung des Landes
zwischen West-Europa/ Transatlantik bzw. Zentralasien und Russland. Die verschiedenen Problemkreise verdichteten sich u. a. in
einen sozial-territorialen Konflikt. Sie kulminierten angesichts
eines typisch exkludierenden, Minderheiten diskriminierenden
ukrainischen Subnationalismus in einem Bürgerkrieg zwischen
dem dominant russischen Donbass, dem Ruhrgebiet des Landes
mit 17 % der Gesamtbevölkerung, und dem Westen der Republik mit der Hauptstadt Kiew. Zwar hatten 1991 rund 85 Prozent
der Wähler der Ostukraine für die Unabhängigkeit des Landes gestimmt, doch sprachen sich 1994 in einem Referendum 90 % der
Regionalbevölkerung für die Beibehaltung des Russischen als Na-
tionalsprache, für gute Beziehungen zu Russland und eine födera-
le Verfassung mit weitgehender Autonomie für die Regionen und
damit gegen den inzwischen etablierten zentralistischen Einheits-
staat mit der Machtkonzentration beim Präsidenten und der Ab-
schaffung des Russischen als Amtssprache aus.[3] Die Wahlen in den
Folgejahren belegten regelmäßig die territorial-sprachlich-kultu-
relle Spaltung des Landes in einen ukrainisch-westlich und einen
dominant russisch sprechenden und Russland zugeneigten Osten.
Die Konflikte verstärkten sich im Gefolge der »Orangen Revolution«, die – wie so manche andere neoliberale Farbrevolution – von
den USA ferngesteuert und zudem von Mitgliedern europäischer
Regierungen vor Ort aktiv unterstützt seit November 2013 in die
Bewegung des ›Euro-Maidan‹ mündete. Nach der Ablehnung des
Assoziierungsvertrages mit der EU durch Präsident Janukowitsch
gipfelte sie am 22. Februar 2014 in einem von Gewalt begleiteten

Coup d'Etat[4] und der Flucht des russlandfreundlichen Präsidenten.
An führender Stelle waren gewaltbereite ultranationalistische, anti-
russische faschistische Gruppierungen beteiligt.[5] Befeuert durch
die unmittelbar anschließend vom Parlament erneut beschlossene
Unterdrückung des Russischen als Amtssprache steigerten sich die
Auseinandersetzungen auf kommunaler und territorialer Ebene und
führten zu separatistischen Bewegungen. Zunächst auf der Krim,
die – gestützt auf ein entsprechendes Referendum (am 16.3.14 mit
97 % Zustimmung) – zunächst ihre Unabhängigkeit erklärte und anschließend einen Antrag auf Aufnahme in die russische Föderation
stellte. Ähnlich verlief die Entwicklung im Osten, den meist direkt
an Russland angrenzenden fünf Oblasten Donezk, Lugansk, Odessa,
Charkiw und Dnipropetrowsk. Als »Terroristen« von der Regierung
gebrandmarkt und militärisch unter Einschluss bewaffneter rechts-
radikaler Milizen bekämpft,[*] erklärten sie sich im Laufe des April
2014 zu unabhängigen Volksrepubliken. Während der Kurs Kiews
endgültig auf NATO und EU-Integration, 2019 als Staatsziele gar in
die Verfassung aufgenommen, ausgerichtet wurde, wurde der Krieg
mit den Volksrepubliken, von denen am Ende nur Donezk und Lugansk überdauerten, mit 14.000 Toten verschärft. Die von Frankreich, Deutschland und Russland als Garantiemächten zusammen
mit dem ukrainischen Präsidenten in der belarussischen Hauptstadt
ausgehandelten »Minsker Friedensabkommen« vom September
2014 und Februar 2015 (Minsk II) mit dem Ziel der (seit 1994 ge-
forderten) Dezentralisierung, Autonomie der Regionen, zur Anerkennung des Russischen und Beendigung der Kämpfe, schlugen
fehl. Die Regierung in Kiew hatte – trotz der zusätzlichen, Minsk II
bestätigenden, UN-Resolution 2202 – nie die Absicht, das Abkommen umzusetzen. Man wollte nur Zeit zur Aufrüstung gewinnen.
Und während Russland erfolglos immer wieder deren Implementie-
rung einforderte, nutzten Berlin und Paris ihren Einfluss auf Kiew
nicht. Stattdessen begannen US-Offiziere, massenhaft ukrainische

---

[*]   Eingeprägt hat sich das Massaker von Odessa am 2. Mai 2014 mit 48 Toten.

Soldaten auszubilden. Umfangreiche gemeinsame Manöver wurden durchgeführt, das Land als Basis für Flüge der Alliierten in ihrem Krieg gegen Afghanistan genutzt, Kiew selbst gliederte sich in die NATO-geführte International Security Assistance Force (ISAF) in Afghanistan ein.

II.
Regionaler Nachfolgekrieg – Die Rolle Russlands

1.) Das Selbstbestimmungsrecht der Völker bezieht sich nicht nur auf international anerkannte Staaten und ihr Recht auf freie Wahl ihrer wirtschaftlichen und politischen Systeme, sondern enthält eine interne Dynamik, die gerade in multi-ethnischen, multi-kulturellen Gesellschaften mit diskriminierten Minderheiten anzutreffen ist und sich in Formen interner oder externer Autonomie, d.h. Sezession mit Gründung eines eigenen Staates, äußern kann.[*] Im konkreten Fall gingen innerstaatliche Diskriminierung, gefolgt von demokratisch legitimierten Unabhängigkeitserklärungen, in der Krim und der Ostukraine der Intervention Russlands voraus. Insofern kann von völkerrechtswidriger Annexion und Intervention nicht bzw. nicht allein aus der Perspektive der diskriminierenden Staatsgewalt die Rede sein.[6] Formal wurde gleichwohl die Ebene der national-ukrainischen Auseinandersetzung um die bilaterale internationale Ebene des Verhältnisses zwischen ehemaligen Bundesländern und neuen antagonistischen Nachbarstaaten ergänzt. Sie erhielt eine zusätzliche außenpolitische, zugleich konfliktverschärfende, Dimension.

2.) Russland hatte 1990 seine Souveränität und damit seinen Austritt aus der Sowjetunion erklärt, bei deren endgültiger friedlicher Auflösung Ende 1991 alle Nachfolgestaaten, inklusive der Ukraine, völ-

---

[*]   Jüngere Beispiele sind der Süd-Sudan, der Kosovo oder Quebec, die Kurden, Katalanen, Basken, die Sri Lanka Tamils u. v. a.

kerrechtlich anerkannt. Als größter und zentraler Nachfolgestaat der
SU aber blieben Orientierungen, Ursachen und Auswirkungen der
Systemkonkurrenz und des Kalten Kriegs lebendig. Sie wurden vertieft im Gefolge der vom Westen ideologisch, politisch und materiell
breit unterstützten »Schock-Therapie« beim Übergang zur Marktwirtschaft mit drastischer Verarmung, Wechsel zum diktatorischen
Regime und geopolitischem Niedergang.[7] Hoffnungen Russlands,
mit der Gründung der Gemeinschaft Unabhängiger Staaten (GUS
bzw. CIS) 1991 einen gemeinsamen Wirtschafts- und Sicherheits-
raum der ex-sowjetischen Republiken zu schaffen, erwiesen sich
ebenso wie die generellen Hoffnungen auf eine Friedensdividende
weitgehend als illusorisch. Westliche Versprechungen, die NATO
werde sich keinen Fußbreit über die deutschen Grenzen hinaus
erweitern, Voraussetzung der Zustimmung der SU zur Wieder-
vereinigung Deutschlands, entpuppten sich als Lügen.[8] Die NATO
erweiterte ihre Mitgliedschaft wiederholt nach Osten. Den Anfang machten osteuropäische Staaten, ehemalige Mitglieder des
Rates für gegenseitige Wirtschaftshilfe (RGW) und Warschauer
Pakt. 2004 vollzogen dann die baltischen Staaten, ehedem konsti-
tuierende Republiken der sowjetischen Föderation, einen Seiten-
wechsel zu EU und NATO. Wie am Ende eines heißen, schien ein
Prozess der Territorialeinbußen für den Verlierer im Kalten Krieg
eingeleitet.

3.) Mit der NATO-Mitgliedschaft der Ukraine jedenfalls, einem
Land mit über 40 Millionen Einwohnern, einer Fläche von 603.000
Quadratkilometern und einer gemeinsamen Grenze mit Russland
von über 2.300 Kilometern, würde eine neue Qualität im geopolitischen Kräfteverhältnis erreicht. Denn längst sind alle Projekte eines
›gemeinsamen Hauses Europa‹, zuerst von Gorbatschow, dann unter
Jelzin in der Russland-NATO-Grundakte von 1997 anvisiert[*] und

---

[*]   Die genaue Bezeichnung lautete typischerweise »Russland-NATO-Grund-
      akte über gegenseitige Beziehungen, Zusammenarbeit und Sicherheit zwi-
      schen der NATO und der Russischen Föderation«

zuletzt von Putin auf dem Weltwirtschaftsforum 2021 in seinem Plädoyer für einen gemeinsamen Wirtschaftsraum von Lissabon bis Wladiwostok beschworen, begraben.[9] Die militärische Einkreisung Russlands wäre komplett.

4.) Russland wäre mehr noch sicherheitspolitisch seines strategischen Vorfelds/Glacis beraubt. Es wäre angesichts einer Vorwarnzeit von fünf Minuten für in der Ukraine installierte Atomraketen existenziell bedroht. Denn der NATO bzw. den USA, deren Abschreckungsstrategie auf dem Ersteinsatz von Atomwaffen beruht, würde die Möglichkeit eines Enthauptungsschlags der politischen und militärischen Führungsstrukturen Russlands bei gleichzeitiger Ausschaltung einer Gegenwehr/ Zweitschlagskapazität eröffnet.

5.) Moskau hatte deshalb den Westen wiederholt vor den negativen Auswirkungen eines NATO-Beitritts der Ukraine gewarnt. Doch Putins Warnungen vor einem solchen Szenario, vor ›roten Linien‹ zuerst als Antwort auf die Bukarester Erklärung der NATO 2008, die Georgien und der Ukraine eine Mitgliedschaft in Aussicht stellte, wurden missachtet. Die jüngsten Forderungen Moskaus vom Dezember 2021 nach Verhandlungen über vertraglich fixierte Sicherheitsgarantien, inklusive eines Neutralitätsstatus für die Ukraine, wurden als illegitim zurückgewiesen.[10] Stattdessen wurde die Ukraine militärisch massiv aufgerüstet, die Rückkehr der Krim in Aussicht gestellt, die russische Führung dämonisiert, Russland mit Sanktionen belegt, Truppen gegen die Donbass-Republiken zusammengezogen. Die Befürchtungen Moskaus einer unabwendbaren existenziellen strategischen Bedrohung veranlasste die Regierung zunächst am 21. Februar 2022 zur völkerrechtlichen Anerkennung der Donbass-Republiken Donezk und Lugansk als souveräne Staaten und drei Tage später, am 24. Februar, zum Marschbefehl an die russische Armee, die Grenze zur Ukraine zu überschreiten.

6.) Formell eine Verletzung des Völkerrechts, aus Sicht Moskaus ein notwendiger Akt der Selbstverteidigung. Darauf verweist auch die Truppenstärke, die mit 190.000 Mann angesichts der Größe der Ukraine, Mannschaftsstärke und Ausrüstung ihrer Armee nur als begrenzte Militäraktion, in keinem Fall als landesweiter Eroberungskrieg qualifiziert werden kann.[*/11] Offenkundig zielt die kriegerische Invasion der Ukraine auf territorial begrenzte Eroberung eines kontingenten russophonen Grenzgebietes vom Nord-Osten (Donbass) zum Schwarzen Meer und der Krim im Süden im Verbund mit der Zerstörung der militärischen Infrastruktur des Landes.

Damit überschneiden und vermischen sich die Ebenen von ukrainischem Bürgerkrieg und post-sowjetischer Intervention zu Gunsten bedrängter Minderheiten-Republiken mit der geopolitischen Ebene des Konflikts Russland gegen USA/NATO.

III.
Geopolitischer Hegemonialkrieg –
Die Rolle der USA/des Westens

1.) Der Westen hat die Integration der Krim und die Anerkennung der beiden Volksrepubliken im Donbass als völkerrechtswidrige Annexion bzw. die Grundsätze der Souveränität und territorialen Integrität der Staaten verletzende Aggression durch Russland verurteilt. Sie dienen ihm seitdem dazu, als selbsternannte Verteidiger des Völkerrechts, Russland mit allen Mitteln zu bekämpfen, seine umfassende Unterstützung der Ukraine zu legitimieren.

2.) Zunächst ist grundsätzlich festzuhalten, dass vor allem die USA kaum glaubwürdig als Protagonist des Völkerrechts auftreten können. Zu viele UN-Konventionen zum Menschen- und Völkerrecht

---

[*]   So auch hohe Militärs wie Jacques Baud und Ralph Bosshard.

haben sie nie ratifiziert. Diese haben daher für die USA nicht nur keine Geltung, sie beanspruchen im Gegenteil eine extra-territoriale Geltung US-amerikanischer Rechtsprechung und völkerrechtlich illegaler Sanktionspolitik, abgesichert durch 170.000 GIs, auf über 750 Militärbasen im Ausland stationiert.[12] Dazu kommen illegale Kriege mit Millionen Opfern* Völker- und Menschenrechte sind nur vorgeschobene Alibis für eine im Kern reine Machtpolitik, die nicht zuletzt die eigene Bevölkerung im Auge hat.

3.) Trotz Auflösung des Warschauer-Vertrages Anfang 1991 blieb die NATO nicht nur bestehen. Nunmehr ohne Gegner wandelte sie sich von einem Verteidigungs- zu einem Angriffsbündnis zwecks Sicherung globaler westlicher bzw. US-amerikanischer macht- und ordnungspolitischer Vorherrschaft. Kein Protagonist und Garant von Frieden, sondern im Gegenteil ist sie dessen größter ›Gefährder‹. Nur wenige Daten genügen als Beleg: So tragen die USA mit 801 Milliarden Dollar 38 % zu den weltweiten Rüstungsausgaben, die 2021 auf 2,1 Billionen Dollar angestiegen sind. Die EU-NATO Mitglieder geben weitere 340 Milliarden aus.[13] Die 30 NATO-Staaten repräsentieren 12 % der Weltbevölkerung, rund 40 % des Weltsozialprodukts, verantworten aber 56 % der Militärausgaben sowie der Rüstungsexporte.[14] Das Militärbudget Russlands dagegen beläuft sich auf gerade einmal 66 Milliarden US-Dollar, ist damit so hoch wie das Großbritanniens (68 Milliarden) und entspricht gerade einmal 8 % der US-Ausgaben. Ähnlich verhält es sich beim Vergleich des Bruttoinlandsprodukts (BIP): mit 1,8 Billionen US-Dollar entsprach die russische Ökonomie 2021 lediglich einem Zwölftel dessen der USA mit 23 Billionen.[15]

4.) Auf diesem Hintergrund ist die Intervention der NATO im Ukraine-Konflikt zu sehen. Statt deren geopolitische Position als

---

*   Beispielhaft sei an Kuba, Nicaragua, den Iran, Israel und die Palästinenser, Libyen und den Irak erinnert. Allein zwischen 1991 und 2018 haben die USA in über 100 Fällen kriegerisch Interveniert.

Brücke zwischen West-Europa und Russland bzw. Asien zu stärken
und im Geist *friedlicher Koexistenz* und *wechselseitiger Sicherheit*
deren Neutralität zu garantieren, wie es etwa Henry Kissinger oder
John Mearsheimer empfahlen, wurde spätestens seit Anfang des
21. Jahrhunderts aktiv in den ukrainischen Transformationsprozess
eingegriffen und die Annäherung an EU und NATO forciert. Denn
die Ukraine gilt als ›vital for the stability of the Euro-Atlantic area‹,
die ›Region um das Schwarze Meer als von strategischer Bedeutung‹.[16] Das unmittelbare strategische Ziel war, wie ein Papier des
US-amerikanischen Thinktanks Rand-Corporation 2019 detail-
liert beschreibt, die Einkreisung und letztendliche Eliminierung
Russlands als *militärischer* Rivale.[17] Um die wirtschaftlich-techno-
logische und sozial-politische Basis seiner Kriegsführungskapazität zu ruinieren, womöglich eine ›Farbenrevolution‹ zu initiieren,
wird ein Krieg auf allen Ebenen gegen das Land geführt. 6000
Sanktionen wurden verhängt, das Vermögen der russischen Zentralbank konfisziert, Russland aus dem internationalen dollarde-
nominierten Finanztransfersystem ausgeschlossen, alle Handels-,
wissenschaftlichen und kulturellen Beziehungen abgebrochen
oder drastisch reduziert, Privatvermögen enteignet, maximale mediale Feindbildkonstruktion betrieben. Die Ukraine selbst ist nur
Opfer und Schlachtfeld dieses Krieges. NATO-Truppen sind offiziell
nicht im Einsatz, dafür werden immer mehr und schlagkräftigere,
erst später zu bezahlende Waffensysteme zum Export freigegeben,
der ukrainischen Armee seit Beginn die jeweils neuesten Bilder
der Satellitenaufklärung geliefert. Nach dem Vorbild Afghanistans
in den 1980er Jahren soll Russland in einen möglichst lang andauernden Zermürbungs- und Abnutzungskrieg involviert werden. Die
steigenden Kosten für die Ukraine an Zerstörung – die Wiederauf-
baukosten werden aktuell auf 750 Milliarden US-Dollar geschätzt –,
an zivilen Opfern, die Millionen Flüchtlinge interessieren die NATO
nur am Rande. Verhandlungsangebote werden nicht gemacht. Russland soll den Krieg verlieren, langfristig als geopolitische Macht verschwinden.

5.) Geopolitisch und zeitlich aber gehen Vision und Perspektive weiter. Am Ende geht es im Kern um die Aufrechterhaltung der USA als machtpolitischer Hegemon (Project for the New American Century) und systemisch um die weltweite anti-etatistische, neo-liberale, privatkapitalistische Globalisierung, generalisiert in der Formel ›Regelbasierte internationale Ordnung‹ (RiO). Hier aber ist die Volksrepublik China der entscheidende Gegner. Denn anders als Russland ist China eine umfassende Herausforderung für die USA und den Westen insgesamt. Machte sein Anteil am Weltsozialprodukt 1950 kaum 5 %, im Gegensatz zum US-amerikanischen von 50 %, aus, übertraf Chinas BIP, gemessen an der Kaufkraft, die USA 2017; und auch in internationalen Dollars gemessen betrug 2021 die Differenz nurmehr 5 Billionen (23 vs. 17,7 Billionen). Gleiches gilt für den Anteil am Welthandel oder die Patente. Das geopolitische und geoökonomische Gravitationszentrum hat sich mit China als Führungsmacht vom Westen nach Asien, vom Transatlantik zum Indopazifik, von den kapitalistischen Metropolen im Norden in die Schwellenländer des globalen Südens verschoben. Die 500-jährige Vorherrschaft des Westens geht zu Ende. Doch Tradition und Kultur der Superiorität erlauben nicht, sich kampflos der unvermeidlichen Entwicklung zu fügen. Im Namen der Menschen- und Freiheits-rechte der bürgerlichen Demokratie und in Verteidigung der eta-blierten, ihre polit-ökonomischen Interessen favorisierenden inter-nationalen Ordnung haben sie den ›autoritären Regimen‹ weltweit den Kampf angesagt. Der Konflikt in und um die Ukraine ist Alibi und erster bewaffneter Schlagabtausch in diesem Krieg um eine zu-künftige Weltordnung mit Russland und China im Fokus. Die neuen Bruchlinien des internationalen Systems profilieren sich angesichts des Abstimmungsverhaltens in der UNO bzgl. der anti-russischen Ukraine-Resolution vom 2. März 2022,[18] mit dem Abschlusskom-muniqué der BRICS-Staaten einerseits, des vereinten kollektiven Westens mit G7 und der neuen, den Indopazifik, Japan, Südkorea und Australien explizit einschließenden NATO-Strategie anderer-seits.

IV.
Klassenkampf und Smarte Diktatur

1.) Eine Rückkehr zur Blockkonfrontation und einem Europa spal-
tenden, lang andauernden Kalten Krieg bahnen sich an, mit den
USA – vorerst – als großem Gewinner und der EU als großem
Verlierer. Mit dem Schulterschluss von G7, EU und NATO ist für
Jahrzehnte die Forderung nach »strategischer Autonomie« der EU,
gar einem »gemeinsamen, vom Atlantik zum Pazifik reichenden
Europa«,[19] Alptraum für Washingtoner Weltherrschaftsaspiratio-
nen, begraben. Als Vasall der USA hat es keine Zukunft als eigen-
ständiger Pol in einer multipolaren Welt. Mehr noch: ökonomisch,
vor allem im Energiebereich durch eine Sanktionspolitik ohne
Sanktionsdominanz selbst entscheidend geschwächt, dazu durch
den neuen Eisernen Vorhang von Russland, Zentral- und Ostasien,
hier von der Eurasischen Wirtschaftsunion (EAEU) und den mul-
tiplen Überlandverbindungen der chinesischen Seidenstraße (BRI)
abgeschnitten, ist auch sein geoökonomischer Niedergang vorprogrammiert.

2.) Angesichts der für die wirtschaftliche und politische Zukunft
der EU und Deutschlands desaströsen Politik stellt sich die Frage
nach den tiefer liegenden Motiven und Auswirkungen der westlichen militärischen Aufrüstung und bipolaren Feindbildung. Die
neoliberale Globalisierung mit Finanzialisierung und Vorherrschaft des Kapitals hat zu einer enormen Verschärfung der sozialen Ungleichheit mit Erosion der Mittelschichten und breitem
Bodensatz absoluter Armut geführt.[20] Die industrielle Basis und
dortige Arbeitsplätze wurden in globale Wertschöpfungsketten vor
allem arbeitsintensiver Produktionsabschnitte ausgelagert. Geringe
Wachstumsraten, begleitet von systemischer Überakkumulation,
resultierten zunächst in der Wirtschafts- und Finanzkrise von 2008,
gefolgt von den Restriktionen, Schutzmaßnahmen, der Unterbre-
chung von Produktions- und Handelsketten im Gefolge der Pande-

mie. Die Sanktionen gegen Russland vertiefen die Krise aus hoher Inflation,[21] überbordender Staatsverschuldung[22] und drohender Rezession. Verbesserungen sind nicht in Sicht. Im Gegenteil! Die sozialen und wirtschaftlichen Widersprüche verschärfen sich. Die Schere zwischen der Bevölkerungsmehrheit gegenüber den Superprofiten der Konzerne[23] und dem Reichtum der Superreichen,* verstärkt durch Steuerpolitik und Niedrigzinspolitik der Zentralbank (0 % seit 2014)[24], öffnet sich immer weiter. Die massive Aufrüstung im Gefolge des Ukraine-Konflikts erscheint da als probates Mittel einer ›militarisierten Akkumulation‹.[25] Während die Rüstungsindustrie mit Milliarden-Investitionen rechnen kann, fehlen diese für zentrale Zukunftsaufgaben, nicht zuletzt im Kampf gegen den Klimawandel.

Da dient die allseitige Beschwörung eines übermächtigen, kriegslüsternen, Land und Lebensweise existenziell bedrohenden Feindes als willkommener Kitt, um zum einen die wachsenden Klassenwidersprüche zu marginalisieren und zum anderen die in identitäre Gruppen zunehmend fragmentierte und fraktionierte Gesellschaft hinter der herrschenden Klasse und ihren transatlantischen Wortführern in einer Gemeinschaft der Angst zu einigen. Die angesichts der sich abzeichnenden tiefen andauernden Wirtschaftskrise drohenden sozialen Kämpfe, wie sie die ›gilets jaunes‹ in Frankreich vorgelebt haben, sollen schon im Keim angesichts der äußeren Bedrohung delegitimiert und erstickt werden.

---

* Nach der Liste von *Forbes* gab es 2022 2.668 Milliardäre weltweit, darunter mehr als 500 aus Europa, mit einem Gesamtvermögen von 12,7 Billionen US-Dollar. Das waren 573 oder 25 % mehr als 2020 (2.095 Personen mit einem Gesamtvermögen von 8 Billionen) deren Gesamtvermögen m. a. W. sogar um mehr als 50 % zugenommen hatte. 2010 waren erst 1.011 Milliardäre gezählt worden mit einem Gesamtvermögen von 3,6 Billionen US-Dollar. Weitere Zahlen hält u. a. das englischsprachige Wikipedia unter dem Stichwort The World's Billionaires bereit.

Anmerkungen

1 G7 Summit, Elmau, G7 Leaders' Communiqué, 28.6.2022, S. 18
2 Vgl. Simplified historical map of Ukrainian borders 1654-2014.jpg unter commons.wikimedia.org; Und plötzlich gehörte die Krim zur Ukraine, welt. de, 10.3.2014
3 The History of Donbass' Donetsk and Luhansk Regions, greekreporter.com, 22.2.2022
4 Le coup d'Etat ukrainien a bien été piloté par les Etats-Unis: la preuve, 25.1.2017 (mis à jour le 11 mars 2014), nouvelobs.com
5 Jean Geronimo, Les dérives brunes de Maïdan, L'Humanité, 14.4.2017, humanite.fr
6 Wolfgang Bittner, War die Krim-Separation von 2014 eine Annexion?, Poli-Teknik, Ausgabe 23, politeknik.de; Reinhard Merkel, Kühle Ironie der Geschichte, Frankfurter Allgemeine Zeitung vom 8.4.2014.
7 Naomi Klein, The Shock Doctrine, The Rise of Disaster Capitalism, New York 2007, Kap. 11, S. 218 ff.
8 Da die Osterweiterung inzwischen von interessierter Seite als völlig legitim behandelt wird, sei auf eine ausführliche Sammlung von Dokumenten verwiesen: National Security Archive, What Gorbachev heard. Declassified documents show security assurances against NATO expansion to Soviet leaders from Baker, Bush, Genscher, Kohl, Gates, Mitterrand, Thatcher, Hurd, Major, and Woerner. Slavic Studies Panel Addresses »Who Promised What to Whom on NATO Expansion?«, 12.12.2017, nsarchive.gwu.edu; dort findet sich u. a. eine Vielzahl von Dokumenten
9 Putin plädiert für neue Annäherung an Europa, spiegel.de, 27.1.2021
10 Wolfgang Richter, NATO-Russia Tensions: Putin Orders Invasion of Ukraine, Stiftung Wissenschaft und Politik, SWP Comment 2022/C 16, 1.3.2022, swp-berlin.org
11 »Das Ziel ist nicht, der Ukraine zu helfen, sondern Putin zu bekämpfen«. Interview mit Jacques Baud, 23.5.2022, zeitgeschehen-im-fokus.ch; Fasbender im Gespräch mit Ralph Bossard: »Ich warne davor, einfach Waffen zu verteilen.«, 5.3.2022, de.rt.com;
12 US Global Force Posture and US Military Operations Short of War, An interactive visualization and downloadable dataset of overseas US active duty troop presence from 1991-2020, stimson.org
13 Statista, Defense expenditures of NATO countries in 2021, 5.8.2022, statista.com; SIPRI, World military expenditure passes $2 trillion for first time, 25.4.2022, sipri.org; bzgl. der BRD schwanken die Angaben: Sipri zufolge waren es 2021 56 Mrd., nach statista 65 Mrd. US-Dollar. Dazu kommen in jedem Falle 100 Milliarden Euro (112 Mrd. US-Dollar), die in den nächsten 5 Jahren das Verteidigungsbudget auf 2 % des BIP anheben soll. Deutschland würde dann 2026 einen Wehretat von 86 Mrd. US-Dollar haben, vgl. SIPRI, Explainer: The proposed hike in German military spending, 25.3.2022.

14 Percent of world GDP – Country rankings, theglobaleconomy.com; Statista, Market share of the leading exporters of major weapons between 2017 and 2021, by country, 5.8.2022, statista.com

15 Weltbank, GDP (current US$), data.worldbank.org; Die BRD erreichte auf Rang 4 der Liste 4,2 Billionen Dollar.

16 So »NATO 2022 – Strategic Concept«, S. 1, 11, www.NATO.int

17 US Peace Council, A Manufactured Crisis in Ukraine is Victimizing the World's Peoples, 10.5.2022, redglobe.de

18 United Nations, UN General Assembly votes to suspend Russia from the Human Rights Council, 7.4.2022, news.un.org

19 So noch in Anhang II des Minsker Abkommens vom 12. Februar 2015 bzw. der UN-Sicherheitsrat-Resolution 2202 vom 17. Februar 2015, un.org

20 Lucas Chancel / Thomas Piketty et al., World Inequality Report 2022 (PDF), wir2022.wid.world

21 Statista, Harmonized index of consumer prices (HICP) inflation rate of the European Union in June 2022, by country, 22.7.2022, statista.com

22 Eurostat, Government debt down to 95.6% of GDP in euro area, Down to 88.1% of GDP in EU, Fourth quarter of 2021, 22.4.2022, ec.europa.eu/eurostat

23 Bureau d'Analyse Sociétale d'Intérêt Collectif, Le modèle financier des entreprises du DAX 30 à la lumière de la transition écologique et sociale, 5.11.2021, lebasic.com; danach sind zwischen 2009 und 2022 die Ausschüttungen an die Aktionäre der Deutschen Börse um 85%, die Finanzreserven der Konzerne von 122 auf 200 Mrd. und der DAX insgesamt um 219% (seit 1991 um 904% gestiegen. Vgl. auch Finanzen.net/index/dax/seit1959

24 investing.com/central-banks

25 William I. Robinson, Global Capitalism Has Become Dependent on War-Making to Sustain Itself, 24.4.2022, truthout.org

Lühr Henken

Warum geht Russland das große Risiko eines Ukraine-Krieges ein?

Russland griff am 24. Februar ohne Vorwarnung die Ukraine an. Dieser Überfall auf den Nachbarn hat überrascht, nachdem Russland zuvor ständig behauptet hatte, seine Truppenzusammenführung – von 150.000 Soldaten war zuletzt die Rede – nahe der ukrainischen Grenze diene lediglich Übungszwecken, ein Angriff sei nicht geplant. Allein dieser Wortbruch löst große Ängste und Verunsicherungen über die Glaubwürdigkeit Russlands aus. Das ohnehin schwache Vertrauen scheint gänzlich zerrüttet. Die zuvor angekündigten Sanktionen sind immens. Russland nimmt sie auf sich, was eine langfristige Schädigung der Wirtschaft zur Folge hat.

Warum dieser Angriff, der zweifellos eine historische Zäsur in den westlichen Beziehungen zu Russland darstellt? Warum geht Russland in dieses Risiko? Zuvor hatten USA und EU massivste Sanktionen angedroht, die geeignet sind, Russland ökonomisch ins Mark zu treffen, dazu kommt die politische Ächtung wegen der vorhersehbaren Zerstörung des Nachbarlands, des »Brudervolks«. Allen denjenigen, die Russland nie getraut haben, wird mit dem Überfall auf die Ukraine Recht gegeben. Trotzdem, diese brachiale Abkehr Russlands vom Westen. Weshalb?

Die NATO stellt für Russland eine physische Bedrohung dar

Die Erfahrungen der Sowjetunion und Russlands mit den USA und der NATO sind negativ. Die Phase des Kalten Krieges von 1945 bis

1990 war davon gekennzeichnet, dass zunächst die USA und ab 1949 die NATO durch beispiellose Drohungen mit dem Atomkrieg die Sowjetunion zerstören wollten. Dies ist prägend für die russische Sicht auf die NATO. Eine zügellose und aggressive atomare Aufrüstungspolitik der USA, die auf dreisten Lügen basierte, brachte die Welt immer wieder nahe an das atomare Inferno. Die Sowjetunion zerbrach nicht zuletzt an diesen immensen Rüstungslasten, die ihnen der Westen auferlegte. Sie war totgerüstet worden.

Statt sich nach Auflösung des Warschauer Vertrages ebenfalls aufzulösen, schuf sich die NATO ein neues Strategisches Konzept, was Kriegseinsätze auch außerhalb ihres Bündnisgebiets ermöglichen sollte. Ohne UN-Mandate führte sie fortan Kriege gegen Serben in Bosnien 1995, gegen Jugoslawien 1999, in Afghanistan seit 2001 und gegen Gaddafi in Libyen 2011. Ihr aggressives Wesen, das sie von Anfang hatte, wurde offensichtlich.

Parallel erfolgten schrittweise Osterweiterungen der NATO – entgegen russischen Interesses. Im Jahr 2000 wurde das US-Strategiepapier »Joint Vision 2020« beschlossen, das das Ziel verfolgt, eine militärische »Überlegenheit auf allen Gebieten« (»Full Spectrum Dominance«) erreichen zu wollen; Die Infrastruktur für die globale Machtprojektion der USA bilden 625 Militärbasen in 53 Ländern[1] und zehn Flugzeugträgerkampfgruppen auf allen Weltmeeren. 2001 kündigte George W. Bush einseitig den ABM-Vertrag, um freie Hand für den Aufbau eines weltumspannenden Raketenabwehrsystems zu erhalten; 2003 griffen USA und Britannien völkerrechtswidrig den Irak an. Die drei baltischen Staaten sowie Rumänien, Bulgarien und die Slowakei wurden in die NATO aufgenommen. Seit 2006 setzt das Pentagon das Vorhaben um, konventionelle »Prompt Global Strikes«, also weltweite Sofortangriffe, ausführen zu können. Binnen einer Stunde soll ein Ziel, egal wo auf der Welt, getroffen werden können. Ausgeführt werden soll dies von Interkontinentalraketen, Hyperschall-Waffen, Weltraumwaffen und Kampfdrohnen. 2008 wurde der Ukraine und Georgien die NATO-Mitgliedschaft versprochen. Obama setzte ein Modernisierungsprogramm der

Nuklearstreitkräfte in Gang, das binnen 30 Jahren 1.200 Milliarden Dollar kosten soll.

Die Aufnahme von neun ehemaligen Sowjetrepubliken und Warschauer Vertragsstaaten in die NATO seit 1999 schaffte die Grundlage für deren EU-Mitgliedschaft. Klar ist: Die NATO rückt näher an die russische Grenze heran. Von ganz besonderer Bedeutung ist die Aufkündigung des INF-Vertrags 2019 durch die USA, so dass wieder Raketen mit Reichweiten zwischen 500 und 5.500 km in Europa aufgestellt werden dürfen. Und nicht nur da. Sie waren 1988 vertraglich aus der Welt geschafft worden, so dass Moskau nicht mehr durch atomare Pershing 2 und Marschflugkörper der Gefahr eines Enthauptungsschlages ausgesetzt war.

Die Ukraine ist seit 2014 faktisch auf dem Weg in die NATO. Das belegt die *Neue Zürcher Zeitung*. Sie schreibt, dass sich seit 2014 das ukrainische Militär stark verändert habe: »Die USA haben über 3 Milliarden Dollar für die Ausrüstung und Ausbildung der Streitkräfte ausgegeben. Zudem wurde die Zusammenarbeit mit der NATO intensiviert. NATO-Offiziere bildeten 10.000 ukrainische Soldaten aus; die sowjetische Denkweise verlor an Bedeutung. Saluschni (der neue Oberkommandierende der ukrainischen Armee, L.H.) war einer der wichtigsten Fürsprecher eines NATO-Beitritts der Ukraine und trug zur Interoperabilität des Militärs mit NATO-Truppen bei. Vor der Invasion verfügte die Ukraine über 170.000 Soldatinnen und Soldaten sowie 100.000 Reservisten und Veteranen. Als Folge des Kriegs in der Ostukraine sind viele Einheiten kampferprobt. Die Mentalität der Truppen hat sich seit 2014 komplett gewandelt.«[2]

Seit 2014 hat die NATO ihre Manövertätigkeit in Europa verstärkt. Sie hält etwa 300 Kriegsmanöver im Jahr ab. Besonders bedeutsam sind die Verlegeübungen Defender, bei denen US-Soldaten in Divisionsstärke über Deutschland nach Europa verlegt werden. Deutschland ist Drehscheibe und Aufmarschgebiet gegen Russland zugleich. Hervorzuheben sind auch die Übungen »Cold Response« im hohen Norden Norwegens in unmittelbarer Nähe zu den Häfen der russischen Nordflotte, die die russische nukleare Zweitschlagskapazität sichern. Das letzte Cold-Response-Manöver endete am 1. April 2022 mit 30.000 NATO-Soldaten.

Seit 2017 hat die NATO ihre Truppenstationierung in den baltischen Staaten und Polen kontinuierlich ausgebaut und baut sie weiter aus. Von ca. 8.000 werden sie auf 24.400 Soldaten verdreifacht werden. Die westlichen neun NATO-Nachbarn Russlands haben seit 2014 ihre Truppen von 271.000 auf 307.000 Soldaten vergrößert. (NATO, 12) Polen sticht hier besonders hervor. Es strebt an, seine Soldatenzahl von 121.000 auf 250.000 mehr als zu verdoppeln. [3] Polen hat Anfang des Jahres 2020 32 hochmoderne F-35-Kampfflugzeuge, »Tarnkappenflugzeuge« der 5. Generation, in den USA bestellt und ist von den USA für ihre drei F-16-Geschwader mit 40 Marschflugkörpern mit 370 km Reichweite und 70 Marschflugkörpern mit mehr als 925 km Reichweite ausgestattet worden.[4] Letztere könnten von Polen aus Moskau treffen. Polen ist der wichtigste Vorposten an der NATO-Ostflanke.

Die 2014 beschlossene Steigerung der Militärausgaben der europäischen NATO-Staaten auf 2 Prozent ihrer Wirtschaftsleitung von damals durchschnittlich 1,43 Prozent lässt abschätzen, dass diese Ausgaben von zurzeit 340 Milliarden (NATO, 8), bis im Jahr 2030 auf 500 bis 600 Milliarden Dollar steigen werden. Dazu kommen noch die USA mit allein schon 811 Milliarden Dollar im Jahr 2021. Zum Vergleich: Russlands Ausgaben liegen 2021 bei 62,2 Milliarden Dollar (IISS, 192) nach Kriterien, wie sie die NATO selbst anwendet. Die NATO-Ausgaben summierten sich 2021 nach eigenen Angaben auf 1.175 Milliarden Dollar. (NATO, 7). Das ist fast das 19-Fache der russischen Ausgaben.

Die NATO hat insgesamt das 3,6-Fache an Soldatinnen und Soldaten unter Waffen wie Russland. In Europa sind es 2 Millionen[*] (NATO, 12). Russland hat westlich des Urals nur 540.000 von ihren insgesamt 900.000 Soldaten[5] im Dienst. Das bedeutet für Europa

---

[*]   Vor dem Ukraine-Krieg kamen 1,895 Millionen aus europäischen NATO-Staaten, ca. 75.800 aus den USA.

eine fast vierfache NATO-Überlegenheit gegenüber Russland. Entsprechend gibt es eine NATO-Überlegenheit bei schweren konventionellen Waffen.* Auch wirtschaftlich ist der Unterschied sehr gravierend: fast 24 zu 1 zu Gunsten der NATO-Länder[6]. Oder anders: Russlands BIP ist etwa so groß wie das Italiens oder das des US-Bundesstaats New York.

Das heißt: Russland ist ökonomisch und im konventionellen Militärbereich wesentlich schwächer als die NATO. Russland gleicht diesen Nachteil mit der Drohung mit taktischen Atomwaffen aus. Bei strategischen Atomwaffen besteht eine Parität dergestalt: Wer als erster schießt, stirbt als zweiter.

Russland fordert von USA und NATO eine Garantie für seine Sicherheit

Russland hat am 17.12.2021 von den USA und von der NATO Sicherheitsgarantien[7] gefordert und ihnen getrennt Vertragsentwürfe vorgelegt. Die wesentlichen Punkte im Entwurf für die NATO sind: Rückzug von NATO-Truppen, die nach 1997 in den neuen Mitgliedsländern dort aufgestellt wurden. Das schließt auch die US-Raketenabwehrstellungen in Rumänien und Polen ein, die leicht mit Tomahawk-Marschflugkörpern zu Angriffszwecken bestückt werden können. Keine Seite stationiert Kurz- und Mittelstreckenraketen, die das Gebiet der anderen Seite erreichen können. Man beachte, hier sind auch jene mit konventionellen Sprengköpfen gemeint. Die NATO soll auf ihre weitere Osterweiterung verzichten. Gemeint sind die Ukraine und weitere Staaten. Die NATO-Staaten führen keine Manöver in Nicht-Mitgliedstaaten, also in der Ukrai-

---

*   Die NATO hat das Doppelte an Kampfpanzern und das 3,3-Fache an gepanzerten Kampffahrzeugen im aktiven Dienst, hält das 4,8-Fache sowohl an Kampfflugzeugen als auch an Kampfhelikoptern aktiv. Berücksichtigt man zudem auch die Artillerie und die jeweiligen Reserven dazu, halten sich die Bestände der schweren Waffen der Landheere die Waage. Allerdings verschafft ihre Qualität der NATO einen Vorteil. Zudem hat die NATO das 9,1-Fache an hochseegängigen Überwasserkampfschiffen und das 3,2-Fache an taktischen U-Booten im Dienst. (IISS 2021). Berechnungen des Autors.

ne, in Osteuropa, im Südkaukasus und Zentralasien durch. Beidseits der Grenze zwischen Russland und ihren Bündnispartnern der Organisation des Vertrags über kollektive Sicherheit (OVKS) einerseits und den NATO-Staaten sollen in einer Zone, dessen Breite festzulegen ist, keine Manöver oberhalb einer Brigadestärke durchgeführt werden dürfen. Die Seiten lassen sich in ihren Beziehungen von den Grundsätzen der Zusammenarbeit, der gleichen und unteilbaren Sicherheit leiten. Im Entwurf für die USA kommt das Verbot hinzu, mit schweren Bombern zu fliegen und außerhalb des eigenen Hoheitsgebiets zu stationieren, von wo aus sie das Gebiet der anderen erreichen können. Selbiges soll für die Stationierung von Kriegsschiffen außerhalb des eigenen Hoheitsgebiets gelten. Im Dialog sollen Mechanismen entwickelt werden, die über der Hohen See Zusammenstöße und Gefährdungen vermeiden. Verboten werden soll die Stationierung von Kernwaffen außerhalb des eigenen Territoriums. Das richtet sich gegen die »Nukleare Teilhabe« in Deutschland, den Niederlanden, Belgien, Italien und der Türkei, wo insgesamt etwa 100 US-Atombomben lagern, die künftig meist mit F-35-Tarnkappenbombern Ziele in Russland ansteuern können.

Die russischen Forderungen sind mit denen der Friedensbewegung im Wesentlichen gleich. Insbesondere, was die »Nukleare Teilhabe«, die Manövertätigkeit und die NATO-Osterweiterung angeht. Die Friedensbewegung fordert seit Jahren von unserer Regierung Entspannung statt Konfrontation.

Die Antworten der USA und der NATO an Russland wurden am 2. Februar an die spanische Zeitung El Pais[8] durchgestochen und gingen überhaupt nicht auf die russischen Kernforderungen ein oder wiesen sie zurück. Die NATO stelle für Russland keine Bedrohung dar, wurde darin behauptet. Die Tür zur NATO bleibe offen. Es müssten Verhandlungen geführt werden, die auch neue russische Nuklearwaffen in die START-Verhandlungen einbeziehen. Auch atomare Reservewaffen und taktische Atomwaffen müssten berücksichtigt werden. Allenfalls bei der Verhinderung von ungewollten Zwischenfällen wäre man zu Regelungen bereit. Aber alles sei nur möglich, wenn Russland bezüglich der Ukraine deeskaliere. Salopp gesagt, die Antworten waren typisch dafür, dass man bewusst aneinander vorbeiredet.

Die russische Antwort darauf wiederum wurde am 17. Februar veröffentlicht, in einem kritischen Zeitpunkt der Entwicklung, nach dem Scholz-Besuch in Moskau, zu Beginn der von Kiew initiierten Eskalation[9] an der Kontaktlinie im Donbass, und kurz vor der Münchner Sicherheitskonferenz, an der erstmals kein Vertreter Russlands teilnahm. Die von Enttäuschung getragene detaillierte russische Antwort gipfelt in dem Satz: »Ohne die Bereitschaft der US-Seite, über feste, juristisch verpflichtende Garantien unserer Sicherheit seitens der USA und ihrer Verbündeten zu verhandeln, wird Russland reagieren müssen, insbesondere indem es militär-technische Maßnahmen ergreifen könnte.« [10]

Die Antwort der USA auf diese russische Reaktion: gar keine. Fehlanzeige.

Am 24. Februar begann Russland den Krieg, der sich nicht auf den Donbass beschränkte, sondern die Luftabwehr und die Luftwaffe der Ukraine systematisch zerstörte. Luftangriffe auf russische Truppen im Donbass sollten nicht möglich sein und die russische Luftwaffe sollte freie Bahn haben. Ein veritabler Krieg.

Warum greift Russland jetzt an?

Es stellt sich die Frage, weshalb Russland zu diesem Zeitpunkt angreift. Hätte man nicht noch die Antworten von NATO und USA abwarten können, um den Verhandlungsprozess sich entwickeln zu lassen? Zum einen sprach das aggressive Gebaren Kiews an der Kontaktlinie dagegen, zum anderen das Verhalten von Blinken und Selenskyj auf der Münchner Sicherheitskonferenz. Eine sehr interessante Begründung für den Zeitpunkt des Angriffs gab die stellvertretende Direktorin des Instituts der Europäischen Union für Sicherheitsstudien (EUISS), Florence Gaub, bei Markus Lanz im ZDF (22.3.2022). Gaub, die alles andere als putinfreundlich auftrat, sagte, die ukrainische Armee habe sich nach 2014 mit Unterstützung von

Kanada, den USA und Großbritannien »massiv reformiert« und sich hin auf NATO-Standards bewegt. Die Ukrainer »waren eigentlich fast so eineinhalb bis zwei Jahre entfernt, einen Status, einen Standard, zu haben, wo sie sich die Krim hätten zurückholen können. Deswegen konnte auch Russland nicht mehr warten. Sie mussten jetzt zuschlagen, denn in zwei Jahren hätten sie einen Gegner gehabt, der noch viel schwieriger zu überwältigen gewesen wäre als wir es heute haben.«[11]

Eine weitere Antwort, weshalb jetzt der Angriff, liegt darin, dass absehbar die westliche Haltung Russland gegenüber kein Entgegenkommen erwarten lässt, dass das Aufrüstungsprogramm nicht nur die Ukraine näher an die NATO heranführt und militärisch stärkt, sondern auch sämtliche NATO- und EU-Staaten spürbar stärkere Armeen bekommen, welches ein späteres militärisches Eingreifen Russlands in der Ukraine verkompliziert, und die NATO-Tür für die Ukraine aufgestoßen hätte, so dass Russland einer existenziellen Gefahr ohne Entrinnen ausgesetzt worden wäre.

Russland und China
bilden historisches strategisches Bündnis

Russland hat sich mit China vorher eine Unterstützung gesichert. Am 4. Februar 2022 unterzeichneten in Peking anlässlich der Eröffnung der Olympischen Winterspiele Putin und der chinesische Präsident Xi Jinping ein historisches Übereinkommen. Der geopolitische und historische Stellenwert dieser »Gemeinsamen Erklärung« kann nicht hoch genug eingeschätzt werden. China lehnt darin eine »weitere Erweiterung der NATO ab.« Das ist wohl das einzige, was daraus hierzulande bekannt geworden ist. Das Dokument ist aber für die Einordnung des Krieges gegen die Ukraine von sehr hoher Bedeutung. Man kann es als sino-russischen Schulterschluss werten. Hier eine Schlüsselpassage:

> »Die Seiten stehen für die Bildung einer neuen Art von Beziehungen zwischen den Weltmächten, die auf gegenseitigem Respekt, friedlicher Koexistenz und gegenseitig vorteilhafter

Zusammenarbeit beruhen. Sie bestätigen, dass die zwischen-
staatlichen Beziehungen Russland–China als neuer Typ die mi-
litär-politischen Bündnisse des ›Kalten Krieges‹ übertreffen. Die
Freundschaft zwischen den beiden Staaten hat keine Grenzen, es
gibt keine No-Go-Zonen in der Zusammenarbeit. Die Stärkung
der bilateralen strategischen Zusammenarbeit richtet sich nicht
gegen Drittländer. Sie unterliegt nicht dem Einfluss eines vola-
tilen internationalen Umfelds und situativen Veränderungen in
Drittländern.« (Gipfel, 40)

Der chinesische Außenminister Wang Yi sagte laut *tagesschau.de*:
»Wie bedrohlich die internationale Lage auch sein mag, wir werden
unsere strategische Ausrichtung beibehalten und die Entwicklung
unserer Partnerschaft zwischen China und Russland in der neuen
Ära voranbringen.«[12]

Sehr bedeutend auch folgende Passage in der Gipfelerklärung:
»Die Seiten stellen fest, dass die Kündigung einer Reihe wich-
tiger internationaler Abkommen im Bereich der Rüstungskont-
rolle äußerst negative Auswirkungen auf die internationale und
regionale Sicherheit und Stabilität hat. Die Seiten äußern ihre
Besorgnis über den Fortschritt der Pläne der USA zur Entwicklung einer globalen Raketenabwehr und zur Stationierung ihrer
Elemente in verschiedenen Regionen der Welt, verbunden mit
dem Aufbau eines Potenzials hochpräziser nichtnuklearer Waffen zum Zweck eines Enthauptungsschlages und zur Lösung anderer strategischer Aufgaben.« (Gipfel, 35)

Was hat es mit der erwähnten
US-Enthauptungsschlagwaffe auf sich?

Die USA lassen Hyperschallraketen für Armee, Luftwaffe und Marine entwickeln[13]. Das Programm hat »höchste Priorität« (IISS, 31)
für das Pentagon. Für Deutschland und Europa steht ein Déjà-vu
ins Haus. Die Eckdaten der Hyperschallrakete »Dark Eagle« von
Lockheed Martin, dem einstigen Hersteller der Pershing 2, sind
klar: Reichweite mehr als 2.775 km, auf LKW landbeweglich und

in Flugzeugen transportierbar, Stationierung ab 2023. Sie sollen nicht-nuklear bewaffnet werden. Hyperschallraketen sind mindestens fünfmal schneller als der Schall. »Dark Eagle« hat die 12-fache Schallgeschwindigkeit. Dass sie in Europa stationiert werden sollen, ist klar,[14] wo sie in Europa stationiert werden sollen, ist nicht bekannt. Von wo sie kommandiert werden sollen, jedoch schon. Von Wiesbaden aus, beim Europa-Hauptquartier der US-Armee. Dort ist seit November 2021 eine 500 Mann starke »Multi-Domain Task Force« (MDTF)[15] eingezogen, dessen 56. Artilleriekommando exakt jenes ist, welches bis 1991 für die Pershing 2 zuständig war. Die dem Kommando untergeordnete 41. Feldartilleriebrigade im bayrischen Grafenwöhr stellt damals wie heute die Raketenkanoniere. Deshalb liegt es nahe, dass die »Dark Eagle« in Grafenwöhr stationiert werden. Moskau liegt 2.000 km von Grafenwöhr entfernt. Was für Ziele gibt es in über 2.000 Kilometern Entfernung, die unbedingt binnen weniger Minuten zerstört werden müssen? Reicht dafür nicht ein Tomahawk-Marschflugkörper?

Zu dieser Frage erklärte das US-Heer im September 2021, die Raketen »Dark Eagle« würden »eine einzigartige Kombination von Geschwindigkeit, Manövrierfähigkeit und Flughöhe liefern, um zeitkritische, stark verteidigte und hochwertige Ziele zu besiegen«.[16]

Gehen wir die genannten Parameter kurz durch. Geschwindigkeit: 12-fache Schallgeschwindigkeit zu Unterschall bei Tomahawk. Zur Manöverfähigkeit: Im Unterschied zu ballistischen Raketen, die eine berechenbare Flugparabel beschreiben, ist »Dark Eagle« lenkbar, so dass ein Abfangen unmöglich ist. Jedenfalls bisher. Das von der Hyperschallrakete gelöste Gleitvehikel schlägt samt konventionellem Sprengstoff mit Hyperschallgeschwindigkeit präzise ein. Volltreffer in ein Haus. Zeitkritisch bedeutet, es zielt nicht auf unbewegliche Ziele wie zum Beispiel militärische Infrastruktur, sondern auf bewegliche Ziele, die ihren Standort ändern. Stark verteidigt meint, durch Raketenabwehr verteidigt, und Hochwertziel meint politische oder militärische Führungspersonen. Wegen des Kriteriums »zeitkritisch« kommen Tomahawk nicht in Frage. Sie wären

2 Stunden unterwegs und von russischer Raketenabwehr zerstörbar. Hyperschallraketen sind Überraschungswaffen, also Erstschlagwaffen, die die politische Führung Russlands töten können sollen. »Dark Eagle« ist eine Hightech-Waffe. Ein Schuss kostet mehr als 40 Millionen Dollar. [17]

Die russische Führung hat diese Bedrohung wahrgenommen. Präsident Putin hat das in einer Rede an die Nation am 21. Februar 2022 sehr prominent erwähnt, als er sich mit den Gefahren auseinandersetzte, die aus einer NATO-Mitgliedschaft der Ukraine erwachsen. Er setzte sich mit der Stationierung bodengebundener Angriffswaffen der USA in der Ukraine auseinander, wie sie nach der »Zerstörung« des INF-Vertrags 2019 ermöglicht wird: »Die Flugzeit von Marschflugkörpern ›Tomahawk‹ nach Moskau beträgt weniger als 35 Minuten, für ballistische Raketen aus dem Raum Charkow – 7 bis 8 Minuten und für die Hyperschall-Schlagmittel 4 bis 5 Minuten. Das bezeichnet man als ›das Messer am Hals.‹«[18] Putin fürchtet einen Enthauptungsschlag. Für mich ist dies der ausschlaggebende Grund, weshalb Russland vehement gegen die Mitgliedschaft der Ukraine in der NATO ist und diesen fürchterlichen Krieg führt.

Was wird Putin unternehmen, wenn »Dark Eagle« in Deutschland stationiert werden, nachdem Scholz dazu grünes Licht gegeben hat? Sind Wiesbaden, Grafenwöhr, Stuttgart als EUCOM- und AFRICOM-Zentrale im Visier russischer Atomwaffen oder Hyperschallwaffen oder sind es die Kabelverbindungen zwischen den US-Kommandozentralen? Wir wissen es nicht. Aber die Fragen sind alarmierend genug.

Wollen wir es dazu kommen lassen, dass solche Angriffe möglich werden? Wollen wir es zulassen, dass Hyperschallwaffen von Deutschland aus kommandiert und in Deutschland und Europa stationiert werden? Eins ist klar: Kommen die »Dark Eagle« nach Europa, steigen die Spannungen ins Unermessliche. »Dark Eagle« wirken in höchstem Maße destabilisierend. Die Bundesregierung darf »Dark Eagle« in Deutschland nicht zulassen, die Multi-Domain Task Force muss Deutschland verlassen.

Literatur

Gipfel. Zum Gipfeltreffen Russland – China, Februar 2022, 84 Seiten, darin: Gemeinsame Erklärung der Russischen Föderation und der Volksrepublik China zu den internationalen Beziehungen auf dem Weg in eine neue Ära und zur globalen nachhaltigen Entwicklung, S. 25 bis 43, Seite 40, slub. qucosa.de

IISS 2021. International Institute for Strategic Studies, London, 2021, (IISS), The Military Balance 2022, 516 Seiten

IISS 2022. International Institute for Strategic Studies, London, 2022, (IISS), The Military Balance 2022, 516 Seiten

NATO. 31.3.2022, Defence Expenditure of NATO Countries (2014-2021) (PDF), 16 Seiten, nato.int

Anmerkungen

1 Department of Defence, Base structure Report FY 18
2 Neue Zürcher Zeitung, 15.3.22, Zum Erfolg der Armee trägt auch der Oberbefehlshaber bei
3 Informationsstelle Militarisierung e.V., Polen will Streitkräfte mehr als verdoppeln, IMI-aktuell 2021/553, 27.10.2022, imi-online.de
4 Wikipedia, Stichwort: AGM-158_JASSM (englisch)
5 Krister Pallin (Hg.), Military Forces in Northern Europe, hier: Ders./Eva Hagström Frisel, Western Military Capabilities in Northern Europe 2020 (PDF), S. 86, Tabelle 4.1, foi.se
6 Fischer Weltalmanach 2019. Berechnungen des Autors.
7 Vertrag zwischen der Russischen Föderation und den Vereinigten Staaten von Amerika über Sicherheitsgarantien (PDF, dt. Übersetzung des russ. Originals vom 17.12.2021), Ostinstitut/Wismar, 15 Seiten, deutsche Übersetzung, OstMag. Wissenschaftliche Beiträge des Ostinstituts Wismar, ostinstitut.de
8 Documentos entregados por la OTAN y EE UU en respuesta al tratado que les presentó Rusia el 17 de diciembre de 2021 (englischsprachiges PDF), unter elpais.com
9 Zur Genese der Entwicklung im Februar 2022 siehe: Lühr Henken, Der Ukraine-Krieg – Was vorher geschah, 23.5.2022, hintergrund.de
10 Russisches Außenministerium, 17.2.2022, deutsch, https://www.mid.ru/ru/foreign_policy/news/1799157/?lang=de
11 Markus Lanz, 22.3.22, ab 20:10 Min., zdf.de, Transkript des Autors
12 Freundschaft zu Russland »unanfechtbar«, tagesschau.de, 7.3.2022,
13 Congressional Research Service, The U.S. Army's Long-Range Hypersonic Weapon (LRHW) (PDF), 23.5.2022, crsreports.congress.gov
14 NDR Info, Streitkräfte und Strategien, 12.3.2022, Manuskript (PDF), S. 14 f., ndr.de

15 Congressional Research Service, updated 31.5.2022, Andrew Feickert, The Army's Multi-Domain Task Force (MDTF) (PDF), sgp.fas.org
16 Dave Makichuk, Mach 5 Monster: Germany to Get Dark Eagle Missiles, Asia Times, 14.11.2021, asiatimes.com
17 Col. Mark Gunzinger, USAF (Ret.), Lukas Autenreid, Bryan Clark, Cost-Effective Long-Range Strike, 30.6.2021, airforcemag.com
18 Rainer Böhme, dgksp-Diskussionspapiere, Dresden, März 2022, S. 67 f., slub. qucosa.de

Bernhard Trautvetter

Friedensökologie und Ukraine-Krieg

Atomgefahren, Klimaverseuchung:
Nicht der Frieden, sondern der Krieg fällt aus der Zeit

Der Ukraine-Krieg offenbart eine brandgefährliche Apokalypse-blindheit: Allein die fünfzehn Atomreaktoren der Ukraine stellen ein ökologisches Risiko dar, das Kriege in dieser Region im Interesse der Zukunft der Zivilisation verbietet.[1] Atomanlagen sind auch im Falle, dass sie nicht direkt durch Kampfhandlungen geschädigt werden, eine tickende Zeit- und Atombombe: Ihre Sicherheit ist nur bei ununterbrochen gesicherter Kühlung gewährleistet. Andernfalls besteht die intolerable Gefahr, dass ein Reaktor heiß läuft, und mit dem Eintreten der Kernschmelze schmilzt sich der Reaktor durch sein Stahlbeton-Fundament und sinkt wegen des hohen Gewichts, zu dem das schwere Nuklearmaterial aus Uran und Plutonium beiträgt, immer weiter ins Erdreich ab. Wenn er dort auf Grundwasser trifft, kommt es zu einer radioaktiven Wasserdampfverpuffung. Eine strahlende Wolke steigt in die Atmosphäre. Winde tragen sie über große Gebiete Europas und können ganze Staaten erfassen. Leben wird nachhaltig verstrahlt, Autos, Spielplätze, Lebensmittel – alles strahlt, wenn es dort regnet, wo sich die strahlenden Isotope gerade in der Atmosphäre befinden.

Ein warnendes Beispiel war die Havarie des Atomkraftwerkes Tschernobyl. Und dass die Verantwortungsträger dessen Lektion für die weltweit aktiven 431 Atomreaktoren nicht zu lernen bereit sind, führt zu unkalkulierbaren Risiken.[2] 1986 entwich in Tschernobyl nur ein Teil des nuklearen Materials im Reaktorkern in die

Atmosphäre. »Der glühende Graphit im Reaktorkern fing sofort Feuer. Insgesamt verbrannten während der folgenden zehn Tage 250 Tonnen Graphit, das sind etwa 15 Prozent des Gesamtinventars«.[3] Wenn das komplette nukleare Material eines Reaktors die Biosphäre belastet, dann sind weit größere Regionen Europas und der angrenzenden Erdteile erfasst – und das mit deutlich gesteigerter toxischer und tödlicherer Wirkung.

Um das nukleare Risiko aufgrund nichtmilitärischer Einrichtungen im Falle der Ukraine wusste nicht nur Russland, das ähnliche Reaktoren in seinem Land am Netz hat. Die USA und die NATO haben im Vorfeld des Krieges die Spannungen gegenüber Russland durch die Osterweiterung des Militärpaktes bis an die russische Westgrenze gesteigert, obwohl auch sie um das Risiko wussten: Im Mai 2014 hat die NATO die damals von ihr mit gestützte und doch illegale sogenannte Übergangsregierung der Ukraine im Umgang ihrer Atomanlagen im Kriegsfall beraten.

»Die Sensation kam eher beiläufig ans Licht und blieb von der Öffentlichkeit bislang weitgehend unbeachtet: Die ukrainische Regierung hat die NATO um Beistand gebeten, und die NATO hat diesem Wunsch entsprochen – dem Wunsch um Hilfe bei der Sicherung der 15 noch in Betrieb befindlichen Atomkraftwerke des Landes. Gegen Ende der Frage-und-Antwort-Runde seiner entsprechenden Pressekonferenz am 19. Mai (2014, B. T.) sagte NATO-Generalsekretär Anders Fogh Rasmussen auf Nachfrage eines Journalisten: ›Ja, wir haben auf Bitten der Ukraine eine kleine Gruppe ziviler Experten in die Ukraine entsandt, um den Behörden zu helfen, die Sicherheit ihrer zivilen Nuklearanlagen zu verstärken.‹«[4]

Hier wird an einem konkreten Beispiel evident, welche inakzeptablen Risiken eine Spannungseskalation und ein Krieg in Regionen mit Atomanlagen in sich bergen.

Michael Sailer von der deutschen Reaktorsicherheitskommission erklärte der *Deutschen Welle* im Juni 2014: »Wenn man sich entschieden hat, ein Kernkraftwerk zu betreiben oder – wie in diesem Fall – einen ganzen Reaktorpark, muss man garantieren können, dass das Land sozial stabil ist. Keinesfalls darf es einen Krieg geben«.[5] Andernfalls verbietet es sich, in diesem Gebiet einen Krieg zu riskieren oder gar zu führen.

Tödlicher Schutz

Das Risiko, das von panzer- und bunkerbrechenden Waffen wie der Panzerabwehrrakete Milan ausgeht, die NATO-Staaten an die Ukraine geliefert haben, wird ebenfalls unterschätzt: Sie ist mit dem Alphastrahler Thorium ausgestattet.[6] Zur Gefährlichkeit strahlender Kriegswaffen wie solchen mit abgereichertem Uran (zu Englisch ›Depleted Uranium‹ – DU) für Menschen, die man zu schützen vorgibt, schrieb Dr. Silke Reinecke vom Göttinger Friedensbündnis vor über 20 Jahren für den Bundesausschuss Friedensratschlag: »Bei der Explosion der DU-Munition nach einem Treffer entstehen feinst verteilte Partikel aus verschiedenen Uranoxiden. Informationen über die Partikelgröße und die chemische Zusammensetzung der einzelnen Partikel liegen überwiegend aus Experimenten unter kontrollierten Bedingungen vor, die die Realität im Krieg nur unzureichend widerspiegeln, da zahlreiche Faktoren wie Art des Ziels, Aufprallwinkel/-geschwindigkeit und Luftzufuhr die Vorgänge nach Explosion des Geschosses beeinflussen. Eine realistische Schätzung geht davon aus, dass bis zu 70% des im Geschoss vorhandenen Urans als Feinstaub freigesetzt werden und ein überwiegender Teil der Partikel kleiner als 10 μm ist, das heißt, so klein ist, dass er beim Einatmen in die tieferen Atemwege gelangt.«[7]

Doch das ist noch nicht alles. Die NATO ist auch an der Entwicklung biologischer und chemischer Waffen beteiligt, wie sich in der Ukraine zeigt, wo ein US-Dokument von 46 derartigen Laboren berichtet.[8] Die Kiewer US-Botschaft erklärt in diesem Zusammenhang: »Das Programm des US-Verteidigungsministeriums zur Verringerung biologischer Bedrohungen arbeitet mit Partnerländern zusammen, um der Bedrohung durch Ausbrüche (absichtlich, versehentlich oder natürlich) der weltweit gefährlichsten Infektionskrankheiten entgegenzuwirken. Das Programm erfüllt seinen Auftrag, biologische Bedrohungen durch die Entwicklung einer Kultur des Bio-Risikomanagements zu verringern; dies geschieht durch internationale Forschungspartnerschaften und durch die Stärkung der Kapazitäten der Partnerländer im Bereich der biologischen Sicherheit und der Überwachung. Die Prioritäten des Programms zur Verringerung biologischer Bedrohungen in der Ukraine sind die Konsolidierung und die Sicherung sicherheitsrelevanter Krankheitserreger und Toxine sowie die Sicherheit, dass die Behörden der Ukraine in der Lage sind, Ausbrüche gefährlicher Krankheitserreger zu erkennen und zu melden, bevor sie eine Bedrohung für die Sicherheit oder Stabilität darstellen. Derzeit sind das Gesundheitsministerium, der Staatliche Dienst der Ukraine für Lebensmittelsicherheit und Verbraucherschutz, die Nationale Akademie für Agrarwissenschaften und das Verteidigungsministerium die ausführenden Organe des Programms (…)«.[9] Was die ›Konsolidierung und Sicherung‹ von toxischen Stoffen und Erregern betrifft, wirft diese Erklärung Fragen auf: Wenn man solche biologische und chemische Stoffe militärisch sichert, dann sind diese mitnichten nur für den Verbraucherschutz benutzbar, sondern auch als Kriegswaffen einsetzbar. Das ist mit der Möglichkeit vergleichbar, Raketenabwehr-Raketen in Offensivwaffen umzurüsten.

Zweifel ist angebracht, wenn die NATO erklärt, chemische und biologische Militärprogramme zu ächten.[10]

Noch deutlicher ist die Scheinheiligkeit, wenn die NATO erklärt, den Militärsektor ökologisch auszurichten: Zur Beschwichtigung grün orientierter Bürger griff NATO-Generalsekretär Stoltenberg in einer Pressekonferenz im Juni 2022, während des NATO-Gipfels und mitten im Ukraine-Krieg, auf ein weiteres Narrativ der Propaganda zurück: »Wir haben vereinbart, den Kampf gegen den Klimawandel zu verstärken. Und die Einrichtung eines neuen, mit einer Milliarde ausgestatteten Innovationsfonds.«[11]

Das ist ein typisches Beispiel dafür, wie Spitzenpolitiker weltweit Gedanken gleichzeitig Raum geben, die sich gegenseitig ausschließen. Sie verwirklichen, wovor George Orwell warnte: Er nannte das

›Doppelsprache‹, zu Englisch Double-Speak. Er meinte damit eine Kommunikationsform, mit der Regierungen, Unternehmen und deren Lobby Bedeutungen von Begriffen absichtlich verschleiern, verfälschen oder in ihr Gegenteil verkehren, um die gegebenen Machtstrukturen aufrechtzuerhalten und auszubauen. Die berühmten Beispiele für Double-Speak stehen am Ende von Orwells Dystopie »1984« in den Parolen »Krieg ist Frieden, Freiheit ist Sklaverei und Ignoranz ist Stärke«.[12]

Das aktuell von der NATO und den sie unterstützenden Kräften benutzte Double-Speak arbeitet unter anderem mit doppelten Standards und Doppelmoral, durch ein Nachrichtenmanagement, das den öffentlichen Diskurs in Sachen Krieg und Frieden fast ausschließlich mit Berichten über mögliche oder sichere Opfer der russischen Armee in der Ukraine einengt, so als gäbe es keine weiteren Kriege weltweit – keine Kriege, die mit Waffen aus NATO-Staaten begonnen wurden.[13]

Die Botschaft, die zurückbleiben soll, transportiert den Eindruck, die NATO wäre die rettende, also gute Kraft, und die russische Seite würde dem gegenüber die Diktatur, das Unrecht, die Gefahr und insgesamt die Grausamkeit verkörpern, gegen die Militär, Rüstung, Sanktionen und Abschreckung sein müsste.

Winter auch im Sommer

Diese an Vorkriegspropaganda erinnernde Meinungsmache begünstigt eine Leichtfertigkeit vieler Mitmenschen, existenzielle Risiken wie die Gefahr eines nuklearen Infernos nicht ernst zu nehmen. Zum einen geht es dabei um das Risiko eines Atomkrieges aus Versehen durch Missverständnisse, Fehlinterpretationen und entsprechende mögliche Eskalation, wenn eine der Kriegsparteien eine Atommacht ist.[14] Die Internationalen Ärzte zur Verhütung des Atomkriegs fordern von der Bundesregierung: »Maßnahmen (...), um das aktuell sehr hohe Risiko eines Atomkrieges einzudämmen. Die Regierungen Russlands und der USA sollten zunächst den Verzicht eines Einsatzes von Atomwaffen im Ukraine-Krieg erklären und künftig den Verzicht auf einen Ersteinsatz von Atomwaffen (No-First-Use). Russland und die USA müssten zudem die Atomwaffen aus der erhöhten Alarmbereitschaft nehmen (De-Alerting).«[15] Ein »vorbeugender« (pre-emptive) nuklearer Erstschlag ist allerdings Element der US-Strategie, auf Seiten Russlands existiert diese Option im Falle der Gefahr für die Existenz des Staates.[16]

Auf das nukleare Risiko einzugehen, bezeichnet der militärisch-industrielle Komplex aus Militärs, Politikern, Strategen und Rüstungsindustriellen als Sicherheitsschirm und Klimaschutz. Doch nachhaltig wäre daran ›nur‹ das Ende der Menschheit – das zwar vorhersehbar kommen mag und doch überraschend für die von Double-Speak verwirrte Wahrnehmung wäre. Seit den frühen 1980er Jahren ist durch gemeinsame Studien sowjetischer und US-amerikanischer Forscher bekannt, dass schon ein begrenzter Atomkrieg zum nuklearen Winter führt: »Sechs amerikanische Wissenschaftler behaupten in einer kürzlich veröffentlichten Studie, der Einsatz von Atomwaffen mit einer Gesamtsprengkraft von 5000 Megatonnen (also nicht einmal die Hälfte jener 12.000 Megatonnen, die derzeit in den Arsenalen der Supermächte lagern), müßte unweigerlich die Erde verdunkeln«, so ein Beitrag des *Spiegel* von 1984.[17]

Die Militärstrategie der Atommächte ist mit den Überlebensinteressen der Menschheit unvereinbar.

Krieg gegen die Natur

Die USA wollen ihren globalen Machtanspruch mit knapp tausend Militärbasen weltweit durchsetzen und zugleich absichern. Sie zielen auf die Einkreisung der »Hauptfeinde« China und Russland. Sie untergraben nicht nur den Frieden, sie sind zugleich eine ökologische Bedrohung für das direkte Umfeld der jeweiligen Stützpunkte durch Schadstoffe, die Luftwaffe und Marine emittieren, und sie verunreinigen die Natur in einem größeren Einzugsbereich und letztlich weltweit: »Die gigantische Kriegsmaschinerie ist der weltweit größte Verbraucher von Erdölprodukten. Offiziell werden auf den weltweit 7.000 Militärbasen täglich 320.000 Barrel (bbl) Öl verbraucht (1 bbl = ca. 159 Liter.). Sie verursacht die meisten sogenannten Treibhausgasemissionen und schleudert Tag für Tag megatonnenweise giftige Schadstoffe in die Umwelt. Doch ist das Pentagon von sämtlichen (…) Klima- und Umweltabkommen (…) ausgenommen. So verabschiedete (…) der US-Kongress (…) 1998 ein Gesetz, das sämtliche US-Militäroperationen weltweit von den Bestimmungen des Kyoto-Protokolls freistellte.«[18]

Allein zum Irak-Krieg schrieb Greenpeace 2003: »Über eine Million Tonnen Öl flossen damals ins Meer. Die Brände von siebenhundert Ölquellen sowie giftige Niederschläge (›Fallout‹) und Ölruß vergifteten Menschen und Umwelt der gesamten Region im Umkreis von annähernd tausend Quadratkilometern. Durch fast hunderttausend Bomben wurden Chemiedepots, Düngemittelfabriken, Elektrizitätswerke und Pipelines zerstört.«[19]

Die globale Strategie der USA, die sie Antiterror-Krieg nennen, hat allein in ihrem ersten Jahrzehnt bis 2011 laut *The Independent* mit 4000 Milliarden US-Dollar mehr gekostet, als der Zweite Weltkrieg.[20] Sie hat alleine bis 2019 über drei Millionen Tote gekostet.[21] Im Irak-Krieg von 2003 wurden »fast hunderttausend Bomben (…) Chemiedepots, Düngemittelfabriken, Elektrizitätswerke und Pipelines zerstört. Giftgase, deren Folgeschäden nie geklärt wurden, traten aus. Durch den Einsatz Hunderter Tonnen panzerbrechender mit radioaktivem Uran ›gehärteter‹ Munition waren ganze Regionen betroffen. Zivile Versorgungsanlagen wie (…) Kläranlagen wurden vernichtet. Chemischer ›Fallout‹ verseuchte (…) Wasservorräte.«[22]

Vergiftung von Mensch, Gehirn und Lebensraum

Diese Verschleierung der Klima- und Naturschädigung durch den Militärbetrieb ist Element der Strategischen Kommunikation der NATO. Die Militärs verbinden sie mit ›Psychologischen Operationen‹ (PsyOps), die die NATO in ihrer ›Allied Joint Doctrine for PsyOps‹ als »geplante psychologische Aktivitäten, die Kommunikations-Methoden nutzen, (…) um Wahrnehmung zu beeinflussen«, bezeichnet.[23] Was Militärs »Sicherheitspolitik« nennen, ist in Wahrheit Double-Speak. Die Menschen sollen für eine Militärpolitik gewonnen werden, die ihnen das verspricht, was sie zerstört. Die militärisch bedingte Naturschädigung verbreitet sich im Wechselspiel mit der Klimaschädigung und anderen Zukunftsgefährdungen wie dem Artensterben, der Meeresversauerung und der Wüstenausdehnung global, wobei sie sich gegenseitig verstärken und Kipp-Punkte bewirken, ab denen es kein Zurück mehr in den vorherigen Zustand gibt. Und sie beginnt im Gehirn der Menschen.

Sie sollen eine Politik der Abschreckung von Staaten, die als Rivalen gelten, mittragen. Eskalation und Wirtschaftskriege verhindern jedoch die global erforderliche Kooperation, die Bedingung für eine Abwendung der Zukunftsgefährdungen ist. Der Jahresetat des Umweltprogramms der Vereinten Nationen UNEP umfasst circa eine Milliarde US-Dollar für Klimaschutz, Artenvielfalt, die Ozonproblematik, Schadstoffvermeidung und Gesundheit. Das ist ein Zweitausendstel der Weltrüstungsausgaben.[24]

Die Uhr tickt

Schon jetzt betragen die offiziellen Militärausgaben der NATO fast das Zwanzigfache des Militäretats Russlands.[25] Dieses Zahlenverhältnis straft die Legitimation der Hochrüstung der NATO Lügen. Die mit dem aktuell erreichten Stand der Hochrüstung verbundenen Konsequenzen für Verbrennungsabgase in der Atmosphäre durch Produktion, Betrieb und Entsorgung von Kriegsmaterial, die Ressourcenvernichtung nicht nur bei Platin, Plutonium, seltenen Erden, Kobalt, Nickel und fossilen Energieträgern überstrapazieren die Abwehrkraft der Erde gegen die Vergiftung und weitere Schädigung der Biosphäre, des Lebensraums der Menschheit.[26]

Laut dem Friedensforschungsinstitut SIPRI geben die Regierungen der Staaten der Welt offiziell über 2000 Milliarden US-Dollar pro Jahr für den Militärsektor aus – das ergibt alle 30 Sekunden eine Million; die Mitglieder der NATO verantworten circa 56 Prozent davon.[27]

Die Militärs der USA und ihre NATO-Lobby haben durchgesetzt, dass ihre Klimaschädigungen bei den Berichten an die UNO nicht mit berücksichtigt werden;[28] Als sie dies durchsetzten, begründeten das US-Strategen mit imperialen Interessen: Es würde »die amerikanischen Militäroperationen in der ganzen Welt behindern«, so das Committee to Preserve Security and Sovereignty laut Inter Press Service (20.5.1998).[29]

Diese systematische Heimlichtuerei verbunden mit Heuchelei als Instrument der Wahrnehmungssteuerung ist eine der Erklärungen dafür, dass ein Großteil der Ökologiebewegung blind gegenüber der militärisch bedingten Klimaschädigung ist.

Symptomatisch war die Aufforderung des bündnisgrünen Ministers Robert Habeck, nun müsse die Klimarettung hinter die ›Sicherheitspolitik‹ zurücktreten.[30] Das Klima wartet nicht auf das Ende der Kriege.

Zur Militarisierung der Gesellschaft sagte die Friedensaktivistin und evangelische Theologin Dorothee Sölle auf der ersten großen Bonner Friedensdemonstration der 1980er Jahre:

»Wenn ein Fluss umkippt, so bedeutet das, die Giftmenge, die ein Lebenszusammenhang noch erträgt, wird zu viel, (…) Fische sterben, die Pflanzen folgen (…), das Wasser stinkt. Wenn ein Fluss umkippt, ist es (…) kein Fluss mehr, sondern eine Müllkippe. Und wenn ein Land umkippt? Wenn die (…) Giftstoffe so überhandnehmen, dass das Leben erstickt wird, dass die Menschen an der Möglichkeit, hier zu leben, verzweifeln, wenn sie (…) sich selbst kaputt machen, wenn sie wie Fische in der stinkenden Brühe herumtreiben? Wenn ein Fluss ökologisch verschmutzt ist, kippt er um. Wenn ein Land militärisch verschmutzt ist und sich zu Tode rüstet, dann kippt das Land um. Genau das erleben wir.«[31]

Das war im Jahr 1981. Jetzt sind wir in Zahlen über vier Jahrzehnte weiter, aber nicht in der Abwehr von Gefahren.

Heute muss es darum gehen, rechtzeitig aus der Spirale der Rüstung, Abschreckung, Eskalation, Drohung und direkten Gewalt aus-

zusteigen, solange es noch geht. Hierbei haben die Kräfte des Friedens, des Schutzes von Umwelt und Leben, alle, die sich für eine
solidarische Welt einsetzen, nicht nur die Moral, sondern auch das
Recht auf ihrer Seite. Völkerrechtliche Bezüge für eine friedensöko-
logische Politik gibt es viele, etwa in der Schlussakte von Helsinki,
der Agenda 21 der UNO, dem 2+4-Vertrag zur Deutschen Einheit,
der Charta von Paris. In all diesen Dokumenten geht es um eine
›politische Verpflichtung zur Zusammenarbeit im Bereich von Entwicklung und Umwelt.‹[32] Das tut Not, nicht Abschreckung, Wirtschaftskrieg und Krieg. Ohne diese Schritte kippt, wie wir spätestens
seit Dorothee Sölle wissen, nicht nur das Klima. Wenn es eine Zukunft für die Menschheit gibt, dann wird es sie nur in globaler Kooperation im Sinne des Friedens geben.

Anmerkungen

1   Atomkraftwerke in der Ukraine: Droht durch den Krieg eine nukleare Katas-
    trophe?, mdr Wissen, 1.3.2022, mdr.de
2   Statista, Anzahl der betriebsfähigen* Reaktoren in Kernkraftwerken weltweit
    nach Ländern im Juli 2022, 15.7.2022, de.statista.com
3   Wikipedia, Stichwort: Nuklearkatastrophe von Tschernobyl; chemie.de/lexi-
    kon, Stichwort: Katastrophe von Tschernobyl.
4   Wie sicher sind die AKW in der Ukraine?, tagesschau.de, 28.5.2014
5   Ukraine-Krise gefährdet Atomreaktoren, Deutsche Welle, 13.6.2014, dw.com
6   Frankreich liefert der Ukraine schwere Waffen, n-tv.de, 22.4.2022; B. Mal-
    zahn (ICBUW-Deutschland), Deutsche Waffenexporte führen zur weiteren
    radioaktiven Verseuchung im Irak: Milan-Panzerabwehrraketen, Blogbei-
    trag ohne Datum, www.uranmunition.org
7   Silke Reinecke, Abgereichertes Uran – die unterschätzte Gefahr, Aus: Frie-
    denspolitische Korrespondenz, 2/2001, S. 13f., agfriedensforschung.de;
    Fünfzehnmal Tschernobyl – Mitten in Europa tickt eine Zeitbombe, unser-
    planet.net, 9.5.2022
8   U.S. Department of Defense, Fact Sheet on WMD Threat Reduction Efforts
    with Ukraine, Russia and Other Former Soviet Union Countries, 9.6.2022,
    defense.gov
9   U.S. Embassy in Ukraine, Biological Threat Reduction Program, ohne
    Datum, ua.usembassy.gov, (Übersetzung: B.T.)
10 Die NATO warnt Russland vor dem Einsatz chemischer Waffen, Redaktions-
    netzwerk Deutschland, 24.3.2022, rnd.de

11 NATO-Generalsekretär Stoltenberg: »Der Klimawandel bedroht unsere Sicherheit«, spiegel.de, 27.9.2020

12 Friedhelm Klinkhammer / Volker Bräutigam, Scholz-HiWis polieren Sankt Selenskyjs Scheinheiligen-Schein, Ständige Publikumskonferenz der öffentlich-rechtlichen Medien e.V., 12.6.2022, publikumskonferenz.de

13 Ebd.

14 Bryan Bender, How the Ukraine war could go nuclear, politico.com, 24.3.2022 (Übersetzung: B.T.)

15 IPPNW warnt vor steigender Gefahr eines Atomkrieges, Pressemitteilung vom 6. Mai 2022, ippnw.de; die NATO hält sich den Erstschlag (first use) offen: U.S. Department of Defense, DOD Official Outlines U.S. Nuclear Deterrence Strategy, 2.9.2020, defense.gov

16 Ajay Lele, Will the US Adopt a Pre-emptive Nuclear Policy?, Institute of Peace an Conflict Studies, 27.9.2005, scotomastudio.com; Russland: Atomwaffen-Einsatz »nur bei Bedrohung für Existenz des Staates«, de.euronews.com, 29.3.2022

17 Nuklearer Winter, Der Spiegel 33/1984

18 Markus Gelau, US-Militär: Der größte Umweltverschmutzer der Welt, 14.10.2028, greenfinder.de (Die Summe von circa 7000 Militärbasen betrifft die aller Staaten weltweit)

19 Greenpeace-Position zum Krieg im Irak, März 2003, greenpeace.de

20 Rupert Cornwell, ›War on terror‹ set to surpass cost of Second World War / Die Ausgaben für den »Krieg gegen den Terror« übersteigen die Kosten des Zweiten Weltkriegs, The Independent, 30.6.2011, ag-friedensforschung.de

21 Joachim Guilliard, Wieviele Menschen starben im Krieg gegen den Terror?, Berliner Zeitung, 18.9.2021, berliner-zeitung.de; Neta C. Crawford, United States Budgetary Costs of Post----9/11 Wars Through FY2018: A Summary of the $5.6 Trillion in Costs for the US Wars in Iraq, Syria, Afghanistan and Pakistan, and Post----9/11 Veterans Care and Homeland Security (PDF), Watson Institute Brown University, November 2017, watson.brown.edu

22 Greenpeace-Position zum Krieg im Irak, März 2003, greenpeace.de

23 Allied Joint Doctrine for Psychological Operations, AJP-3.10.1(A) (PDF), Oktober 2007, info.publicintelligence.net/NATO-PSYOPS.pdf

24 Bundesministerium für Umwelt, Naturschutz, nukleare Sicherheit und Verbraucherschutz (Homepage), Das Umweltprogramm der Vereinten Nationen

25 Axel Mayer, Militärausgaben & Rüstungsausgaben (neue Zahlen): Deutschland + 100 Mrd., NATO, Russland, USA & China, Mitwelt am Oberrhein, 30.5.2022 (mit Einschub vom 3.6.2022), mitwelt.org

26 »Unsere Zeit läuft ab«, Interview mit dem Wetterforscher Doug Randall, spiegel.de, 13.12.2004

27 Fred Schmid, Welt-Militärausgaben 2020: Welt im Waffen-Wahn, 3.5.2021, isw-muenchen.de

28 Inter Press Service News Agency, CLIMATE: U.S. Exempts Military from Kyoto Treaty, 20.5.1998, ipsnews.net

29 Ebd.
30 Grüner Realitätssinn in der Energiepolitik, Frankfurter Allgemeine Zeitung, 2.3.2022, faz.net
31 Dorothee Sölle, Einseitig für das Leben arbeiten, Redebeitrag auf der Bonner Hofgartenwiese vom 10. Oktober 1981, lebenshaus-alb.de
32 Siehe z.B.: Agenda 21: – Original Dokument in deutscher Übersetzung, agenda21-treffpunkt.de/archiv/ag21dok (Stand: 4.5.2002); Bundeszentrale für politische Bildung (Homepage), Zwei-plus-Vier-Vertrag über die abschließende Regelung in Bezug auf Deutschland (12.9.1990), bpb.de

Teil III

Was für eine Welt?

Jörg Kronauer

Verschärfte Frontstellung
Das Strategische Konzept der NATO
in einer Ära offener Großmachtkonfrontation

Schon lange ist es angekündigt gewesen; endgültig verabschiedet wurde es auf dem NATO-Gipfel Ende Juni 2022 in Madrid: das neue Strategische Konzept der NATO, in dem das transatlantische Militärbündnis quasi die Leitplanken für seine zukünftigen Aktivitäten festgelegt hat. Das Dokument schließt formal eine Ära ab, die Anfang der 1990er Jahre mit dem Kollaps der realsozialistischen Systeme begann; die Eskalation des Ukraine-Konflikts im Jahr 2014 leitete dann recht unvermittelt den Übergang in die gegenwärtige Ära der offenen Großmachtkonfrontation ein. Den Schwerpunkt der gegenwärtigen Tätigkeiten der NATO bildet fraglos die Militarisierung ihrer Ostflanke im Machtkampf gegen Russland. Dezidiert hat der Militärpakt jedoch auch die Entwicklung jenseits seiner Südflanke im Visier. Nicht zuletzt befasst sich die NATO zunehmend mit dem Machtkampf, der in den Vereinigten Staaten ganz allgemein als der entscheidende Machtkampf der Gegenwart eingestuft wird: mit der großen Rivalität zwischen dem Westen und China.

Die Phase der Expansion

Das neue Strategische Konzept der NATO löst quasi offiziell eine Ära ab, die mit dem Kollaps der realsozialistischen Systeme in den Jahren um 1990 und dem Ende der Warschauer Vertragsorganisation am 1. Juli 1991 begann. Die damals eingeleitete Ära war eine Phase der Expansion. Deutlich wurde dies etwa an den Auslandsinterventionen, den »Out of Area«-Einsätzen, die der NATO-Rat im Jahr 1992 für prinzipiell möglich erklärte. Das war keine Selbstverständlichkeit: Schließlich war die NATO ein Verteidigungsbündnis, das eigentlich nur Angriffe auf die Mitgliedstaaten abwehren bzw. bereits vorab abschrecken sollte. Noch im Jahr 1992 stieg der Militärpakt mit ersten Operationen zur Verhinderung von Waffenlieferungen in den Bosnien-Krieg ein, weitete seine Intervention schon bald zu ersten Kampfeinsätzen aus, führte 1999 dann seinen ersten völkerrechtswidrigen Angriffskrieg – gegen Jugoslawien –, um bald darauf, 2003, in Afghanistan offiziell die Führung über die auswärtigen Besatzungstruppen zu übernehmen. Allerlei weitere Operationen folgten. 2011 bombte die NATO – gleichfalls völkerrechtswidrig – einen Umsturz in Libyen herbei, der nicht nur zum Zusammenbruch der staatlichen Strukturen im Land selbst führte, sondern in einer Kettenreaktion erst Mali, dann weitere Teile des Sahel in blutiges Chaos warf.

Parallel zur Ausweitung ihrer Auslandseinsätze dehnte die NATO auch ihr Bündnisgebiet immer weiter aus. Erste Fühler streckte sie 1994 mit der Gründung der Partnership for Peace (PfP) aus, eines Formats, das alle über Streitkräfte verfügenden Staaten Europas bis auf Zypern sowie alle Staaten der früheren Sowjetunion, auch Russland, locker an den westlichen Militärpakt band, indem es sie zur Übernahme von NATO-Standards sowie zur Beteiligung an Ausbildungsmaßnahmen und Manövern des Bündnisses motivierte. Feste Strukturen schuf die NATO mit ihrer Osterweiterung; sie nahm – unter Bruch mündlicher Zusagen, die die USA und die Bundesrepublik im Jahr 1990 der Sowjetunion gegeben hatten – zunächst, 1999, Polen, Tschechien und Ungarn auf, um 2004 nicht nur mit dem Beitritt der Slowakei und Sloweniens ihr Bündnisgebiet in der Mitte Europas zu arrondieren, sondern mit dem Beitritt Rumäniens und Bulgariens auch bis ans Schwarze Meer, mit dem Beitritt Estlands, Lettlands und Litauens sogar bis an die russische Grenze zu expandieren. Parallel band die NATO mit ihrem 1994 geschaffenen Mediterranean Dialogue sieben Staaten Nordafrikas und des

Nahen Ostens und mit der 2004 gegründeten Istanbul Cooperation Initiative (ICI) vier Staaten auf der Arabischen Halbinsel – wenngleich nur locker – an sich an.*/92

Dabei nutzte die NATO die Ausdehnung ihrer Strukturen, um ihre Kooperationspartner, die sich ihr etwa in der PfP oder in der ICI annäherten, zu ihren Kriegseinsätzen heranzuziehen. Kontingente für den Afghanistan-Einsatz etwa stellten so unterschiedliche Länder wie Georgien, die Mongolei oder Australien bereit. Die zwei letzteren zählen zu den inzwischen auf neun Staaten angewachsenen partners across the globe, mit denen die NATO auf die eine oder andere Weise kooperiert. Im Libyen-Krieg gelang es dem Militärpakt, die Streitkräfte seiner Kooperationspartner sogar für Angriffsoperationen zu nutzen: An Luftangriffen beteiligten sich damals auch Kampfjets aus Jordanien, den Vereinigten Arabischen Emiraten und Schweden. Schweden war offiziell zwar noch neutral, hatte sich aber über die PfP in Richtung NATO orientiert – wie auch andere neutrale Staaten. Österreich etwa stellte bereits seit 1999 Soldaten für den NATO-Einsatz im Kosovo; zum selben Zeitpunkt schickte auch die Schweiz Truppen in die vom westlichen Militärpakt okkupierte südserbische Provinz. Freilich hatte sich die Schweiz schon deutlich früher in Richtung NATO orientiert; so beteiligte sich ihre Luftwaffe beispielsweise ab 1981 an den Übungen im Rahmen des NATO Tiger Meet. Beobachter sprachen längst von einer »westlichen Neutralität«.

Umbrüche

Im Jahr 2014 hat die NATO sich neu zu orientieren begonnen. Wenn man so will, hat sie damals den Kurswechsel eingeleitet, der nun ihrem neuen Strategischen Konzept zugrunde liegt. Ursache war die Eskalation des Ukraine-Konflikts und insbesondere die Tat-

---

*   Mitglieder des »Mediterranean Dialogue«: Marokko, Algerien, Tunesien, Ägypten, Mauretanien, Jordanien, Israel. Der »Istanbul Cooperation Initiative« gehören an: Vereinigte Arabischen Emirate, Bahrain, Katar und Kuwait.

sache, dass Moskau nach dem Umsturz in Kiew nicht klein beigab, sondern umgehend die Krim in die Russische Föderation aufnahm. Das führte dazu, dass die NATO ihren zu Beginn der 1990er Jahre gestarteten Expansionskurs nicht unverändert fortsetzte, sondern sich wieder – wie vor den Umbrüchen um 1990 – auf den Machtkampf gegen Großmächte, insbesondere gegen Russland, zu orientieren begann. Begrifflich wird die Kurskorrektur der NATO gern als ein Schwenk zu wieder stärkerer Gewichtung der »Landesverteidigung« definiert.

Die in der Praxis zum Teil durchaus weitreichenden Folgen des Schwenks kann man sich an einem plastischen Beispiel verdeutlichen – an der Aufrüstung der deutschen Marine. Diese hatte im Jahr 2007 den Bau von vier Fregatten F125 in Auftrag gegeben. Sie war für diejenigen Einsatzszenarien optimiert, die man damals für die wahrscheinlichsten hielt: für die Unterstützung küstennaher Landeinsätze in fernen Staaten; für die Überwachung von Seegebieten, um bei Bedarf Waffenlieferungen an fremde Länder abfangen zu können; für den Kampf gegen Piraten und ähnliches mehr. Dafür kann die F125 bis zu zwei Jahre lang fernab ihrer Heimathäfen operieren, ohne wartungsbedingt zurückkehren zu müssen. Einige andere Fähigkeiten allerdings, die man für den Kampf gegen Großmächte braucht, sind bei ihr weniger stark ausgeprägt – Fähigkeiten in der U-Boot-Jagd beispielsweise oder in der offenen Seekriegsführung. Und so begann die Marine im Jahr 2014 – die F125 war noch gar nicht ausgeliefert, geschweige denn einsatzbereit –, ein neues Kriegsschiff zu konzipieren, das nun beides können sollte: gegen Piraten, aber genauso auch gegen Großmächte operieren. Daraus wurde letztlich das Mehrzweckkampfschiff MKS 180 bzw., wie es ab 2021 hieß, die Fregatte F126. Das, wenn man so will, erste deutsche Kriegsschiff der neuen Ära wird nun ebenfalls gebaut.

Für die NATO als Bündnis war die neue Schwerpunktsetzung auf den Machtkampf gegen Russland mit einer ersten Militarisierungswelle an der NATO-Ostflanke verbunden. Noch 2014 beschloss sie auf ihrem Gipfel in Wales, ihre Schnelle Eingreiftruppe, die NATO Response Force (NRF), auf rund 40.000 Soldaten aufzustocken. Innerhalb der NRF wurde eine Truppe von rund 5.000 Militärs gebildet, die besonders schnell – innerhalb von nur 48 Stunden – einsatzfähig ist und offiziell Very High Readiness Joint Task Force (VJTF), im Alltagssprachgebrauch etwas simpler »NATO-Speerspitze«, heißt. Ergänzend legten die Mitgliedstaaten in Wales die Einrichtung sogenannter NATO Force Integration Units (NFIUs) fest, einer Art Mini-Hauptquartiere, die dazu dienen, einfliegende Truppen mit dem nötigsten lokalen Know-how und weiterem Bedarf auszustatten. Im Lauf der Zeit sind acht NFIUs installiert worden – in den drei baltischen Staaten und Polen, in der Slowakei und Ungarn, zudem in Rumänien und Bulgarien. Weiter ging's dann 2016 mit dem Gipfel in Warschau, der nicht zuletzt den Aufbau der sogenannten enhanced Forward Presence (eFP) beschloss; dabei handelt es sich um NATO-Battlegroups, die aus rund 1.000 Soldaten bestehen. Sie wurden in Estland, Lettland, Litauen und Polen stationiert. Die NATO-Battlegroup im litauischen Rukla wird seit 2017 von der Bundeswehr geführt.

Die neue Fokussierung auf die Militarisierung der NATO-Ostflanke ist im Grundsatz nicht mit einer Absage an andere Auslandseinsätze gegen schwächere Staaten, gegen Piraten oder sonstige Gegner verbunden gewesen. Um auf das Beispiel der Fregatten F125 und F126 zurückzugreifen: Die Fregatte F126 soll zwar gegen Großmächte eingesetzt werden können, aber zugleich auch gegen Piraten. Die »Out of Area«-Interventionen, die die NATO seit den 1990er Jahren durchführt, zählen im Grundsatz nach wie vor zu ihrem Repertoire. Nur: Bei den NATO-Einsätzen der vergangenen Jahre haperte es zuletzt sehr. Das krasseste Beispiel bietet Afghanistan, von wo die NATO im Sommer 2021 überstürzt abziehen musste: Sie hatte den fast zwanzigjährigen Krieg am Hindukusch klar verloren. Ebenfalls verloren schien im Sommer 2022 der Militäreinsatz in Mali – zwar kein NATO-Einsatz, sondern einer, der unter den Bannern der UNO und der EU geführt wurde, aber auch einer, der als Niederlage des Westens wahrgenommen wird. Der Krieg in Libyen, von der NATO kommandiert, kann genauso wenig als vorteilhaftes Beispiel für westliche Interventionen gewertet werden.

Die Phase der Großmachtkonfrontation

Die Ostflanke | Russlands Überfall auf die Ukraine hat die Frontstellung der NATO gegen Moskau, die seit 2014 zunehmend an Gewicht gewann, noch erheblich weiter verschärft. In dem neuen Strategischen Konzept, das Ende Juni 2022 auf dem NATO-Gipfel in Madrid in aller Form beschlossen wurde, heißt es nun explizit, Russland sei für das Bündnis die »bedeutendste und unmittelbarste Bedrohung«. Ihr müsse man in Zukunft »vereint« entgegentreten. Nur gewisse »Kommunikationskanäle mit Moskau« sollten noch offengehalten werden, um gefährliche Risiken zu minimieren – Risiken, die etwa aus Missverständnissen militärischer Handlungen des Gegners entstehen. Derlei Kommunikationskanäle gab es sogar in der Zeit des Kalten Kriegs.

Jenseits dessen haben die NATO-Staaten auf ihrem Madrider Gipfel eine dramatische weitere Militarisierung der NATO-Ostflanke beschlossen. So soll insgesamt die Zahl der Soldaten, die in erhöhter Einsatzbereitschaft stehen, von aktuell rund 40.000 auf mehr als 300.000 aufgestockt werden. Die Bundesregierung hat dafür eine gepanzerte Division mit rund 15.000 Soldaten, mehr als 60 Militärflugzeuge sowie bis zu 20 Marineeinheiten zugesagt; die Jets und die Schiffe erfordern ihrerseits vermutlich Truppen in einer Größenordnung von mehreren tausend Militärs. Konkret geplant – und zum Teil inzwischen schon umgesetzt – ist die Stationierung neuer NATO-Battlegroups in der Slowakei, Ungarn, Rumänien und Bulgarien; im Kern sollen sie sich an den bestehenden Battlegoups im Baltikum und in Polen orientieren. Letztere wiederum sollen aufgrund ihrer Nähe zu Russland zu Kampfbrigaden aufgestockt werden, mit einer Stärke von jeweils zwischen 3.000 und 5.000 Soldaten. Im Fall der NATO-Kampfbrigade in Litauen liegt die Führung bei der Bundeswehr. Allerdings soll es eine Einschränkung geben: Anders als die bisherigen NATO-Battlegroups sollen die Kampfbrigaden nicht permanent im Baltikum und in Polen stationiert sein. Sie sollen dort ein festes Einsatzgebiet haben, in dem sie regelmäßig den Krieg üben, aber anschließend an die Heimatstandorte zurückkehren. Das reduziert Aufwand und Kosten.

Die Norderweiterung | Eine der wichtigsten Entscheidungen des Madrider NATO-Gipfels war der Beschluss, den Militärpakt durch die Aufnahme Finnlands und Schwedens nach Norden zu erweitern. Beide Staaten waren schon zuvor sehr eng an das Bündnis angebunden. So hatten sie beispielsweise Truppen nach Afghanistan entsandt; Finnland hatte im Jahr 2012 erstmals Soldaten für die NRF gestellt, Schweden im Jahr 2013. 2014, auf dem NATO-Gipfel in Wales, hatten sie dann ein sogenanntes Host Nation Support Agreement unterzeichnet, das Truppenbewegungen von NATO-Staaten auf ihrem Territorium regelt. Darüber hinaus waren Minister bzw. Staats- und Regierungschefs aus Finnland und Schweden regelmäßig auf NATO-Treffen präsent. Dem förmlichen Beitritt beider Staaten stand lange Zeit die Haltung der Bevölkerung im Wege, die mit deutlicher Mehrheit auf der Neutralität ihrer Länder beharrte und der Mitgliedschaft in einem Militärpakt klar ablehnend gegenüberstand. Das allerdings änderte sich fast schlagartig mit dem russischen Überfall auf die Ukraine. Die Regierungen beider Länder nutzten den Stimmungsumschwung entschlossen und brachten in Abstimmung mit der NATO-Zentrale in Brüssel die Beitrittsformalitäten auf den Weg. Nach dem Gipfel wurde allenfalls noch eine Verzögerung der Beitrittsratifizierung in der Türkei erwartet: Ankara verlangte im Gegenzug Maßnahmen vor allem gegen die linke kurdische Exilopposition.

Die strategische Bedeutung der NATO-Norderweiterung ist erheblich. Sie macht sich vor allem daran fest, dass auf der Halbinsel Kola, weit im russischen Nordwesten, die Nordflotte der russischen Marine stationiert ist. Ihr Haupthafen in Seweromorsk bei

Murmansk ist, wie im Oktober 2021 die Berliner Stiftung Wissenschaft und Politik (SWP) in einer sorgfältigen Analyse festhielt, der »einzige eisfreie russische Hafen in der Arktis«; für den Zugang der russischen Marine zum Nordatlantik – erst am Norden Norwegens, dann an Island vorbei – ist er äußerst wichtig. Die SWP wies in ihrer Analyse außerdem darauf hin, auf Kola seien mit ballistischen Raketen ausgestattete U-Boote stationiert, die »etwa zwei Drittel der maritimen nuklearen Zweitschlagfähigkeit Russlands gewährleisten«. Entsprechend hätten die russischen Streitkräfte auf Kola das alte »Bastionskonzept« reaktiviert, um »dem Gegner Zugang zu oder Zugriff auf« die Halbinsel »zu verwehren«. Die NATO-Norderweiterung stärkt nun die Position des westlichen Militärpakts im Hohen Norden, der nicht mehr alleine auf seine Stellungen in Nordnorwegen angewiesen ist, sondern auch den Norden Finnlands und Schwedens nutzen kann, um die Halbinsel Kola ins Visier zu nehmen. Und: Russlands Nachschubwege für seine Nordflotte verlaufen nicht allzu weit entfernt von der russisch-finnischen Grenze, die eine Länge von immerhin 1.340 Kilometern aufweist.

Der 360-Grad-Ansatz | Um jeden Verdacht abzuwehren, sie konzentriere sich in Zukunft ausschließlich auf den Machtkampf gegen Russland, hat die NATO in ihrem neuen Strategischen Konzept Zweierlei verankert. Das eine: Sie hat sich ausdrücklich auf einen »360-Grad-Ansatz« festgelegt, also auf eine grundsätzliche Interventionsbereitschaft in jede Himmelsrichtung. Speziell betont hat sie dabei ihre Südflanke. Das zielt zum einen darauf ab, die NATO-Mitglieder in Südeuropa zufriedenzustellen, deren Interessen in hohem Maße in Nordafrika und in Nahost liegen, weniger in Ost- und Südosteuropa, wo der Machtkampf gegen Russland tobt. Zum anderen geht es darum, die Regionen südlich des Bündnisgebiets nicht an Moskau zu verlieren. In der Tat hat Russland sich in den vergangenen Jahren beispielsweise mit der Entsendung von Militärberatern und privaten Militärfirmen eine starke Stellung in der Zentralafrikanischen Republik verschafft. Seit Ende 2021 ist es zudem

– nicht ohne Erfolg – um größeren Einfluss auch in Mali bemüht. Entsprechend heißt es denn auch im neuen Strategischen Konzept der NATO, »der Nahe Osten, Nordafrika und die Sahelregion« seien durch »Konflikte, Fragilität und Instabilität« bedroht; darüber hinaus mischten sich »strategische Wettbewerber (...) destabilisierend ein«. Es sei daher wichtig, die Südflanke im Blick zu behalten.

Konfrontation mit China | Zum ersten Mal eigens thematisiert werden im neuen Strategischen Konzept zudem die Beziehungen der NATO zu China. Die Volksrepublik nutze mittlerweile »ein breites Spektrum an politischen, ökonomischen und militärischen Werkzeugen«, um ihren Einfluss weltweit zu stärken, heißt es in dem Papier; sie produziere damit »systemische Herausforderungen«, die »unsere Interessen, Sicherheit und Werte« beträfen. Die NATO kündigt nun ein Vorgehen auf mehreren Ebenen gegen China an. Zum einen will sie ihre militärische Präsenz in der Asien-Pazifik-Region intensivieren. Zum anderen werde man, so heißt es im Strategischen Konzept, »den Dialog und die Zusammenarbeit mit neuen und bestehenden Partnern im indopazifischen Raum« stärken. Damit sind zunächst diejenigen ihrer *partners across the globe* aus der Asien-Pazifik-Region gemeint – Japan, Südkorea, Australien und Neuseeland –, mit denen die NATO ihre Zusammenarbeit seit einigen Jahren intensiviert. Auf dem Madrider NATO-Gipfel waren erstmals alle vier mit ihren Staats- bzw. Regierungschefs vertreten. Die Kooperation soll nun gezielt ausgebaut werden – zunächst vor allem mit Blick auf »Cyberverteidigung, neue Technologien, maritime Sicherheit, Klimawandel und Vorgehen gegen Desinformation«, teilte NATO-Generalsekretär Jens Stoltenberg in Madrid mit. Ob die NATO auf lange Sicht versuchen wird, auch enger mit Indien und ausgewählten Staaten Südostasiens zu kooperieren, bleibt abzuwarten.

Was China betrifft, bestehen allerdings noch spürbare Differenzen innerhalb der NATO, die Berichten zufolge in der Arbeit am neuen Strategischen Konzept und bei der Vorbereitung des Madrider Gipfels offen zutage traten. In den Vereinigten Staaten sind sich die Eliten weitestgehend einig, dass der Machtkampf gegen die Volksrepublik die alles entscheidende Auseinandersetzung in diesem Jahrhundert ist. Entsprechend forciert Washington in wachsendem Maß die Konfrontation. Die Situation in Europa und vor allem in Deutschland unterscheidet sich davon spürbar. Das liegt vor allem daran, dass starke Teile insbesondere der deutschen Wirtschaft, vor allem die Kfz-Industrie, fast existenziell auf das Chinageschäft angewiesen sind; VW etwa erzielt dort mehr als 40 Prozent seines Konzernumsatzes. Daraus ergeben sich regelmäßig Differenzen zwischen Berlin und Washington bezüglich der Chinapolitik: Die Bundesrepublik bremst bei der Konfrontation. Das relativiert sich allerdings mehr und mehr, weil auch die deutschen Interessen nicht einheitlich sind; um beim Beispiel Kfz-Industrie zu bleiben: Ihr erwächst mit der chinesischen Elektroautobranche eine vermutlich schlagkräftige Konkurrenz. Davon abgesehen: Auch Berlin hat an einem mächtigen Rivalen in Beijing keinerlei Interesse. Mittel- bis langfristig spricht das wohl dafür, dass auch das deutsche Polit-Establishment auf eine schärfere Konfrontation mit China einschwenkt.

Überdehnung der Kräfte? | Eines wäre noch festzuhalten: So machtvoll sich die NATO bei der Militarisierung ihrer Ostflanke, beim Blick nach Süden und bei ihren Asien-Pazifik-Aktivitäten gibt – inwieweit sie ihre ehrgeizigen Ziele erreichen kann, ist durchaus ungewiss. Schon ein kursorischer Blick auf die unmittelbaren Pläne des Militärpakts wirft Fragen auf, die die Kapazitäten der NATO betreffen. Die nächstliegende Frage: Wo sollen die mehr als 300.000 Soldaten in erhöhter Alarmbereitschaft herkommen, wenn das wohlhabendste Mitglied in Europa, Deutschland, gerade einmal um die 20.000 Soldaten bereitstellt? Eine zweite: Jan Christian Kaack, der Inspekteur der deutschen Marine, erklärte noch vor dem NATO-Gipfel, die Seestreitkräfte übernähmen bereitwillig, wie von Berlin gewünscht, eine führende Rolle im militärischen Aufmarsch in der Ostsee. Nur: Mit Blick auf die vorhandenen Kräfte müsse man dann über eines reden – den Abzug deutscher Kriegsschiffe aus dem Mittelmeer, unter anderem aus dem Einsatz vor der Küste des Libanon. Auch im Fall der USA ist nicht klar, wie die Sache weitergehen soll: Washington hat im ersten Halbjahr 2022 die Zahl seiner Truppen in Europa auf mehr als 100.000 erhöht – dies, wo es eigentlich seit Jahren erklärtes Ziel der Vereinigten Staaten ist, ihr Militär voll und ganz auf die Asien-Pazifik-Region zu fokussieren. Die Frage dürfte sich in den kommenden Jahren stellen, ob die NATO nicht womöglich vor einer Überdehnung ihrer Kräfte steht.

Norman Paech

Wo bleibt das Völkerrecht?

Zu den globalen Regeln der NATO

Die schon als »hirntot« diagnostizierte NATO (Macron 2019) zeigt sich wieder erholt und angriffslustig wie in ihren »besten« Jahren. Dass diese Wiederbelebung ausgerechnet durch Russland geschieht, ist nicht so überraschend, denn die Sowjetunion war überhaupt der Anlass für die Gründung der NATO und Existenzberechtigung bis zum Untergang der Sowjetunion. Erst danach wandte sich das Militärbündnis der Absicherung von ökonomischen und geostrategischen Interessen zu. Ihre militärischen Missionen verliefen allerdings nicht so erfolgreich, denken wir an Afghanistan, Irak, Libyen und Syrien. Doch nun ist sie wieder am Ursprung ihrer Aufgabe zurück, der Konfrontation mit Russland.

Von der Territorialverteidigung ...

Schauen wir uns den Nordatlantikvertrag an, so wurde die NATO als reines Verteidigungsbündnis im Rahmen des Art. 51 UN-Charta gegründet, den sie auch in Art. 5 und 6 zitiert. Von Anfang an wird darin der Schutz der Mitgliedstaaten vor einem bewaffneten Angriff des Hauptgegners im Kalten Krieg als die zentrale Aufgabe des Bündnisses definiert. Das hieß Territorialverteidigung. Ein Missionsauftrag, um dem Gegner bei der Demokratisierung seiner Gesellschaft und dem Aufbau von good governance zu helfen, war damit nicht verbunden. Die Verpflichtung zur friedlichen Streitbeilegung und der Verzicht auf jegliche Gewaltanwendung (Art. 1) sowie das Bekenntnis zur Förderung der »Voraussetzungen für die innere Festigkeit und das Wohlergehen« der eigenen Gesellschaften und der Beseitigung der »Gegensätze in ihrer internationalen Wirtschaft« (Art. 2) sind Aufgaben, die sich bereits aus der UN-Charta ergeben. Hinter dieser Fassade jedoch konnte nicht verborgen werden, dass die NATO allein durch ihre Existenz den militärischen Druck im Kalten Krieg auf die Sowjetunion erhöhte. Sie wurde dadurch nicht nur zur Gründung einer Gegenorganisation, des Warschauer Pakts, sondern auch zur Aufrüstung gezwungen, was die Konfrontation wesentlich verschärfte.

Die Begrenzung auf die Territorialverteidigung änderte sich auch nicht, als sich 1991 der Warschauer Pakt auflöste. Auf dem Gipfel von Rom im November 1991 gab die NATO nur ihre Konzeption der »flexible response« auf und steuerte mit einer Strategie des Dialogs und der Kooperation auf die Osterweiterung ihres Einflusses.[1] Erst im April 1999, mitten im Krieg gegen Jugoslawien, musste sie ihr strategisches Konzept an die neue Realität anpassen, die sie selbst mit ihrem Überfall auf einen neutralen Staat ohne Mandat des Sicherheitsrats geschaffen hatte. Sie konnte sich auch nicht auf kollektive Selbstverteidigung gem. Art. 51 UN-Charta berufen und musste sich mit etlichen Lügen und falschen Geschichten eine halbwegs plausible Legitimation verschaffen.

... zur Interessenverteidigung

Die wesentlichste Neuerung war, dass man die Verteidigungsaufgabe um eine neue Funktion der Krisenverhütung und Krisenbewältigung außerhalb des Bündnisgebietes ergänzte. Kurz: von der Territorial- zur Interessenverteidigung. Das in Washington verabschiedete Dokument spricht selbst an verschiedenen Stellen von »nicht unter Art. 5 fallende Kriseneinsätze«: So heißt es u. a. in Ziffer 47: »Indem sie ihren Beitrag zur Bewältigung von Krisen durch militärische Einsätze leisten, werden sich die Streitkräfte des Bündnisses mit einem komplexen und vielfältigen Spektrum von Akteuren, Risiken, Situationen und Anforderungen auseinanderzusetzen haben, darunter auch humanitäre Notfälle. Einige Krisenreaktionseinsätze, die nicht unter Artikel 5 fallen, können ebenso hohe Anforderungen stellen wie einige kollektive Verteidigungsaufgaben.« Ex-Kanzler Helmut Schmidt erkannte die Bedeutung der Neuerung sofort und schrieb in den NATO-Briefen zum 50-jährigen Jubiläum der NATO: »Die heutige Debatte über die zukünftigen Aufgaben unserer Allianz geht also – zumal von amerikanischer Seite – über die vertraglichen Dimensionen hinaus. Wenngleich nicht vom Vertragstext gedeckt, kann man sich gleichwohl gut vorstellen, dass das Bündnis im Einvernehmen der Bündnispartner in fremde Kriege, die indirekt oder unmittelbar die Bündnispartner gefährden, eingreift oder sie präventiv verhindert.« Dazu »wäre eine ratifizierungsbedürftige Ergänzung des Nordatlantikvertrages erforderlich.«[2] Die Fraktion DIE LINKE im Deutschen Bundestag rügte sofort die unterlassene Beteiligung des Bundestages vor dem Bundesverfassungsgericht, wurde jedoch abgewiesen. Es handele sich zwar um eine Erweiterung des Aufgabenrahmens des Nordatlantikvertrages, aber um keine parlamentspflichtige Veränderung des Vertrages.

Juristen verfügen für derart hochpolitische Entscheidungen über eine Reihe von Instrumenten in ihrem Handwerkskasten – von der »authentischen« oder »dynamischen« Interpretation über die »implied powers«-Regel bis zu einem »konkludenten Vertragsschluss« –, die ihnen eine hohe Anpassungsfähigkeit an die politischen Erwartungen und Notwendigkeiten ermöglichen. Das Gericht hatte allerdings schon 1994[3] auf Antrag von SPD und FDP der Bundeswehr grünes Licht für »Out of area«-Einsätze im Rahmen der UNO gegeben. Der Streit ging seinerzeit um die Beteiligung deutscher Soldaten an NATO-Überwachungsflügen über Bosnien-Herzegowina 1992. Eine derartige Entscheidung verlange eine vorherige Zustimmung des Bundestages, urteilte das Gericht, und schuf damit den bis heute gültigen sogenannten Parlamentsvorbehalt.

Mit oder ohne UN-Mandat?

Mit dieser faktisch unbegrenzbaren Internationalisierung der Einsätze der Bundeswehr mit und im Rahmen der NATO war aber noch nicht das Problem des fehlenden UN-Mandats gem. Artikel 39, 42 UN-Charta gelöst. Es begann eine Diskussion, ob sich die NATO bei ihren sogenannten Krisenreaktionseinsätzen überhaupt von einem UN-Mandat abhängig machen wollte. In ihrem Jugoslawieneinsatz hatte sie darauf bewusst verzichtet. Karl-Heinz Kamp, damals Gastdozent am NATO Defense College in Rom, schrieb kurz vor dem Gipfel in Washington: »Die NATO wird sich in ihrem neuen strategischen Konzept nicht auf Formulierungen festlegen, die eine Einschränkung der militärischen Handlungsfreiheit des Bündnisses – sei es durch den Sicherheitsrat der Vereinten Nationen oder durch die OSZE – bedeuten würden. Ein Mandat einer dieser beiden Organisationen wird deshalb zwar eine wünschenswerte, aber keine zwingende Voraussetzung für ein militärisches Engagement der NATO sein.«[4] So stand es dann zwar nicht im Abschlussdokument, aber es nahm den Konsens der in Washington anwesenden Regierungschefs vorweg. Bundeskanzler Schröder kleidete diese Abkoppelung von den Vereinten Nationen in die Worte: »Wir waren uns einig, dass es auch in Zukunft nur dann Interventionen geben kann, wenn im Prinzip ein Sicherheitsratsbeschluss vorliegt. Eng begrenzte Ausnahmen können zugelassen werden, dürfen aber nicht die Regel werden und können überhaupt nur in Frage kommen, wenn sich zeigt, und zwar nachweisbar, dass der Sicherheitsrat nicht handlungsfähig ist.«[5] Also: mit der UNO, wenn möglich, ohne die UNO, wenn nötig.

Dennoch war ihnen nicht wohl bei diesem offenen Bruch mit der UN-Charta, und die Bundesrepublik nahm Zuflucht bei einer alten Figur, mit der schon die USA ihre zahlreichen Interventionen ohne UN-Mandat versucht hatten zu rechtfertigen: der »humanitären Intervention«. Sie musste dafür nicht nur einige Geschichten erfinden, um eine humanitäre Katastrophe im Kosovo glaubhaft zu machen, sondern sich auch einer Konstruktion bedienen, die bis heute im Völkerrecht nicht als eine dritte Ausnahme vom Gewaltverbot des Art. 2 Ziff. 4 UN-Charta anerkannt ist.

Atommacht NATO

Die neue Aufgabe der Krisenbewältigung weitete nicht nur den territorialen Horizont der Einsätze über die Bündnisgrenzen hinaus, sondern vervielfältigte auch die Art, die Gefahren und die Bedrohungen durch Krisen, auf die reagiert werden musste. So sollte rechtzeitig zum 60-jährigen Jubiläum des Bündnisses im April 2009 eine neue Überarbeitung des Strategischen Konzeptes der NATO verabschiedet werden. Eine hochrangige Gruppe von Militärs, zu der auch der ehemalige Vorsitzende des NATO-Militärkomitees, Klaus Naumann, gehörte, erarbeiteten dazu Vorschläge, die den Aktionsradius erweitern und die Schlagkraft erhöhen sollten.[6]

Vor allem ging es um das Atomwaffenprogramm des Iran, welches unbedingt verhindert werden müsse. In dem Papier, das die Gruppe vorlegte, heißt es: »Eine iranische Nuklearwaffenkapazität wäre eine außerordentliche strategische Gefahr. (Das Land) würde damit eine Region dominieren, die über große Öl- und Gasreserven verfügt« (S. 45). Und weiter: »Die Gefahr einer weiteren Verbreitung ist akut (...) Diese Entwicklung muss unter allen Umständen verhindert werden (...) Der Ersteinsatz von Nuklearwaffen muss im Arsenal der Eskalation das ultimative Instrument bleiben, um den Einsatz von Massenvernichtungswaffen zu verhindern.« (S. 95 ff.) Und der Büroleiter des damaligen EU-Außenberaters Javier Solana, Robert Cooper, wird mit den Worten zitiert: »Vielleicht werden wir eher als alle anderen Atomwaffen einsetzen, aber ich würde mich hüten, das laut zu sagen.«[7]

Man stelle sich den Wahnsinn vor, die Verbreitung von Atomwaffen durch den Einsatz von Atomwaffen zu verhindern. Als wenn es nie ein Gutachten des Internationalen Gerichtshofs (IGH) gegeben hätte, welches gerade zwölf Jahre zuvor den Besitz und den Einsatz von Atomwaffen für rechtswidrig erklärt hatte. Auch das Schlupfloch, welches die Richter gelassen hatten, da sie sich nicht entscheiden konnten, ob der Einsatz von Atomwaffen bei einer existenziellen Bedrohung erlaubt sei, legalisiert eine solche Ersteinsatzstrategie nicht. Die NATO hat sich von dieser Perspektive nie

distanziert, ihre Vormacht USA vertritt den Ersteinsatz von Atomwaffen ohnehin offiziell. Die USA haben ihre Atomwaffen in fünf
NATO-Staaten stationiert. Ein Abzug wird nicht diskutiert. Auch
das Konzept der »nuklearen Teilhabe«, welches die Stationierungs-
staaten nicht nur in die Planung, sondern auch in den Einsatz der
Waffen einbezieht, steht nicht zur Debatte.[8] Damit wird die NATO
faktisch zur Atommacht.

Counterinsurgency gegen »irreguläre Aktivitäten«

Fast jede strategische Äußerung der NATO beginnt mit der Entfal-
tung eines Tableaus neuer Gefahren, Krisen und Bedrohungen. So
auch eine neue 2010 beschlossene Doktrin für militärische Kriseneinsätze, die nicht unter Art. 5 Nordatlantikvertrag fallen.[9] Die Dia-
gnose ist nicht neu, wenn es darin heißt:

> »Unsicherheit und Instabilität im Euro-Atlantischen Raum und
> um ihn herum, regionale Krisen in der Peripherie der Allianz,
> die sich schnell entwickeln könnten. Einige Länder im und
> um den Euro-Atlantischen Raum herum sehen sich ernsthaf-
> ten wirtschaftlichen, sozialen und politischen Schwierigkeiten
> gegenüber. Ethnische und religiöse Rivalitäten, territoriale Strei-
> tigkeiten, unzureichende oder gescheiterte Reformversuche, der
> Missbrauch der Menschenrechte und die Auflösung von Staaten
> können zu lokaler und sogar regionaler Instabilität führen. Die
> daraus resultierenden Spannungen könnten zu Krisen führen,
> die die Euro-Atlantische Stabilität gefährden, zu menschlichem
> Leid und zu bewaffneten Konflikten. Solche Konflikte könnten
> die Sicherheit der Allianz betreffen, indem sie in benachbarte
> Länder überschwappen, einschließlich NATO-Länder, oder sie
> könnten in anderer Art die Sicherheit anderer Staaten betreffen.«

Das ist die Generalermächtigung, die sich die NATO für allfällige
Interventionen gibt. Neu ist auch nicht, dass die NATO diesem allgemeinen, im Prinzip grenzenlosen und vollkommen unspezifischen
Krisenszenario mit Maßnahmen entgegentreten soll, die sich weder
an Artikel 5 NATO-Vertrag noch an das Gewalt- und Interventions-

verbot des Art. 2 Ziff. 4 und Ziff. 7 UN-Charta halten müssen. Der Verweis auf Art. 7 des NATO-Vertrags, der »die in erster Linie bestehende Verantwortlichkeit des Sicherheitsrats für die Erhaltung des internationalen Friedens und der internationalen Sicherheit« betont, ist in diesem Zusammenhang ein plumpes Täuschungsmanöver. Neu ist hingegen, dass die NATO in Zukunft auch »irregulären Aktivitäten« begegnen soll. Darunter versteht sie »die Nutzung von Bedrohung, von Gewalt durch irreguläre Kräfte, Gruppen oder Individuen, die oft ideologisch oder kriminell motiviert sind, um Wandel zu erreichen oder zu verhindern als Herausforderung von Regierungsfähigkeit und Autorität.« Es wird kein Unterschied zwischen Aufständischen und Terroristen gemacht. Die NATO begibt sich damit in den klassischen Counterinsurgency-Kampf (Aufstandsbekämpfung), wie wir ihn aus den Kriegen gegen den Vietcong in Vietnam oder gegen die Sandinisten in Nicaragua kennen. Sie erweitert damit ihren Horizont für militärische Operationen weltweit und ermächtigt sich, faktisch in jede Bürgerkriegsauseinandersetzung der Staaten militärisch einzugreifen. Die USA haben es 2014 vorgemacht, als sie ohne Sicherheitsmandat und ohne selbst angegriffen worden zu sein, in Syrien in den Kampf des IS gegen die Regierung in Damaskus eingriffen. Präsident Obama erklärte damals – ganz Herr über den völkerrechtlichen Wolken –, dass er sich auch nicht um eine Zustimmung der Regierung in Damaskus für diese Verletzung der syrischen Souveränität bemühen werde.

Die Doktrin hat keine große Aufmerksamkeit erzeugt. Das mag daran liegen, dass die NATO nicht daran interessiert war, diese weltweite Eingriffs- und Kriegsermächtigung allzu laut und offen zu propagieren. Denn sie enthält für alle schwächeren Staaten die unverhohlene Drohung der Intervention, wenn sich deren Politik zu stark von den Interessen der USA und ihrer Verbündeten entfernt oder sich gerade gegen sie stellt. Wenige Jahre zuvor hatte Carlo Masala vom NATO Defense College die Drohung in die Worte eines humanitären Kolonialismus gekleidet: »Protektorate sind in. Von Bosnien über Kosovo, nach Afghanistan bis in den Irak, das Muster

westlicher Interventionspolitik ist immer dasselbe. Nach erfolgrei-
cher militärischer Intervention werden die ›eroberten‹ Gebiete in
Protektorate umgewandelt und die westliche Staatengemeinschaft
ist darum bemüht, liberale politische Systeme, Rechtsstaatlichkeit
und freie Marktwirtschaft in diesen Gebieten einzuführen.«[10]

Libyen-Intervention als responsiblity to protect

Die mangelnde Aufmerksamkeit mag auch daran liegen, dass dieses Interventionsmodell bereits bekannt war und praktiziert wurde.
Denn schon 2011 hatte die NATO in Libyen in die Auseinandersetzung von Rebellen mit Gaddafi eingegriffen. Auf der Seite der
NATO waren es vor allem die USA, Frankreich und Großbritannien. Die Rebellen wurden von der Libyen Islamic Fighting Group
(LIFG), einer islamistischen Organisation, angeführt. Die Proteste
hatte Gaddafi im Februar 2011 mit Gewalt niederschlagen lassen
und damit einen Bürgerkrieg entfacht. In einer ersten Resolution
1970 verhängte der Sicherheitsrat am 26. Februar zunächst nur
Sanktionen gegen die Regierung Gaddafis. Als die Kämpfe eskalier-
ten, verschärfte der Sicherheitsrat mit seiner Resolution 1973 am
17. März 2011 die Sanktionen und ermächtigte die Mitgliedstaaten,
»alle notwendigen Maßnahmen zu ergreifen, um die Zivilpersonen
zu schützen«. Zudem verfügte er eine Flugverbotszone und unter-
sagte den Einsatz ausländischer »Besatzungstruppen.« Das war der
Startschuss für eine »Koalition der Willigen« mit Angriffen gegen
die Luftverteidigung der Regierung. Ende März übernahm die
NATO unter Führung von Frankreich und Großbritannien die Operation. Die NATO hatte damit eindeutig Partei ergriffen für die Rebellen und schon bald das Mandat des Sicherheitsrats überschritten.
Denn bereits im April erklärten die drei Regierungen den »Regime
Change« zum offiziellen Kriegsziel.[11] Sie lieferten Kriegsmaterial an
die Rebellen und unterstützten sie durch Ausbildungspersonal und
den Einsatz von Spezialkräften zur Zielerkennung. Die militärische
Intervention wurde erst mit der Ermordung Gaddafis im Oktober
2011 eingestellt.

Dies alles lief unter der PR-Devise der sogenannten Schutzverantwortung, der responsibility to protect, um die Intervention humanitär zu verbrämen. Dieses Konzept war erst vor einigen Jahren
in der UNO entwickelt worden, ermächtigt aber die Mitgliedstaaten
zu keinen militärischen Schritten außerhalb der vom Sicherheitsrat
erteilten Mandate. Deutschland hatte sich, genauso wie die BRIC-
Staaten Russland, China, Indien und Brasilien, der Stimme enthal-
ten. Außenminister Westerwelle war damals von den Medien heftig
gescholten worden. Er hatte vor den Konsequenzen der militärischen Parteinahme gewarnt, die dramatisch sein könnten. Joseph
»Joschka« Fischer teilte großspurig aus, Westerwelle habe das »vielleicht größte Debakel seit Gründung der Bundesrepublik« angerichtet. Der Gescholtene behielt leider Recht. Die NATO hat in Libyen
ein Chaos angerichtet, das bis heute das Land paralysiert.

NATO im Ukraine-Krieg ... und weiter?

Blicken wir zum Schluss noch kurz auf den gegenwärtigen Krieg in
der Ukraine. Politik und Medien ist es offensichtlich gelungen, die
eigene Verantwortung der NATO für die Eskalation der Beziehungen zwischen ihr und Russland, die schließlich zum Krieg führen
musste, aus der Öffentlichkeit zu halten. Natürlich müssen die völkerrechtswidrige Intervention und der Krieg der russischen Armee
verurteilt werden. Sie sind genauso wenig akzeptabel wie all die
Interventionen der USA und der NATO, die bisher verurteilt worden sind. Die NATO hat aber offensichtlich keine Schwierigkeiten,
die ständigen militärischen Interventionen ihres türkischen Partners
im Irak und in Syrien, die Besetzung des nordsyrischen Kantons Af-
rin und die dort stattfindenden Umsiedlungen zu akzeptieren, was
für die Krim und den Donbass nicht in Frage kommt. Die aktuellen
Anstrengungen etlicher NATO-Staaten, die Ukraine in ihrer Verteidigung zu unterstützen, möchten zwar nicht als Kriegsbeteiligung
wahrgenommen werden, was sie aber sind. Die Lieferung schwerer
Waffen mit einer umfangreichen Ausbildung der Soldaten am Gerät
und die offensichtlichen elektronischen Hilfen der USA zur Identifi-

zierung und Eliminierung ausgewählter Opfer und Kriegsmaterial (Schlachtschiffe) überschreiten eindeutig das Neutralitätsgebot im Krieg. Sie lassen sich als kollektive Selbstverteidigung gem. Art. 51 UN-Charta rechtfertigen, müssen aber dem UN-Sicherheitsrat gemeldet werden. Zudem geben sie Russland die Möglichkeit, militärisch zu reagieren und die Staaten anzugreifen. Das ist eine äußerst gefährliche Situation, vor der vielfach, aber bisher vergeblich, gewarnt wird, weil sie in einen Dritten Weltkrieg abgleiten kann. Ihren Plan, auch die Ukraine und Georgien als Protektorate in ihr NATO-Reservat einzugliedern, haben die Staaten nicht aufgegeben.

Fassen wir zusammen: Die NATO hat sich von einem strikten Verteidigungsbündnis zu einer weltweit operierenden Ordnungsmacht mit überlegener militärischer Feuerkraft und geringer völkerrechtlicher Überzeugungskraft entwickelt. Die faktische Dominanz der USA in diesem Bündnis hat nicht nur dazu geführt, dass die anderen Staaten als Vasallen (Brzezinski) den Ordnungsvorstellungen und militärischen Abenteuern der USA folgen, sondern dass sie sich auch dem Völkerrechtsnihilismus der US-Administration angepasst haben nach dem Motto: Völkerrecht wenn möglich, Krieg wenn nötig. Die Frage ist also nicht, wo bleibt das Völkerrecht, sondern, wohin mit der NATO?

In der Tat ist nicht das von vielen zu Unrecht als veraltet gescholtene Völkerrecht, sondern die NATO das größte Problem für den Entwurf einer neuen Friedensordnung nach dem Ukraine-Krieg. Trotz der erklärten Strategie der USA, den Krieg als Stellvertreterkrieg gegen Russland durch immer schwerere Waffen und politische Ermunterung des ukrainischen Kampfwillens in die Länge zu ziehen, um Russland maximal zu schädigen, zu »ruinieren« (Baerbock) und auszubluten, d. h. als Machtfaktor aus dem Kampf um die Welthegemonie auszuschalten, wird er eines Tages zu Ende gehen. Schon heute ist jedoch klar, dass die alte Konfrontation damit nicht überwunden ist, sondern bereits von einer neuen, viel ernsteren Konfrontation überlagert wird, der zwischen den USA und der Volksrepublik China. America oder China first heißt die Alternative des vorerst noch ökonomisch und ideologisch ausgefochtenen Kampfes um die Weltspitze. Der Ukraine-Krieg lehrt uns, dass es bei diesen zivilen Mitteln nicht bleiben muss, denn Streitpunkte für eine militärische Eskalation gibt es genügend (Taiwan, Inseln im Südchinesischen Meer etc.), und die USA sind Meister im Auftauen sog. frozen conflicts und ihrer Entzündung zu regionalen Bränden. Da die NATO-Staaten ihren Vasallenstatus in absehbarer Zeit nicht abgeschüttelt haben werden, ziehen sie mit den USA in diesen neuen Konflikt auf erweiterter Stufenleiter.

Was 2018 mit der Einfuhr von Strafzöllen auf Einfuhren aus China in Höhe von 50 Milliarden Dollar begann, eskalierte schon im folgenden Jahr in einen handfesten Handelskonflikt, als Präsident Trump auf fast alle Importe aus China im Wert von mehr als 500 Milliarden Dollar Strafzölle verhängte. China reagierte mit Gegenzöllen, die aber auf Grund der geringeren Importe nicht die gleiche Höhe erreichen konnten. Seitdem haben die USA ihren Druck auf Peking mit Hackingvorwürfen und Anschuldigungen schwerer Menschenrechtsverletzungen in Hongkong und Xinjiang erhöht. Sie scheuen sich nicht, Peking des Völkermordes an den Uiguren zu beschuldigen und orchestrieren mittels des Weltkongresses der Uiguren mit Sitz in München eine Kampagne mit zweifelhaften Beweisen.[12]

Noch hält sich die deutsche Bundesregierung zurück. Der Menschenrechtsausschuss des Deutschen Bundestages schließt sich jedoch schon mit einer Erklärung der Kampagne an, in der er zu dem Schluss kommt, »die schweren Menschenrechtsverletzungen an den ethnischen und religiösen Minderheiten in Xinjiang als Verbrechen gegen die Menschlichkeit bezeichnen zu müssen.«[13] Die *Frankfurter Allgemeine Zeitung (FAZ)* zieht die Summe aller Vorwürfe gegen die Volksrepublik, indem sie die bekannte Metapher aus der innerdeutschen Konfrontation aufgreift und China als »Unrechtsstaat« bezeichnet.

Über die handelspolitische und ideologische Konfrontation hinaus gehen die Erklärungen der US-Administration inzwischen weiter, wenn Biden die Frage bejaht, ob die USA Taiwan auch militärisch unterstützen würde, falls die Volksrepublik Taiwan angreifen würde. Die Regierung in Peking hat zwar wiederholt versichert, dass sie nicht beabsichtige, Taiwan mit militärischen Mitteln anzugreifen. Aber offensichtlich werden die falschen Versicherungen Putins als Rechtfertigung benutzt, auch die Chinesen nun der Unwahrheit zu verdächtigen. Die Anspielung auf ein mögliches Kriegsszenario könnte weitere Provokationen hervorrufen und wie eine Selffulfilling prophecy schließlich in eine militärische Konfrontation umschlagen – und die NATO wäre im Bündnis mit dabei. Schon jetzt verschärfen die USA, Frankreich und Kanada mit regelmäßiger Militärpräsenz (Fregatten und Kampfjets) im Südchinesischen Meer die Konfrontation. Auch die im Februar 2022 von der Bundesregierung beschlossenen Rüstungsausgaben und -projekte müssen unter dieser Perspektive gesehen werden. Die Rüstungsausgaben der NATO betragen schon derzeit das 15-Fache der russischen und knapp das Fünffache der chinesischen Militärausgaben. Die erneute Aufstockung der finanziellen Mittel für eine neue Generation ultramoderner Kampfmittel lässt sich nur mit den Herausforderungen der Konfrontation mit China begründen. Selbst die Entsendung einer veralteten, aber immer noch seetauglichen Fregatte »Bayern« ins Südchinesische Meer vermittelt die symbolische Botschaft: wir machen mit. Die Bereitschaft, auf dem Höhepunkt der Konfrontation mit Russland schon die nächste Konfrontation auf erheblich riskanterer Stufenleiter vorzubereiten, zeigt die ungebrochene Aggressivität dieses Bündnisses unter Führung der USA. Die einzige Möglichkeit, dieser Gefahr für den Weltfrieden zu begegnen, liegt wahrscheinlich in der Auflösung der NATO und ihrer Ersetzung durch ein kollektives System internationaler Sicherheit, welches den ganzen euro-asiatischen Raum umfassen muss.

Anmerkungen

1 Vgl. Norman Paech, »Not one inch eastwards«, Streit um die NATO-Osterweiterung, in: Z. Zeitschrift Marxistische Erneuerung, Nr. 120, Dezember 2019

2 Helmut Schmidt, Das Atlantische Bündnis im 21. Jahrhundert, in: NATO-Brief Jubiläumsausgabe 50 Jahre NATO, April 1999, S. 20 ff., S. 22 f.

3 BVerfGE 90, 286.

4 Karl-Heinz Kamp, Das neue strategische Konzept der NATO, Entwicklung und Perspektiven, in: Aus Politik und Zeitgeschichte, Beilage zur Wochenzeitung Das Parlament, B 11/99, März 1999, S. 19 ff., S. 22.

5 Pressekonferenz vom 25.4.1999, Presse- und Informationsamt der Bundesregierung: Informationen zur Sicherheitspolitik, April 1999.

6 Klaus Naumann / John Shalikashvili / The Lord Inge / Jacques Lanxade / Henk van den Breemen: Towards a Grand Strategy for an Uncertain World: Renewing Tranatlantic Partnership, 2007. Vgl. Jürgen Wagner, Horrorkatalog zur Münchner Sicherheitskonferenz, IMI-Analyse Nr. 2008/002, 30.1.2008.

7 Ian Traynor, Pre-emptive nuclear strike a key option, NATO told in Brussels, The Guardian, 22.1.2008.

8 Vgl. Jürgen Wagner, NATO 2020, Expertenkommission des Generalsekretärs legt Entwurf für ein neues strategisches Konzept vor, IMI-Analyse 2010-020, 20. Mai 2010.

9 Allied Joint Doctrine for Non-Article 5 Crisis Response Operations AJP-3.4(A); Vgl. Werner Ruf, Die NATO-Instrument einer imperialistischen Weltordnung?, in: Norman Paech / Karsten Nowrot (Hg.), Krieg und Frieden im Völkerrecht, Köln, 2019, S. 52-60.

10 Carlo Masala, Managing Protectorates: Die vergessene Dimension, in: Politische Studien, Januar/Februar 2007, S. 49.

11 Vgl. Neues Kriegsziel: Regimechange, in: Berliner Zeitung, 16./17.4.2011.

12 Vgl. z. B. Qiao Collective, Xinjiang: Report and Resource Compilation, September 2021; Thomas Röper, China und die Uiguren: Was steckt hinter den »Xinjiang Police Files?, Anti-Spiegel, 3.5.2022; Norman Paech, »Völkerrechtliche Bewertung der Menschenrechtsverletzungen an den Uiguren«, Stellungnahme für die Anhörung des Ausschusses für Menschenrechte und humanitäre Hilfe, 17.5.2021.

13 Deutscher Bundestag, Erklärung des Ausschusses für Menschenrechte und humanitäre Hilfe zu den Menschenrechtsverletzungen in der Region Xinjiang, 26.5.2022.

Jörg Goldberg

Hungerkrisen, der Ukraine-Krieg und das globale Agrarsystem

Zum dritten Mal innerhalb von 15 Jahren steht die Welt vor einer globalen Nahrungsmittelkrise,[*/1] verbunden mit politischen Erschütterungen, Hungeraufständen und Bürgerkriegen. Es droht ein Teufelskreis aus Verteuerung von Nahrungsmitteln, politischen und sozialen Unruhen und weiteren Verschlechterungen der Ernährungslage: Lokale Konflikte sind neben extremen Klimaereignissen die Hauptursachen für regionale Hungerkrisen.

Nahrungsmittelkrisen: Ein Preisproblem

Die Ursachen dieser Entwicklung sind vielfältig und vor allem struktureller Natur. Behauptungen, wie die von Außenministerin Baerbock: »Russland hat einen Kornkrieg begonnen, der eine globale Nahrungsmittelkrise anfacht«[2] sind Kriegspropaganda, deren Wirkung umso fataler ist, als sie die strukturellen Ursachen der globalen Nahrungsmittelunsicherheit und Krisenanfälligkeit verschleiert und nachhaltige Schritte zu deren Überwindung blockiert. Ob der russische Angriffskrieg in der Ukraine und/oder die westlichen Wirtschaftssanktionen verantwortlich sind für die Blockade von ukrainischem Getreide in den Schwarzmeerhäfen, kann hier nicht diskutiert werden: Klar ist aber, dass der (mögliche) Ausfall von 20 Millionen Tonnen Getreide nicht die Ursache des zunehmenden

---

[*] Die Ernährungs- und Landwirtschaftsorganisation der UN (FAO) war im Mai 2022 in 47 Ländern mit Notsituationen aktiv, es gibt aber keine Kriterien zur Feststellung einer globalen Nahrungsmittelkrise.

Hungers in der Welt ist. Auch wenn es zur Aufhebung der Blockade kommen sollte, würde die Krise dadurch nicht abgewendet.*

Warnungen vor einer globalen Hungerkrise gab es schon vor dem russischen Angriff. Dieser hat allerdings dazu beigetragen, die Situation weiter zu verschärfen. Seit 2015 steigt die Zahl der Hungernden weltweit wieder an. Der Anteil der unterernährten Weltbevölkerung erhöhte sich seither von 8 auf 9,8 Prozent 2021. Für 2022 wird mit einem weiteren Anstieg gerechnet. Im subsaharischen Afrika stieg dieser Indikator von 18,3 in 2015 auf 23,2 Prozent 2021. Schon 2020 konnten sich 3,1 Milliarden Menschen, fast 40 Prozent der Weltbevölkerung, keine ausgewogene Ernährung leisten.[3] Ursache sind die hohen Nahrungsmittelpreise. Diese sind nach dem Kriegsbeginn stark angestiegen, der Trend war aber schon 2021 deutlich aufwärtsgerichtet. Der Food-Price-Index der UN-Landwirtschaftsorganisation FAO (Durchschnitt 2014/16 = 100) stieg inflationsbereinigt** von 98,1 im Jahre 2020 auf 125,7 in 2021. Im März 2022 erreichte er mit 159,7 einen vorläufigen Höchstwert und lag im Juni mit 154,2 um gut 23 Prozent über dem Vorjahresstand. Der entsprechende Index für die Getreidepreise stieg von 103,1 in 2020 auf 131,2 in 2021 und erreichte seinen vorläufigen Spitzenwert im Mai 2022 mit 173,5. Im Juni lag er 28 Prozent über den Vorjahresstand. Beeindruckend ist die Preis-Volatilität: Innerhalb eines Jahres schwankte der Weizenpreis zwischen 197 und 438 Euro/Tonne, also um mehr als 100 Prozent. »Solche extreme Preisschwankungen, wie sie derzeit zu beobachten sind, hat es zuvor noch nicht gegeben, auch wenn die Märkte besonders sensibel und geradezu hysterisch

---

*   Zwischen dem 1. und 11. August hatten ein Dutzend Getreidefrachter den Hafen von Odessa verlassen, hauptsächlich beladen mit Mais, bestimmt als Tierfutter bzw. zur Produktion von Biokraftstoff. Der erste Frachter, die »Razoni«, hatte Hühnerfutter geladen. Zielhäfen waren die Türkei, Großbritannien, Irland und Südkorea. Nahrungsmittel für Afrika waren bis zum 13. August nicht an Bord.

**   Die nominalen Nahrungsmittelpreise werden bereinigt um den Anstieg der Preise für Industriewaren. Der Food Price Index wird fortlaufend auf der Homepage der FAO veröffentlicht.

auf neue Nachrichten reagieren«, schreibt das Online-Fachmagazin *agrarheute*.[4] Für die von Nahrungsmittelunsicherheit besonders betroffenen unteren Einkommensschichten in den armen Ländern, die auf Getreideprodukte angewiesen sind und sich kaum Fleisch- und Milchprodukte oder Zucker leisten können, ist die Lage also besonders dramatisch.

Dass es sich wie schon bei den Hungerkrisen von 2008 und 2010/11 global nicht um ein Mengenproblem handelt, zeigen die Zahlen zu Erntemengen und Vorräten. Den Schätzungen des Internationalen Getreiderats (IGC) zufolge wird für das Erntejahr 2022/23 eine Getreideproduktion von 2,251 Milliarden Tonnen erwartet. Die in den ukrainischen Schwarzmeerhäfen blockierten ca. 20 Millionen Tonnen (Stand Juli 2022) machen weniger als ein Prozent der globalen Produktionsmenge aus. Bezogen auf den globalen Getreidehandel, der vom IGC auf 404 Millionen Tonnen (bei steigender Tendenz) geschätzt wird, wären das knapp fünf Prozent. Der weltweite Getreideverbrauch wird auf 2,279 Milliarden Tonnen geschätzt, woraus sich ein Defizit von 28 Millionen Tonnen ergibt.[5] Dies könnte leicht durch Rückgriff auf die auf 580 Millionen Tonnen geschätzten Vorräte ausgeglichen werden. Selbst wenn z. B. Ägypten, das bislang seinen Weizenbedarf von 6,1 Millionen Tonnen zu einem hohen Prozentsatz mit Weizen aus Russland (4,2 Millionen Tonnen) und der Ukraine (0,65 Millionen Tonnen) gedeckt hatte[6], durch entsprechende Lieferausfälle getroffen werden sollte, stünde auf dem Weltmarkt ein ausreichendes Angebot zur Verfügung – allerdings wahrscheinlich zu deutlich höheren Preisen. Das globale Verhältnis von Vorräten zu Verbrauch sei mit 29,7 Prozent »komfortabel«, »aktuell ist die globale Versorgung mit Nahrungsmitteln nicht knapp«, argumentiert ein Bericht von IPES-Food.[7] Wie schon in den beiden vorangegangenen Nahrungsmittelkrisen 2008 und 2010 handelt es sich um ein reines Preisproblem, was zeigt, dass der Welthunger systemische, d. h. in der Struktur des Agrarsystems einerseits und dem globalen Agrarhandel andererseits liegende Ursachen hat. Aktuell droht in zahlreichen Ländern vor allem Afrikas eine drastische Verschlechterung der Ernährungslage, weil diese stark importabhängig und – angesichts der sich erneut verschärfenden Schuldenkrise – nicht in der Lage sind, die gestiegenen internationalen Nahrungsmittelpreise zu bezahlen. Internationale Hilfsorganisationen werden durch die hohen Preise gezwungen, Hilfslieferungen zu kürzen.

Strukturen der globalen Landwirtschaft und der Kampf gegen den Hunger

An dieser Stelle sei auf zwei zentrale Defizite des globalen Agrarsystems eingegangen: Die wachsende Importabhängigkeit der armen Agrarländer und die falschen Prioritäten im Kampf gegen den Welthunger.

Zerstörung lokaler Produktionssysteme | Von den 46 von der UNCTAD als »least developed countries« (2021) definierten Ländern sind die meisten Netto-Nahrungsmittelimporteure. Obwohl es sich dabei um Agrarländer handelt, können sie sich nicht selbst ernähren. »Fast alle Agrarländer sind Nettoimporteure von Nahrungsmitteln«, stellte die Weltbank schon 2008 fest.[8] Die Importabhängigkeit hängt mit der Integration dieser Länder in den Weltmarkt und dem damit verbundenen Zerfall der lokalen Produktionssysteme zusammen. Heute basieren mehr als 50 Prozent der pflanzlichen Nahrungsmittel auf nur drei (von 7000) Pflanzenarten: Weizen, Reis und Mais. Diese Produkte werden nur von wenigen spezialisierten Ländern,* darunter Russland und der Ukraine, exportiert. Der globale Handel damit wird von wenigen Großhändlern dominiert, die in Fachkreisen mit ABCD abgekürzt werden: Archer Daniels, Bunge, Cargill, Louis Dreyfus beherrschen etwa drei Viertel des globalen Getreidehandels. Sie werden verdächtigt, in ihren Silos große Vorräte zu bunkern: »Bei zunehmender Rohstoffspekulation haben sie ein Interesse daran, Vorräte so lange zurückzuhalten, bis

---

* Auf fünf Länder/Regionen (Russland, EU, Kanada, USA, Australien) entfielen 2021 etwa 70 Prozent der globalen Weizenexporte. Die Ukraine (8,5%) kam an sechster Stelle (Statista 2022).

die Preise ihren Höhepunkt erreicht haben,« schreibt IPES.[9] In den letzten Jahren wurde die Vormacht von ABCD durch die chinesische Cofco und die russische RIF etwas eingeschränkt, was aber nichts am oligopolistischen Charakter des internationalen Getreidehandels ändert. Die zunehmende Abhängigkeit der Welternährung von wenigen Produkten hat die Produktionsstrukturen und Ernährungsgewohnheiten verändert und damit die Fähigkeit zur Selbstversorgung der Agrarländer untergraben. Insbesondere in Afrika wurden einheimische Produkte durch Weizen und Mais verdrängt, die dort entweder nicht produziert werden oder deren Anbaubedingungen unangepasst sind. Dies führt dazu, dass die Agrarproduktion auf die Versorgung mit international gehandelten landwirtschaftlichen Chemikalien und künstliche Bewässerung angewiesen ist, was aktuell ein zusätzlicher und möglicherweise noch bedrohlicherer Krisenfaktor ist: Bislang ist der Handel mit Düngemitteln direkt und indirekt Gegenstand der Sanktionen. Zudem ist die Produktion von Agrarchemikalien energieintensiv, die Vervielfachung der Energiepreise schlägt unmittelbar auf die Produktionspreise von Düngemitteln durch. »Der globale Mangel an Stickstoffdünger könnte im nächsten Jahr zu sehr schlechten Ernteerträgen und zu Nahrungsknappheit führen«, schreibt *agrarheute*.[10] Wasserknappheit, Energiekrise und Nahrungsmittelkrise verbinden sich und befeuern zudem die Klimakrise. Die Abhängigkeit der Welternährung von mit hohem Energieaufwand produzierten Agrarchemikalien ist Ausdruck struktureller Fehlentwicklungen. Die oben erwähnte Studie von IPES warnt daher explizit vor Lösungen, wie sie z. B. von der Alliance for a Green Revolution in Africa (AGRA) und dem US-Programm »Feed the Future« angeboten werden. Dadurch werde die Krisenanfälligkeit und Außenabhängigkeit der Agrarproduktion in den armen Ländern mittelfristig weiter vergrößert. Statt die Nahrungsmittelunsicherheit zu reduzieren, wie es sich z. B. die von der Bill and Melinda Gates Stiftung mitfinanzierte AGRA zum Ziel gesetzt hat, zeigen unabhängige Evaluierungen, dass in den Ländern, in denen AGRA operiert, der Hunger deutlich zugenommen hat.[11]

Im Ergebnis ist die Nahrungsmittelsicherheit der armen Länder in immer größerem Umfang von der Funktionsfähigkeit internationaler, oligopolistisch organisierter Warenketten abhängig geworden.

Falsche Prioritäten der Internationalen Gemeinschaft | Die 2015 von den UN angenommenen »Sustainable Development Goals« (SDG) wollen bis 2030 Hunger, Nahrungsmittelunsicherheit und alle Formen der Fehlernährung beseitigen. Acht Jahre vor dem kritischen Datum »bewegt sich die Welt in die falsche Richtung«, schreibt die FAO.[12] Grund ist eine fehlgeleitete Politik der Regierungen und der meisten internationalen Organisationen im Kampf gegen den Hunger in der Welt. Dabei gibt es eine quantitative und eine qualitative Seite.

Der Kampf gegen den Hunger wäre leicht zu gewinnen, würde die ›internationale Gemeinschaft‹ richtige Prioritäten setzen. Das International Institute for Sustainable Development (IISD) legte 2020 eine Studie vor, in der es berechnete, »was es die Regierungen (kostet), bis zum Jahr 2030 den Hunger zu beenden, die Einkommen der Kleinerzeuger zu verdoppeln und das Klima zu schützen.« Die Studie kam zu dem Ergebnis, dass die entwicklungspolitischen Geber im Agrarbereich in der laufenden Dekade zusätzlich 12 Milliarden US-Dollar jährlich aufbringen müssten, um 490 Millionen Menschen vom Hunger zu befreien und die Einkommen von 545 Millionen Kleinerzeugern zu verdoppeln. Weitere 19 Milliarden jährlich müssten von Ländern mit niedrigem und mittlerem Einkommen über Steuern erbracht werden.[13] Zusammen gerechnet wären im laufenden Jahrzehnt rund 300 Milliarden US-Dollar zusätzlich erforderlich – eine gemessen an den mehr als 20 Billionen, die im gleichen Zeitraum weltweit für Rüstung ausgegeben werden, geradezu lächerliche Summe. Allein das am 3. Juni 2022 auf den Weg gebrachte deutsche »Sondervermögen Bundeswehr« in Höhe von 100 Milliarden Euro würde ausreichen, um den innerhalb von zehn Jahren erforderlichen zusätzlichen Geberanteil zu finanzieren. Das auf dem G7-Gipfel von Elmau verkündete »Bündnis für globale

Ernährungssicherheit« wird an den Defiziten nur wenig ändern: Die zugesagten zusätzlichen 4,5 Milliarden US-Dollar (bis 2030) sind kaum mehr als der berühmte Tropfen auf dem heißen Stein. Zudem werden in der entsprechenden G7-Erklärung mit keinem Wort die Schwächen der bisherigen Agrarförderung angesprochen. Die Behauptung, der russische Angriffskrieg »verschärfe die Hungerkrise dramatisch« lenkt vielmehr von den strukturellen Ursachen der Krise ab.[14]

Die FAO legt den Fokus auf die qualitative Seite der globalen Agrarförderung und beklagt eine massive Fehlallokation der international zur Förderung der Agrarwirtschaft aufgewendeten Ressourcen. Eine dem UN-Welternährungsgipfel von 2021 vorliegende Studie identifiziert die Agrarsubventionen als eine wichtige Ursache für die Schwäche der Agrarsysteme in den armen Ländern.[15] Der FAO-Report von 2022 schreibt: »Die Regierungen unterstützen Nahrungsmittel und Landwirtschaft mit fast 630 Milliarden US-Dollar jährlich. Aber ein großer Teil dieser Subventionen wirkt preisverzerrend, sie sind umweltschädlich und schaden Kleinbauern und Indigenen Völkern, während sie dabei versagen, Kindern und jenen, die diese dringend brauchen, eine gesunde Ernährung zu sichern.«[16] Agrarsubventionen werden vor allem in den Hocheinkommensländern gezahlt (13 Prozent des Produktionswerts), aber auch Schwellenländer praktizieren das zunehmend (5 Prozent des Produktionswerts). In armen Ländern sind die Bauern dagegen oft Opfer einer Politik, die Nahrungsmittelpreise im Interesse der städtischen Bewohner niedrig halten möchte. Dort überwiegen preisdiskriminierende Maßnahmen bei weitem die im internationalen Vergleich ohnehin geringen Fördermaßnahmen für die Landwirtschaft.[17] Im Endergebnis werden die Bauern der armen Länder durch die Agrarpolitik belastet, während sie in den reichen Ländern gefördert werden. Die ohnehin schwache Konkurrenzposition der Bauern der wenig entwickelten Länder wird dadurch zusätzlich verschlechtert.

Die Globalisierung von Landwirtschaft und Agrarmärkten und

die landwirtschaftliche Förderpolitik bringen landwirtschaftliche Systeme hervor, die sich die armen Länder und die Millionen von Kleinbauern nicht leisten können. Diese stehen wenigen Handelsketten, Agrarkonzernen und Produzenten von Agrarchemikalien gegenüber, ein Marktungleichgewicht, das schon der Weltentwicklungsbericht der Weltbank von 2008 skandalisiert hatte.[18]

Die Finanzialisierung der globalen Nahrungsmittelmärkte und ihre Folgen

Die oben geschilderten Veränderungen der weltweiten Agrarstrukturen führen dazu, dass die lokale Ernährungslage immer abhängiger wird von internationalen Lieferketten. Obwohl z. B. Getreide immer noch überwiegend in dem Land verbraucht wird, in dem es produziert wird, steigt der Anteil der international gehandelten Produkte an der Gesamtproduktion seit der Finanzmarktkrise von 2008 ständig an,[19] so auch 2021/22. Dabei beeinflussen die Weltmarktpreise und deren Schwankungen auch die lokalen Preise.[20] Diese aber werden inzwischen an den Finanzmärkten gebildet. Dies macht die Ernährungssituation vor allem der importabhängigen Länder von den Entwicklungen an den internationalen Waren-Terminbörsen abhängig, wobei die US-amerikanische Chicago Mercantile Exchange (CME) die bedeutendste ist. Die CME-Group betreibt eine Reihe von spezialisierten Börsen, darunter den Chicago Board of Trade (CBOT), der führend im Handel mit Nahrungsmitteln ist. Für die Regulierung des globalen Handels mit Nahrungsmitteln ist daher die US-Aufsichtsbehörde »Commodity Futures Trading Commission« (CFTC) besonders bedeutsam.

Ein globales Produktionsdefizit von wenig mehr als einem Prozent der jährlichen Weizenproduktion kann Preissprünge um mehr als 50 Prozent »fundamental« nicht erklären. Die Ursachen der dramatisch gewachsenen Preis-Volatilität an den Rohstoffmärkten im Allgemeinen und den Nahrungsmittelmärkten im Besonderen sind seit längerem bekannt: Die große Mehrzahl der Akteure an den internationalen Rohstoff-Terminbörsen, wo die Weltmarktpreise der meisten Nahrungsmittel gebildet werden, sind »non-commer-cial traders«, d. h. sie haben keinerlei Beziehung zum gehandelten Produkt, sondern sind reine Finanzinvestoren. Ursprünglich waren Terminbörsen dazu da, um Verkäufern und Käufern mehr Preissi-cherheit zu verschaffen. Der Farmer sicherte dem Getreidehändler vor der Ernte zu, an einem bestimmten Zeitpunkt und zu einem festgelegten Preis eine bestimmte Menge Getreide zu liefern. Diese Terminkontrakte wurden im Zuge der Finanzialisierung der Waren-märkte vor allem seit den 1990er Jahren handelbar gemacht, auch »non-commercial-traders« konnten sie nun kaufen und verkaufen. Banken und andere Finanzakteure entwickelten um diese »Futures« herum spezialisierte Finanzprodukte, deren Preise nicht mehr von der Nachfrage nach den entsprechenden Waren, sondern der nach den auf dieser Basis entwickelten Wertpapieren, Derivate genannt, bestimmt wurden. Nicht die Preisentwicklung der Waren selbst, sondern jene der entsprechenden Finanzprodukte wurde entschei-dend. Der US-amerikanische »Commodities Futures Modernisa-tion Act« (CFMA) von 2000 befreite den Handel mit Derivaten von der Finanzaufsicht, die bislang den Handel mit Terminkontrakten reguliert hatte.

Nun könnte man diese Entwicklung als reine Angelegenheit der Finanzmärkte betrachten. Das Problem besteht darin, dass die Prei-se der Derivate auch die Preise beeinflussen, zu denen die realen Waren gehandelt werden. »Behauptungen, Spekulanten würden die Getreidepreise nicht beeinflussen, sind unzutreffend, wie die Ana-lyse der Preisgestaltungspraxis durch Händler zeigt,« stellte schon 2011 eine US-amerikanische Modellrechnung fest, welche die Kri-sen von 2008 und 2010 untersuchte. Die Finanzmärkte dominieren die Warenmärkte – nur so lassen sich die hektischen Preissprünge an den realen Märkten (diese misst der FAO Food-Price-Index) er-klären, die – wie gezeigt – kaum noch etwas mit den »fundamen-tals«, d. h. den Verhältnissen zwischen Angebot und Nachfrage der realen Produkte, zu tun haben. Die Bedeutung des Derivate-Han-dels für die Preisentwicklung an den Getreidemärkten ist gut belegt.

Die erwähnte Modellrechnung kommt zu dem Ergebnis: »Modelle, die nur Angebot und Nachfrage behandeln, erklären nicht die aktuelle Preisdynamik. Die zwei Preisspitzen von 2007/08 und 2010/11 sind Folge von Finanzspekulationen, während ein unterliegender Aufwärtstrend auf die zunehmende Nachfrage nach Ethanol (Biokraftstoff, J. G.) zurückzuführen ist.«[21] Dies gilt auch aktuell: Kurz nach Kriegsbeginn flossen zusätzliche Milliarden in Agrarfonds, einzelne Fonds verhundertfachten ihre Tagesumsätze unmittelbar nach dem russischen Einmarsch.[22] Der Krieg hat vermehrt Spekulanten auf den Plan gerufen, die einmalige Gewinnchancen wittern.

Schon im Kontext der globalen Hungerkrise von 2008 waren diese Zusammenhänge erforscht worden: An der weltweit wichtigsten Börse für Agrarprodukte, der CBOT in Chicago, wurde 2011 das 73-Fache der verfügbaren Weizenmenge gehandelt: Jedes Weizenkorn wechselte – vermittelt über Derivate und andere Finanzprodukte – 73 Mal den Besitzer, bevor es beim Verarbeiter ankam.[23] Die Preisbewegungen an den Finanzmärkten – und damit auch an den Warenmärkten – werden durch die Verbindung von Finanzinvestitionen mit der Informationstechnik gesteuert: Die von den Spekulanten verarbeiteten Informationen spiegeln nicht mehr die Wirklichkeit wider, sondern die Wahrnehmung der Wirklichkeit durch die Mehrheit der Finanzakteure. Die Kunst ist nicht, die Auswirkungen des Krieges auf die realen Märkte zu prognostizieren, sondern abzuschätzen, was die Mehrheit der Finanzakteure darüber denken könnte. »Preise werden erfasst in einem sozialen Spiel bei dem es nicht um die Realität, sondern die kollektive Wahrnehmung der Realität geht«, verallgemeinert Rupert Russell die Analyse von Preisbildungsprozessen in seinem ›Kultbuch‹ über Preiskriege.[24] In der modernen informationsgestützten Finanzökonomie geht es nicht »um die Feststellung oder Begründung eines gerechtfertigten Wissens vom ›realen‹, ›wahren‹ oder ›fundamentalen‹ Wert der Dinge, sondern darum, wie sich Wertschätzungen aus Meinungen formieren, die die Meinung über Meinungen spiegeln. Finanzmärkte operieren als fortlaufender Abstimmungsprozess, in ihnen herrscht der Druck von Konformität,« beschreibt Joseph Vogl den Zusammenhang zwischen Finanzwirtschaft und Informationstechnologie.[25] Wirklich ist, was die Mehrheit für wirklich hält.

Auch wenn der russische Angriff auf die Ukraine und die Sanktionen gegen Russland in diesem Kontext die gegenwärtigen Preissprünge und die dramatisch gewachsene Preisvolatilität an den Nahrungsmittelmärkten ausgelöst haben, so sind diese Ereignisse doch nicht deren Ursache. Für den Finanzinvestor in Getreide-Futures geht es nicht darum, zu wissen, wie diese Ereignisse die realen Getreidemärkte beeinflussen werden. Er muss vielmehr einschätzen, was die Mehrheit der Marktakteure erwartet. Er muss das »Herdenverhalten«[*] der Finanzmarktakteure[26] voraussehen. Ausgelöst werden können Preissprünge durch viele Faktoren, die nicht notwendig etwas mit den ›fundamentals‹, den realen Angebots- und Nachfrageverhältnissen, zu tun haben. Die Preisspitzen an den Nahrungsmittelmärkten 2008 und 2010/11 gingen einher mit globalen Produktionsüberschüssen: »Während des Arabischen Frühlings (2010, J. G.) und der globalen Nahrungsmittelkrise zuvor (2008, J. G.) gab es jede Menge Nahrungsmittel. Tatsächlich hatte die Produktion in beiden Jahren historische Spitzenwerte erreicht«, schreibt Russell.[27] Während die neoliberale These effizienter Märkte behauptet, dass die Investoren auf Basis von Informationen über die Wirklichkeit handeln, ist die Grundlage von Investitionsentscheidungen die kollektive Wahrnehmung der Wirklichkeit. Diese kollektive Wahrnehmung ist aber heute kaum noch eine Angelegenheit von Individuen, sondern sie ist in Form von Algorithmen automatisiert: Etwa 80 Prozent aller Handelsaktivitäten mit Derivaten werden auf der Basis ›automatisierter‹ Handelsstrategien abgewickelt.[28]

Am Einfluss der Finanzspekulation auf die Nahrungsmittelpreise hat sich auch nach der Krise 2008 wenig geändert, obwohl

---

[*]   Das Herdenverhalten (herding behavior) an den Finanzmärkten ist ein wissenschaftlicher Ansatz, um die strukturelle Instabilität von Finanzmärkten zu erklären.

es damals Versuche gab, den Umfang der Finanzgeschäfte auf der Basis von Nahrungsmitteln zu begrenzen. Diese Maßnahmen haben sich als unzureichend erwiesen bzw. sind in den der Krise folgenden Jahren wieder verwässert worden. Ein aktueller Bericht des »Institute for Agriculture & Trade Policy« (IATP) verweist auf die weiter preisbestimmende Rolle der Finanzspekulation über Index-Fonds, ETFs und Future-Kontrakte: Das Versagen der Regulationsbehörden habe »ein System geschaffen, das die Preisschocks im Kontext der russischen Invasion eher vergrößert als abfedert.« Der Bericht zeigt, wie unter den US-Präsidenten Obama und Trump die Regulierungsversuche der CFTC systematisch untergraben wurden mit dem Argument, man solle die Märkte lieber sich selbst überlassen. Am 15. Oktober 2020 verlor die CFTC endgültig ihren Kampf gegen Wall Street: Die Kontrolleure hatten versucht, den Umfang der Finanzinvestitionen bei 26 kritischen Nahrungsmitteln, darunter Weizen, zu begrenzen. Der Versuch wurde am besagten Datum mit einer knappen Mehrheit der CFTC-Kommissionäre gestoppt.[29]

Diese Zusammenhänge sind Fachleuten und politisch Verantwortlichen bekannt. Die außerordentliche Zusammenkunft der G7-Landwirtschaftsminister am 11. März 2022 befasst sich am Rande auch mit der Rolle »spekulativer Verhaltensweisen« und der »Terminmärkte« als Preistreiber bei Lebensmitteln: Man würden diese Entwicklungen »beobachten« »zur Gewährleistung vollständiger Transparenz.«[30] Maßnahmen gegen die Spekulation wie z.B. die Regulierung des Handels über Börsen, Positionsbegrenzungen der Finanzinvestoren oder Transaktionssteuern[31] – alles bekannte Instrumente – hatten die Minister aber nicht im Angebot.

Anmerkungen

1 FIAN, War in Ukraine: Recurring Food Crises expose Systemic Fragility, 17.5. 2022
2 Baerbock vor einer UN-Konferenz in New York, Handelsblatt, 24.5.2022
3 FAO, The State of Food Security and Nutrition in the World, Rome 2022, Key Messages

4 agrarheute, Getreidepreise gehen durch die Decke: Importeure kaufen Markt leer, 11.7.2022, agrarheute.com

5 Proplanta, IGC erwartet weltweit 40 Millionen Tonnen weniger Getreide, 22.5.2022, proplanta.de

6 Hisham Allam, Ägypten sucht nach neuen Weizenlieferanten, africa.info, 9.3.2022, afrika.info

7 International Panel of Experts on Sustainable Food Systems (IPES Food), Another Perfect Storm?, 10.5.2022

8 Weltbank, Weltentwicklungsbericht 2008, Washington DC 2007, S. 109

9 IPES, a.a.O., S. 14

10 agrarheute, Globale Düngerkrise führt zu Missernten und Hungersnöten, 5.11.2021, agrarheute.com

11 IPES, a.a.O., S. 18

12 FAO, a.a.O., S. XVI

13 International Institute for Sustainable Development, Den Hunger beenden, die Einkommen steigern und das Klima schützen. Von David Laborde, Marie Parent, Carin Staller, 2020, jstor.org

14 Erklärung der G7 zur globalen Ernährungssicherheit, Elmau, 28.7.2022

15 Naturefund, Weltweite Agrarsubventionen führen zu globalen Herausforderungen, 28.9.2021, naturefund.de

16 FAO, a.a.O., S. VI

17 Ebd., S. 55 ff.

18 Weltbank, a.a.O., S. 159

19 Oxfam, Wird es eine globale Nahrungsmittelkrise geben? Marita Wiggerthale, 31.3.2022, oxfam.de

20 IFPRI, Concern Worldwide, Welthungerhilfe: 2011 Welthungerindex. Herausforderung Hunger: Wie steigende und stark schwankende Nahrungsmittelpreise den Hunger verschärfen, Bonn/Washington DC/Dublin, Oktober 2011, S. 35 ff.

21 Marco Lagi u.a., New England Complex Systems Institute, The Food Crises: A quantitative model of food prices including speculators and ethanol conversion, Cambridge (MA) USA, September 2011, Abstract

22 IPES, a.a.O., 11

23 Wege aus der Hungerkrise. Die Erkenntnisse des Weltagrarberichtes und seine Vorschläge für eine Landwirtschaft von morgen, Spekulation mit Nahrungsmitteln, weltagrarbericht.de, ohne Datum, Zugriff 20.7.2022. Vgl. auch: Jörg Goldberg, Spekulation mit Rohstoffen und Nahrungsmitteln, in: Michael Bergstresser / Franz-Josef Möllenberg / Gerd Pohl (Hg.), Globale Hungerkrise. Der Kampf um das Menschenrecht auf Nahrung, Hamburg 2009, S. 100-116

24 Rupert Russell, Price Wars. How Chaotic Markets Are Creating a Chaotic World, London 2022, S. 108

25 Joseph Vogl, Kapital und Ressentiment. Eine kurze Theorie der Gegenwart, München 2021, S. 53

26 Vgl. IMF Working Paper, Herd Behavior in Financial Markets: A Review (PDF), Washington DC, March 2000, imf.org
27 Russell, a.a.O., S. 41
28 Ebd., S. 207
29 Steve Suppan, Wheat futures prices and the war on regulation, 16.3.2022, iatp.org
30 Außerordentliches G7-Agrarministertreffen. Erklärung zur Invasion der Ukraine durch die Streitkräfte der Russischen Föderation, 11. März 2022, Punkt 8
31 Einen Überblick über die diskutierten Maßnahmen gibt Weltwirtschaft, Ökologie & Entwicklung (WEED), Nahrungsmittelspekulation, weed-online.org

Lucas Zeise

Die große Enteignung
Der Westen beschleunigt das Ende der Dollarherrschaft und der Globalisierung

»Wir werden den Zusammenbruch der russischen Wirtschaft erreichen«, jubelte der französische Finanzminister Bruno Le Maire. Das war am Sonntag, dem 27. Februar, als die EU-Regierungschefs in enger Abstimmung mit der US-Regierung beschlossen hatten, die Guthaben der russischen Zentralbank bei den Zentralbanken des Westens einzufrieren. Das sei noch effektiver als »nur« die russischen Banken vom internationalen Zahlungsnetzwerk Swift abzukoppeln. In der Tat, keine schlechte Idee, einfach die finanziellen Reserven des Landes im Ausland sperren, die Verfügungsgewalt darüber zu entreißen oder, noch etwas klarer ausgedrückt, den russischen Staat zu enteignen.

Die Zentralbank Russlands (ZBR) verfügte zu diesem Zeitpunkt über im internationalen Vergleich üppige Devisenreserven von über 630 Milliarden Dollar. Außer den bei den Zentralbanken des feindlichen Westens verbuchten Guthaben (von etwas mehr als 300 Mrd. Dollar) bestanden die russischen Reserven neben ein paar Kleinigkeiten aus Gold (im Wert von etwa 135 Mrd. Dollar), 84 Milliarden Dollar wertem Guthaben in China (in der chinesischen Währung Renminbi) und etwa 103 Milliarden Dollar Guthaben bei Geschäftsbanken im Westen. Außer dem physischen Gold sind diese Reserven in Fremdwährung nichts anderes als eben Kontoguthaben, wie sie gewöhnliche Bürger oder Unternehmen bei einer gewöhnlichen Bank unterhalten. Sie lagern also nicht auf geheimnisvolle Weise in

Moskau in Form von Euro- oder Dollarscheinen, sondern nur als
Kontoauszug und Bestätigung über die Höhe. Schon am Montag
nach dem Beschluss konnte die ZBR über diese Beträge nicht mehr
verfügen. Der Kurs des Rubel stürzte an diesem Handelstag um 20
Prozent ab, weil der Devisenhandel mit Recht kalkulierte, dass die
ZBR nicht in der Lage sein würde, Dollar und Euro zu mobilisieren,
um den fallenden Rubel zu stützen. Die plötzlich um 300 Milliar-
den Euro/Dollar ärmere Zentralbank erhöhte, vermutlich selbst in
Panik, den russische Leitzins von 9,5 auf 20 Prozent radikal, um die
Flucht aus dem Rubel zu bremsen.

Die Zentral- oder Notenbanken, die diese Konten verwalten und
so rüde mit ihrem Großkunden umgingen, sind zwar dem Gesetz
nach unabhängig. Aber nur was ihre Geld- und Zinspolitik betrifft.
Jedenfalls gehorchten sie in diesem Fall ihren Regierungen aufs
Wort. Die Deutsche Bundesbank hatte die Anweisung, wie künftig
mit der russischen Kundschaft umzugehen sei, nach eigenen Angaben gern entgegengenommen. Ihr seit Januar amtierender Präsident Joachim Nagel habe sich sogar – in diesem Punkt offensichtlich
politisch meinungsstark – für solche umfassenden Finanzsanktionen eingesetzt und begrüße sie, sagte ein Sprecher der Behörde. Die
russische Zentralbank habe tatsächlich ein Konto – mit nur geringen Guthaben – auch bei der Bundesbank, das nun gesperrt sei. Insgesamt dürfte die russische Zentralbank bei den Zentralbanken der
Euro-Länder (plus der EZB selbst) mehr als 140 Milliarden Euro
an Reserven liegen haben. Etwa genauso viel bei der US-Notenbank
plus anderen »westlichen« Notenbanken, etwa der Schweiz, Japans,
Singapurs, Australiens und Großbritanniens, deren Regierungen
sich dem »Einfrieren« der russischen Konten angeschlossen hatten.

Effektive Bestrafung Russlands?

Die im ersten Überschwang in Washington, Brüssel und Berlin als
genial bezeichneten Finanzsanktionen gegen die russische Noten-
bank, die in dürren Worten eine Enteignung darstellten, sollten,
so wird behauptet, die Fähigkeit Russlands untergraben, den Krieg

in der Ukraine zu finanzieren. Das ist wenig plausibel. Denn um diesen Krieg zu führen, braucht die Regierung in Moskau am allerwenigsten westliche Währungen. Russland ist einer der führenden Waffenproduzenten und Exporteure von Rüstungsgütern auf dem Globus, natürlich nicht annähernd in dem Ausmaß wie die USA, aber es reicht bestimmt, um die Invasionstruppe in der Ukraine noch lange mit Nachschub zu versorgen.

Es kommt hinzu, dass der Großteil der westlichen Sanktionen darauf abzielt, Russland von der Zufuhr an wichtigen Investitions- und Konsumgütern abzuschneiden. Das war schon bei den früheren Sanktionsrunden 2015 nach dem antirussischen Putsch in Kiew und Übernahme der Krim der Fall. Dieses Mal wurden außerdem sehr viele westliche Konzerne veranlasst oder gezwungen, ihre Geschäftsbeziehungen mit Russland aufzugeben. Das führte zu einer sofortigen erheblichen Drosselung der russischen Einfuhr. Auf der anderen Seite scheuten sich die westlichen Staaten, die Einfuhr von russischen Rohstoffen, insbesondere Öl und Gas, komplett mit Sanktionen zu belegen. Während diese Zeilen geschrieben werden, ist es vielmehr die größte Sorge im politischen Berlin, dass Russland seinerseits weniger oder gar kein Erdgas mehr liefert. Weil gleichzeitig die Öl- und Gaspreise kräftig stiegen, ging zwar mengenmäßig die Ausfuhr Russlands etwas zurück. Wertmäßig stiegen die Exporterlöse Russlands seit März kräftig, und der ohnehin positive Außenhandelssaldo (Ausfuhr minus Einfuhr) explodierte geradezu.

Natürlich wirkte sich das auf dem Finanzmarkt aus. Der Rubel, der in den ersten Wochen nach Sanktionsbeginn um fast die Hälfte gefallen war – für einen Dollar mussten statt 70 Rubel vor dem Krieg bis zu 135 Rubel bezahlt werden –, erholte sich über das Vorkriegsniveau und stabilisierte sich. Die Sorge der Zentralbank ist es nun eher, dass der Rubel im Vergleich zu den Währungen der neuen alternativen Handelspartner des globalen Südens zu teuer wird und damit die Erschließung neuer Märkte für die ohnehin nicht sehr entwickelte russische Industrie erschwert.

Im Vorfeld des Krieges hatten zwischen den westlichen Verbündeten intensive Gespräche darüber stattgefunden, wie Russland am effektivsten zu bestrafen sei. Als größte denkbare Waffe (»nukleare Option«) wurde damals der Ausschluss russischer Banken aus dem internationalen Zahlungssystem »Swift« diskutiert. Swift ist eine den Banken aus aller Welt gehörende Genossenschaft mit Sitz in der EU-Hauptstadt Brüssel. Die Swift-Waffe hatte im Fall des Iran glänzend funktioniert – sogar gegen den erklärten Willen der europäischen Regierungen. Die US-Regierung hatte 2018, als ihr Präsident Donald Trump aus dem Atomwaffensperrvertrag einseitig ausgestiegen war, die Sanktionen gegen den Iran ebenso einseitig, aber mit Billigung beider Parteien und Häuser des US-Kongresses und ohne Zustimmung der Europäer wieder in Kraft gesetzt. Die US-Geheimdienste konnten – natürlich mit Billigung der westeuropäischen Regierungen – in die eigentlich geschäftlich vertraulichen Zahlungsprotokolle des Swift-Systems Einblick nehmen und nutzten das auch, um alle Konzerne, die es wagten, mit dem Iran Geschäfte zu machen, von jeglicher Geschäftätigkeit in den USA auszuschließen und/oder sie mit exorbitanten Strafzahlungen in Milliardenhöhe zu überziehen. Der damalige deutsche Außenminister Heiko Maas versuchte zusammen mit seinen britischen und französischen Kollegen ein alternatives Zahlungssystem aufzubauen, das nie auch nur ansatzweise funktionierte.

Die am 27. Februar 2022 stolz verkündeten Sanktionsschläge gegen Russland enthielten sowohl die Enteignung der russischen Devisenreserven als auch die Swift-Atombombe, die den Zahlungsverkehr russischer Banken mit dem Rest der Welt unmöglich machen sollte. Kein Wunder, dass der Rubel absackte. Und noch weniger erstaunlich, dass die russischen Staatsanleihen zu nur noch 20 Prozent ihres Nennwertes gehandelt wurden. Wie sollte die russische Zentralbank Zins- und Tilgungsleistungen auf die Anleihen ordnungsgemäß bedienen, wenn sie weder über ihre Konten verfügen noch das eingespielte Zahlungsverkehrssystem nutzen konnte, um die Gläubiger in aller Welt auszuzahlen? Aber siehe da, die im

März fälligen Zahlungen wurden über die zuständige New Yorker Bank J. P. Morgan brav abgewickelt. Denn die Sanktionierer hatten bewusst ein Schlupfloch eingebaut. Das US-Finanzministerium behielt sich vor, manche Zahlungen des russischen Staates nach eigener Willkür zuzulassen. Aber schon einen halben Monat später entschied die US-Regierung, dass das Schlupfloch geschlossen wird. Am 4. April verbot sie, dass der zahlungswillige russische Staat fällige 650 Millionen Dollar an Gläubiger in alle Welt ausschüttete. Nach einer 30-tägigen Gnadenfrist entschieden der Bondhändlerverband und die Rating-Agenturen, dass der russische Staat zahlungsunfähig geworden sei. Dass Russland zahlungswillig war, spielte keine Rolle. Erstaunlich ist dabei, dass Russland sich auf dieses Willkürspiel der US-Regierung einließ und offensichtlich immer noch Wert darauf legte, als zuverlässiger Schuldner zu erscheinen. Weniger erstaunlich ist, dass die USA und der übrige Westen den Finanzmärkten die Staatspleite zumuteten. Die Zahlungsunfähigkeit des russischen Staates hatte 1998 – noch zur Regierungszeit Boris Jelzins – nicht nur die russische Wirtschaft noch tiefer in den Abgrund geführt, sondern auch zur extremen Schieflage des riesigen Hedgefonds LTCM beigetragen, die westlichen Finanzmärkte erschüttert und die US-Notenbank veranlasst, ihre Leitzinsen panikartig zu senken. Dieses Mal war das Volumen der in Dollar begebenen russischen Bonds (Anleihen) von nur 40 Milliarden Dollar ohnehin nicht schwindelerregend. Dass die Finanzministerin der USA, Janet Yellen, erst Zinsleistungen zuließ und sie später verbot, zeigt, dass man in Washington die Reaktion des Marktes erst rücksichtsvoll testen wollte, bevor man sie endgültig sanktionierte.

Zahlung in Rubel

An dieser Stelle sei an eine eher komische Episode im Zuge der westlichen Sanktionen gegen Russland erinnert. Bei den Swift-Sanktionen gegen die russischen Banken machten die Sanktionierer von Anfang an zwei wichtige Ausnahmen. Nicht betroffen waren zwei russische Banken, erstens die größte russische Bank Sber, die frühe-

re Sparkasse des Landes, und zweitens die Gazprombank, die, wie
der Name sagt, eine Tochtergesellschaft des Energieriesen Gazprom
ist. Warum diese Ausnahmen gemacht wurden, wurde von den
Sanktionierern zunächst nicht erklärt. Es wurde erst einen Monat
später von russischer Seite ausbuchstabiert: Russland konnte und
kann mit Zahlungsströmen in Euro oder Dollar, die für die Lieferung von Energie hereinkommen, nichts anfangen, weil die Konten
der russischen Zentralbank gesperrt wurden. Präsident Wladimir
Putin bestimmte deshalb öffentlich, dass die Zahlung in russischen
Rubel erfolgen müsse.

Das sei vertragswidrig, behaupteten die Politiker einschließlich
der Vertreter von Regierungen im Westen und der EU-Kommission.
Tatsächlich sind die Preise für die Lieferung von Erdgas und Öl ganz
überwiegend in Dollar und gelegentlich in Euro festgelegt. Über die
Zahlungsmodalitäten sagt das allerdings noch nichts aus. In einem
der immer noch stattfindenden Telefongespräche zwischen Putin
und Bundeskanzler Scholz erklärte ersterer dem Kanzler, wie die
Zahlung für Gas und Öl erfolgen könne. Scholz berichtete selbst von
diesem Gespräch und behauptete danach, er habe Putin in diesem
Punkt nicht verstanden. Die EU-Kommissionspräsidentin Ursula
von der Leyen lehnte sich weiter aus dem Fenster und warnte die
Importeure, die Zahlung der Öl- und Gasrechnungen sei eine Verletzung des von der EU installierten Sanktionsregimes. Diese Mei-
nung wurde auch von vielen, eher ahnungslosen Scharfmachern in
Parteien und Redaktionen vertreten. Schon deshalb, weil der böse
Putin ja die Zahlung in Rubel verlangt hatte. Klaus Maubach, der
Vorstandsvorsitzende des größten Importeurs von russischem Gas,
Uniper, sagte auf der Hauptversammlung seiner Gesellschaft am
28. Mai: »Wir erhalten die Rechnung in Euro und bezahlen in Euro,
in Einklang mit den neuen Zahlungsrichtlinien.« Tatsächlich zählte
Uniper zu den ersten Gasimporteuren, die sich auf das von Moskau
gewünschte Zahlungsverfahren einließen, ein eigenes Rubelkonto
bei der (von den Finanzsanktionen ausdrücklich nicht betroffenen)
Gazprombank zu installieren, auf dem der zunächst in Euro einge-

gangene Rechnungsbetrag in Rubel umgewandelt erscheint und erst dann an Gazprom überwiesen wird. (Dass Uniper mittlerweile mit einer Milliardeneinlage vom deutschen Staat aufgefangen werden musste, hatte mit der Zahlungsweise nichts zu tun, sondern mit der Taktik der Gesellschaft, sich nicht auf langfristige und relativ günstige Gasliefererverträge mit Gazprom einzulassen und nun kurzfristig Erdgas zu den durch das Sanktionsregime dramatisch gestiegenen Preisen einkaufen musste.)

Brüssel hatte sich offensichtlich auf die kleine Formalität eingelassen, wonach die Einrichtung eines Rubelkontos bei der Gazprombank durch die Importeure erlaubt ist und sie selber im Einklang mit der EU-Kommission behaupten können, sie hätten den Betrag in Euro bezahlt und deren Finanzsanktionen also nicht unterlaufen. Die EU-Kommission sei an der verworrenen Lage »nach Ansicht von EU-Diplomaten nicht unschuldig, weil ihre erste ›Anleitung‹ zur Bezahlung unklar gewesen sei«, schrieb die ansonsten sanktionsbegeisterte *FAZ* (18.5.22). Polen und Bulgarien hatten also ganz umsonst diese Art Rubelzahlung abgelehnt und auf Gaslieferungen aus Russland verzichtet. Polen tat sich mit diesem Verzicht leicht, denn es wird von Deutschland mit Gas versorgt. Die Vereinbarung war Teil eines Deals, den Kanzlerin Merkel abschloss, um die US-Regierung zu einer (offensichtlich nur vorübergehenden) Toleranz der zweiten Gasleitung durch die Ostsee, Nord Stream 2, zu bewegen.

Es ist, wie man sieht, nicht ganz einfach, ein großes Land mit umfassenden Sanktionen zu belegen, um dessen Wirtschaft, wie Außenministerin Baerbock so treffend sagte, »zu ruinieren«, ohne gleichzeitig der eigenen Wirtschaft erheblich zu schaden und sich nebenbei in laufende Widersprüche zu verheddern. Daneben können radikale Eingriffe im internationalen Finanzsystem mittel- oder langfristig ungeplante oder sogar unerwünschte Wirkungen auf das System selbst haben.

In diesem Sinn wurde die eingangs erwähnte Enteignung der russischen Zentralbankreserven in der Presse, von Bankern, Zentralbankern und anderen Finanzleuten zwar nicht kritisiert, aber

doch wegen ihres beispiellosen Charakters intensiv kommentiert.
Der Tenor war sorgenvoll. Die Vizedirektorin des Internationalen
Währungsfonds (IWF), Gita Gopinah, wies schon einen Monat nach
der Enteignungsaktion warnend darauf hin, dass sich bereits einige
andere Länder als Russland nach Alternativen umsähen, in welcher
Währung sie ihre Geldreserven halten wollten. Währungsreserven
dienen, wie das Wort andeutet, dem Zweck, im Notfall zahlungsfä-
hig zu sein. Dazu müssen die Reserven im Wert stabil und jederzeit
einsetzbar sein. Gold ist das klassische Medium für Zentralbankreserven. Allerdings ist es nicht unbedingt preisstabil und bei weitem
nicht so liquide handelbar wie etwa Dollar und Euro. Heute werden
von den weltweit bei Zentralbanken gehaltenen Währungsreserven
in Höhe von 15,3 Billionen Dollar nur knapp 10 Prozent als physi-
sches Gold gehalten. Bei den in fremder Währung gehaltenen Zentralbankreserven macht der Dollar seit langem und heute mit knapp
60 Prozent den bei weitem größten Anteil aus.

Die führende Währung

Der Dollar ist seit Ende des Ersten Weltkriegs die führende Währung der Welt. Nach dem Zweiten Weltkrieg wurde diese Führung
sogar in offizielle Verträge zwischen den Staaten als Abkommen von
Bretton Woods festgelegt. Die Kündigung dieser Verträge durch die
USA 1971 und 1973 hat der Vorherrschaft des Dollars keinen Ab-
bruch getan. Keinerlei Abstriche erlebte der Dollar auch durch die
potenzielle Konkurrenz des Euro seit 1999, obwohl der Wirtschaftsraum der Eurozone fast so groß war und ist wie der der USA.

Die Vorteile, über eine Weltwährung zu verfügen sind beacht-
lich. Der geringste davon ist die so genannte Seigniorage, also das
Einkommen, das die emittierende Zentralbank einer Währung
durch die Ausgabe neuer Banknoten bezieht, für die praktisch keine
Kosten entstehen. Der zweite Vorteil besteht in dem geringen Risiko für die Händler und Kapitalisten in den USA, weil nicht nur
die Ein- und Ausfuhr, sondern auch andere Waren in der Welt in
Dollar abgerechnet werden. Dass Rohstoffe wie Erdöl in der Regel in

Dollar gehandelt werden, erzeugt zusätzlich Nachfrage nach Dollar als Zahlungsmittel. Der dritte und weitaus wichtigste Vorteil besteht darin, dass Schuldner aus den USA, insbesondere die Regierung in Washington, wegen der überall akzeptierten Währung als allererste Klasse gelten.

Keinem anderen Land der Welt wird so bereitwillig Kredit gewährt wie gerade den USA. Bei einer ähnlichen Verschuldung wie sie die USA aufweisen, würde die Währung eines anderen Landes nach Panikverkäufen der großen Kapitalanleger ins Bodenlose fallen. Der Dollar hatte zwar Schwächephasen, aber er stürzt nicht ab und von Panik ist keine Rede. Wer sein Kapital in den USA anlegt, nimmt vielleicht niedrige Zinsen und die Gefahr einer graduellen Entwertung des Dollars in Kauf. Aber er weiß auch, dass er Weltgeld erwirbt, das in Krisen regelmäßig begehrt bleibt und erst dann wertlos wird, wenn die ganze globale Finanzveranstaltung umgestülpt wird oder zum Teufel geht.

Die USA sind das am höchsten verschuldete Land der Erde. Um das riesige Leistungsbilanzdefizit auszugleichen, ist die laufende Verschuldung höher als nirgendwo sonst. Das Schöne daran, über die überragende Weltwährung zu verfügen, besteht darin, dass sich das Land diesen Zustand leisten kann. Weil der Dollar begehrt ist, handeln die USA, besser das dort angesiedelte Finanzkapital wie eine Bank für die Welt. Die USA sind größter Kapitalimporteur und größter Kapitalexporteur zugleich. Sie leihen sich billig Geld und geben teuer Kredit. Das am höchsten verschuldete Land ist zugleich der Chef-Financier der übrigen Welt.

Die Zentralbanken der Welt nehmen im heutigen Weltfinanzsystem eine wichtige Scharnierfunktion zwischen den Finanzmärkten, besser dem Finanzkapital und den Staaten ein. Sie geben schließlich das für das Gesamtsystem essenzielle Geld heraus. Welches fremde Geld sie als Reserve halten, ist die meiste Zeit belanglos, in Krisenzeiten aber plötzlich wichtig. Frau Gopinahs Sorge, dass sich mehr und mehr dieser Zentralbanken angesichts der Enteignungserfahrung ihrer russischen Kollegin vom Dollar ab- und anderen

Währungen zuwenden könnten, ist durchaus berechtigt. Es hätte zur Folge, dass die führende Rolle als Weltzahlungsmittel erodieren würde – und die damit verbundenen Vorteile für die US-Finanzwirtschaft dazu.

Allerdings wird diese Entwicklung zunächst langsam ablaufen. Schon in den vergangenen zwei Jahrzehnten hat sich der Anteil des Dollars an den Zentralbankreserven von 71 Prozent auf die heutigen 59 Prozent reduziert. Gewinner waren zum einen kleinere Währungen wie der Australdollar und der koreanische Won, zum anderen der chinesische Renminbi. Der Euro wäre mit fast unverändert gut 20 Prozent an den Währungsreserven und seiner vielfachen Nutzung im Warenhandel einerseits eine Alternative zum Dollar. Andererseits haben sich die EU- und Euroländer am Raubzug der russischen Reserven beteiligt. Wer Geldreserven in Euro hält, muss also mit allen von den USA inspirierten Willkürakten rechnen. Der Renminbi macht derzeit an den Notenbankreserven noch nicht einmal 3 Prozent aus. Er gilt angesichts der Größe der chinesischen Wirtschaft und ihrer mittlerweile führenden Rolle im internationalen Warenhandel als der fällige Nachfolger des Dollars als führende Weltwährung. Mag sein, dass die Enteignung Russlands im Februar 2022 später als der Anfang vom Ende der immer noch überragenden Rolle des Dollars gilt.

Andrej Hunko

Dialogformat OSZE?

Eindrücke zu einer Organisation im Niedergang

Der andauernde Krieg Russlands in der Ukraine schreit nach internationalen Akteuren, die in der Lage wären, so dringend notwendige Verhandlungen auf den Weg zu bringen. Eigentlich wäre die »Organisation für Sicherheit und Zusammenarbeit in Europa« (OSZE), in der sowohl Russland, die Ukraine, die EU-Staaten und die USA Mitglied sind, prädestiniert, diese Rolle einzunehmen. Gleichwohl ist es merkwürdig still geworden um die OSZE. Das liegt vor allem am fehlenden politischen Willen der beteiligten Akteure, die diese Organisation, die einst eine wichtige Rolle bei der Überwindung des Kalten Krieges spielte, immer mehr an den Rand drängen. Beim jährlichen Treffen der Parlamentarischen Versammlung der OSZE im Juli 2022 verweigerte die britische Regierung den russischen und belarussischen Abgeordneten statutenwidrig die Einreise.

Kollektive Sicherheit statt militärischer Aufrüstung

Wenn man sich die gegenwärtige öffentliche Diskussion in Deutschland anschaut, wirkt nichts mehr aus der Zeit gefallen als der Grundgedanke der OSZE: Die Schaffung eines Systems kollektiver Sicherheit. Kollektive Sicherheit geht vom Grundgedanken aus, dass die Sicherheit der einen Seite untrennbar mit der Sicherheit der anderen Seite verbunden ist und durch Vereinbarungen und deren wirksame Umsetzung gewährleistet wird. Im Unterschied dazu geht die vermeintliche Sicherheit durch militärische Aufrüstung der einen Seite in der Regel auf Kosten der anderen Seite und bleibt damit immer prekär. Entsprechend hält DIE LINKE in ihrem Grundsatzprogramm an der Perspektive der Schaffung eines Systems kollektiver Sicherheit anstelle von Militärbündnissen fest.

Vor dem Hintergrund des Ukraine-Krieges wird gegenwärtig argumentiert, dass diese Perspektive illusionär sei. Der Angriff Russlands auf die Ukraine würde zeigen, dass ein solcher Völkerrechtsverstoß nur durch massive militärische Aufrüstung zu verhindern sei. Dabei wird geflissentlich übersehen, dass sich die verschiedenen Vereinbarungen kollektiver Sicherheit im Rahmen der OSZE, bzw. ihrer Vorläuferorganisation KSZE, Konferenz für Sicherheit und Zusammenarbeit in Europa, schon seit vielen Jahren auf dem Rückzug befinden. Dazu gehören etwa der KSE-Vertrag (Austritt Russlands 2015 vor dem Hintergrund der NATO-Osterweiterung), der Vertrag über den offenen Himmel (»Open Skies«; Austritt USA 2020, dann Russland 2021), aber auch bilaterale Verträge, wie der INF-Vertrag über atomare Mittelstreckensysteme (Austritt USA 2019).

NATO-Osterweiterung statt OSZE-Weiterentwicklung

Die Schwäche der OSZE seit Ende der 90er Jahre ist politisch gewollt und geht einher mit der Priorisierung der NATO-Osterweiterung und des Aufbaus der EU. Der Haushalt für die 57 Mitgliedstaaten von gut 140 Millionen Euro jährlich liegt gerade mal bei einem Tausendstel desjenigen der EU und ist damit nur etwas höher als die Kosten eines einzigen F35-Kampfjets. Im Unterschied zum Europarat wurde die OSZE nie im internationalen Recht verankert, was ihre Beschlüsse und Vereinbarungen relativ zahnlos macht. Der 1995 geschaffene Vergleichs- und Schiedsgerichtshof, der Streitfälle unter den OSZE-Mitgliedern schlichten soll, hat bis heute seine Tätigkeit nicht aufgenommen.

Waren die Gipfeltreffen der OSZE (bzw. KSZE) 1990 in Paris, 1992 in Helsinki, 1994 in Budapest, 1996 in Lissabon und 1999 in

Istanbul noch von konkreten Ergebnissen geprägt, so ging das letzte Treffen 2010 in Astana ohne greifbare Ergebnisse auseinander. Seit 2010 gab es kein weiteres Treffen auf Ebene der Staats- und Regierungschefs. Mein Antrag bei der Parlamentarischen Versammlung in Birmingham, auf einen neuen Gipfel hinzuarbeiten, fand zwar einige, aber insgesamt zu wenige Unterstützer. 2016 hatte Deutschland den jährlich zwischen den Mitgliedern rotierenden Vorsitz im Ministerrat. Diese Präsidentschaft blieb völlig ambitionslos, ein umfangreicher Antrag der Linksfraktion für konkrete Ansätze zur Weiterentwicklung unberücksichtigt. Es ist auffällig, wie dieser Niedergang der OSZE seit Ende der 90er Jahre mit der NATO-Erweiterung korreliert.

Birmingham: Die OSZE soll weiter gerupft werden

Neben diesen Gipfeltreffen gibt es alljährlich noch Treffen auf Außenminister-Ebene (Ministerrat) sowie der Parlamentarischen Versammlung. Letztere traf sich vom 2. bis 6. Juli 2022 in Birmingham. Für mich war es das erste Mal, dass ich an der Parlamentarischen Versammlung teilnahm. Die 323 Abgeordneten dieser Versammlung werden nach einem Schlüssel von den nationalen Parlamenten gewählt, die 13 Mitglieder des Bundestages entsprechend der Fraktionsstärke. Größte Delegation ist die der USA, die auch in Birmingham den Ton angab. Den russischen und belarussischen Abgeordneten wurde statutenwidrig die Einreise verweigert. Gegen die Verweigerung der Visa protestierten beide Delegationen.

Auf meine Nachfrage zu den Statuten schrieb mir der Leiter der britischen Delegation, John Whittingdale, diese seien zwar wichtig, aber mit ihrer Unterstützung für den russischen Krieg hätten diese Abgeordneten ihr Teilnahmerecht verwirkt. In seiner Eröffnungsrede behauptete er sogar, die russischen Abgeordneten hätten in der Duma für den Krieg gestimmt, obwohl es eine solche direkte Abstimmung gar nicht gab. Ich kenne einige russische Abgeordnete, die öffentlich geäußert hatten, zwar für die Anerkennung von Donezk und Lugansk gestimmt zu haben, nicht aber für die Bombardierung von Kiew. Der Leiter der deutschen Delegation, Robin Wagener (Grüne), verteidigte die Visa-Verweigerung als ›souveräne Entscheidung‹ des britischen Staates.

Diese Visa-Verweigerung ist insofern auch bedeutsam, als dass verschiedene Funktionen gewählt wurden, darunter Parlamentspräsidentin, Vize-Präsidenten und Ausschussvorsitzende, und die Ergebnisse äußerst knapp waren. Es ist davon auszugehen, dass diese Wahlen ohne Visa-Verweigerung anders ausgegangen wären und die russische und belarussische Delegation diese Wahlen nicht anerkennen werden. Dieser Vorgang war allerdings im Plenum kein Thema, wohl aber eine stundenlange emotional geführte Debatte darüber, ab und bis wann vorzeitig abreisende Abgeordnete von ihrem Wahlrecht Gebrauch machen können.

Sanktionierung gegen russische Abgeordnete?

Bedeutsamer allerdings war ein Änderungsantrag, der direkt am ersten Tag ins Plenum eingespielt wurde: Demnach soll der Versammlung die Möglichkeit gegeben werden, künftig nationalen Abgeordnetendelegationen die Akkreditierung zu entziehen, wenn ihr Land die territoriale Integrität eines anderen Mitgliedslandes verletzt, was klar auf die russische Delegation abzielt. Der Antrag wurde mit großer Mehrheit angenommen, den wenigsten Abgeordneten war dabei wohl bewusst, dass damit etwa auch die türkische Delegation sanktioniert werden könnte, da die Türkei nach wie vor den nördlichen Teil Zyperns besetzt hält.

Bislang sah die Parlamentarische Versammlung der OSZE keine Sanktionsmöglichkeiten vor, ist sie doch eines der letzten verbliebenen (potenziellen) Dialogformate, nachdem der Europarat Russland im April komplett ausgeschlossen hatte. Um die Geschäftsordnung allerdings tatsächlich zu ändern, muss das Leitungsgremium der Versammlung, das Standing Committee, dem die Leiter der nationalen Delegationen angehören, eine entsprechende Änderung einstimmig minus einer Stimme beschließen, das heißt, bei zwei Gegenstimmen wäre der Antrag abgelehnt.

Bei weiteren internationalen Sitzungen auch über Sofia (Oktober 2022) und Lodz (Dezember 2022) hinaus, wird sich erneut die Frage stellen, ob Visa für die russischen und belarussischen Abgeordneten erteilt werden. Deren Gegenstimmen würden ausreichen, um das Vorhaben abzulehnen. Aber auch wenn die Visa erneut verweigert würden, würden wohl auch andere Delegationsleiter dagegen stimmen. Die Änderung würde zu einer ähnlich bizarren Situation führen, wie es zwischen 2014 und 2019 im Europarat der Fall war: Auf Regierungsebene fanden die Treffen wie gehabt statt, während auf Abgeordnetenebene die Sanktionen griffen. Abgeordnete widerspiegeln allerdings in der Regel ein erheblich breiteres Meinungsspektrum als Regierungen, gerade hier ist der Dialog deshalb besonders interessant.

Einreiseverbot auch für Lawrow?

Es könnte sich allerdings etwa bei dem jährlichen Treffen der OSZE-Außenminister ebenfalls die Frage stellen, ob Lawrow die Einreise verweigert wird oder ob Russland von sich aus auf eine Teilnahme verzichtet. Sollte das der Fall sein, dürfte der weitere Bedeutungsverlust der OSZE vorprogrammiert sein und auch die verbliebenen Übereinkünfte, wie das Wiener Dokument, hinfällig werden.

Damit würden die letzten Reste der in den späten sechziger und frühen siebziger Jahren begonnenen Brandt'schen Ostpolitik verschwinden, deren Kind die OSZE (früher: KSZE) mit der Schlussakte von Helsinki 1975 ist. Ideologisch wird das hierzulande längst vorbereitet mit dem Dauerbeschuss auf entsprechende Traditionen, die es noch in der SPD und den Linken gibt. Während der Europarat auch ohne Russland aufgrund der rechtsverbindlichen Konventionen, wie etwa der Menschenrechtskonvention, der Sozialcharta oder der Istanbul-Konvention noch einen Sinn ergibt, wäre eine OSZE, die ja gerade aus dem Kalten Krieg geboren wurde und eine wichtige Rolle bei seiner Überwindung gespielt hatte, letztlich überflüssig.

Verurteilungen ohne Lösungsansätze

Um hier keine Missverständnisse aufkommen zu lassen: Ich mache diese Überlegungen trotz meiner entschiedenen Verurteilung des russischen Einmarsches in die Ukraine. Die Verurteilung mit noch so scharfen Worten entbindet aber nicht von einer Lösungsstrategie. Für eine solche Strategie sind Dialogformate unerlässlich, schon vor dem 24. Februar 2022 gab es davon nicht zu viel, sondern zu wenig. Und es sei daran erinnert, dass der KSZE-Prozess, der schon in den späten 60er Jahren begonnen hatte, trotz der Niederschlagung des Prager Frühlings 1968 durch die damalige Sowjetunion fortgesetzt wurde.

Auf der Versammlung in Birmingham begnügten sich die meisten Abgeordneten, angetrieben von der US-amerikanischen, britischen und ukrainischen Delegation, mit immer schärferen Verurteilungen des Krieges und Solidaritätsbekundungen mit der Ukraine. Mögliche Lösungsansätze dahingehend, wie die OSZE genutzt werden könne, um den Krieg zu stoppen oder die Kämpfe einzustellen, wurden kaum diskutiert. Ein Änderungsantrag, der sogar das atomare Erstschlagsrecht zur Abschreckung beinhaltete, wie es die NATO für sich reklamiert, wurde mit nur einer einzigen Stimme Mehrheit abgelehnt.

Geopolitischer Umbruch

Es stellt sich auch die Frage, ob der Rahmen der OSZE den sicherheitspolitischen Herausforderungen der Zukunft genügt. Der Krieg Russlands in der Ukraine findet auch vor dem Hintergrund großer geopolitischer Umbrüche statt. Mit dem Aufstieg Chinas und anderer Länder ist der westlich-dominante Unipolaritätsanspruch herausgefordert. Es ist eine Frage von Jahren, nicht von Jahrzehnten, wann China die USA als größte Volkswirtschaft der Welt ablöst. Die Gestaltung dieses Umbruchs ohne weitere Kriege wird eine der zentralen Herausforderungen der Zukunft sein. Die Renitenz, die weite Teile Afrikas, Lateinamerikas und Asiens trotz massiven Drucks der NATO-Staaten bei der Verhängung von Wirtschaftssanktionen gegen Russland an den Tag legen, unterstreicht diesen Umbruch.

Wenn die OSZE eine Zukunft haben will, sollte sie den 50. Jahrestag der Schlussakte von Helsinki, also 2025, als geeigneten Zeitpunkt für einen neuen Gipfel anvisieren. Ohne einen neuen Aufbruch mit entsprechenden verbindlichen Verabredungen in einer, hoffentlich!, Zeit nach dem Ukraine-Krieg sieht die sicherheitspolitische Zukunft in Europa düster aus.

Teil IV

Frieden: Trotz alledem!

Daniela Dahn

Frieden muss
ein besseres Geschäft sein als Krieg[*]

Diese Konferenz findet in einem vergifteten Diskursraum statt. Raum ist in dem Fall auch wörtlich zu verstehen. Es wird immer schwieriger, für so ein quer zum Mainstream liegendes Thema noch einen geeigneten Veranstaltungsort zu bekommen.

Zu dem vergifteten Diskursraum, in dem wir alle uns momentan bewegen müssen, gehört für mich der Eindruck: Jetzt befreit sich Deutschland von seinen Befreiern. Und wer überhaupt noch solche Kontexte historischer Art herstellt, muss sich schon rechtfertigen. Wenn man an die Geschichte erinnert, wird unterstellt, man wolle in der Gegenwart die falsche Seite unterstützen. Kontextualisieren – eigentlich eine ganz normale Methode für alle Menschen, die denken – gilt als Relativieren, und das sei verwerflich. Dabei kann man überhaupt nur zu einem gerechten Urteil kommen, wenn man in Relationen sieht. Die Justiz macht nichts anderes. Allerdings weiß man nicht zuletzt von Gerichtsurteilen, dass es da einen Ermessensraum gibt. Der kann einen zu blinden Flecken verleiten, gar in die Falle des Gut-Böse-Schemas.

Dass Entspannungspolitik als nicht mehr zeitgemäß gilt und die Friedensbewegung jetzt auch gegen Russland sein muss, ist bitter genug. Ein Aggressionskrieg wie der russische ist die gravierendste Verletzung des Völkerrechts. Er ist durch nichts, auch nicht den

---

[*] Diskussionsbeitrag auf der Konferenz der Friedensbewegung »Ohne NATO leben – Ideen zum Frieden« am 21. Mai 22 an der Humboldt-Universität in Berlin

Kontext der Vorgeschichte, zu rechtfertigen. Aber eine Frage ist eben, inwieweit das Völkerrecht überhaupt noch der Referenzraum ist, in dem diese Welt sich befindet und in dem dieser Krieg stattfindet. Im Grunde war das Völkerrecht längst für etliche vorherige – westliche – Angriffskriege außer Kraft gesetzt. Wer heute auch gegen Russland seine Stimme erhebt, muss deshalb noch lange kein NATO-Befürworter sein, wie von uns verlangt und erwartet wird. Diese schlichte Logik, wer gegen die Doktrin der NATO ist, ist für Putin, die lassen wir uns nicht unterstellen. Wir bleiben dabei, dass vieles von dem, was wir auch in den letzten dreißig Jahren gesagt haben – die Friedensbewegung ist ja seit Jahrzehnten aktiv gegen die NATO – weiterhin seine Gültigkeit hat.

Auch wir wollen keinen russischen Diktatfrieden, aber wir wollen auch keinen NATO-Diktatfrieden. Der Maidan-Putsch hat uns gelehrt, wohin solche US-Einmischung führt. Es liegen inzwischen mehrere Vorschläge für Ausgangspunkte von Friedensverhandlungen vor. Im Grunde haben die Initiatoren etwas ganz Selbstverständliches gemacht: Sie haben im Wesentlichen die Vorschläge, die bisher von unterschiedlichen Seiten auf dem Tisch lagen, zusammengefasst und gesagt, setzt euch jetzt zusammen und redet darüber. Doch es bleibt das Gefühl, dass manche an einem schnellen Kriegsende gar nicht interessiert sind.

Wenn man jetzt über eine neue Friedensordnung nachdenken soll, dann muss man nicht beim Punkt Null beginnen. Es haben sehr viele kluge Menschen vor uns über Krieg und Frieden nachgedacht. Ich möchte an Kants Schrift »Zum ewigen Frieden« erinnern: Schon im ersten Satz verweist er darauf, dass der Titel einem satirischen Schild eines Gastwirtes entlehnt wurde. Auf diesem stand »Zum ewigen Frieden« und darunter war ein Friedhof gemalt. Und Kant meinte, es sei schon schwierig mit diesem ewigen Frieden, weil Staatsoberhäupter eben des Krieges nie satt würden. Aber wenn man denn die Staatsbürger entscheiden ließe, würden sie sich sehr wohl überlegen, »ein so schlimmes Spiel anzufangen«. Denn sie seien es, die die Kosten für alles tragen müssten.

Als würde er uns Heutigen die Leviten lesen, mahnte der weise Kant: »Irgendein Vertrauen auf die Denkungsart des Feindes muss mitten im Krieg noch übrigbleiben, weil sonst auch kein Friede abgeschlossen werden könnte, und die Feindseligkeit in einen Ausrottungskrieg (bellum internecium) ausschlagen würde«, was »den ewigen Frieden nur auf dem großen Kirchhofe der Menschengattung stattfinden lassen würde«.

Einstein hat sich aus ähnlichen Überlegungen als »militanten Pazifisten« bezeichnet. Ich finde es schon sehr bemerkenswert, dass sich heute Pazifisten und Entspannungspolitiker rechtfertigen müssen und nicht die, die uns in diese Situation gebracht haben. Denn diese Situation ist ein Versagen von Politik und nichts anderes.

Einstein sagt, Massen sind nie kriegslüstern, wenn sie nicht von Propaganda vergiftet sind. Das ist die Situation, in der wir uns leider befinden. Albert Einstein hat ja mit Sigmund Freud einen Briefwechsel geführt, über die Ursachen von Kriegen und wie man sie überwinden kann. Freud war skeptischer. Er sagte, der Aggressionstrieb im Menschen sei nicht abzuschaffen und es sei eine Utopie zu glauben, Menschen würden sich freiwillig der Vernunft beugen. Seine Schlussfolgerung war aber nicht etwa, das gar nicht erst zu versuchen, sondern er befand, Frieden sei eine kolossale moralische Anstrengung. Und das ist die Aufgabe, vor der auch wir stehen. Diese enorme moralische Anstrengung gegen alle Widerstände, denen wir uns spürbar ausgesetzt sehen.

Von einem ukrainischen Aktivisten stammt die Aussage, wer vom Krieg profitiere, werde ihn nicht stoppen. Und das ist eben genau die Frage: wer will diesen Krieg und wer will ihn wie stoppen? Im Parlament haben wir nur noch eine kleine Opposition. Immerhin hat der DGB eine Entschließung verabschiedet, in der er eine breite gesellschaftliche Diskussion zu dem Thema fordert. Es ist immerhin bemerkenswert, dass der DGB diese 100 Milliarden für Aufrüstung ablehnt und auch nicht die jährlichen 2 % vom Bruttosozialprodukt für Rüstung mitträgt. Man sollte meinen, es wäre nicht ganz unwichtig, wenn der Dachverband der Gewerkschaften so eine Erklärung abgibt.

Also wer profitiert vom Krieg? Brecht hatte zu dieser großen moralischen Herausforderung, von der Freud spricht, seine eigene Spielregel: Krieg wird es geben, solange auch nur ein Mensch daran verdient. Man muss bei den Interessen ansetzen, um die moralische Herausforderung nicht *so* groß zu machen. Und da sage ich, sozusagen Brecht antwortend: Frieden muss ein besseres Geschäft sein als Krieg!

Und was ein besseres Geschäft ist, das entscheiden durchaus Gesetzgeber. Sie haben die Mittel dafür in der Hand. Sie können subventionieren oder besteuern, sie können privatisieren oder vergesellschaften, sie können öffentlich ausschreiben, sie haben durchaus einen Spielraum. Waffenpreise sind politische Preise. Das hat überhaupt nichts mit Marktwirtschaft zu tun. Und wenn Bahntrassen oder Windräder oder Brunnen oder Schulen ein besseres Geschäft sind als Kanonen, dann werden sie auch eine bessere Chance haben. Wer so etwas für politisch naiv hält, den halte ich für zynisch.

Damals, im Jugoslawien-Krieg, haben Fachleute berechnet: für das Geld, das dieser Krieg gekostet hat, hätte man allen Bewohnern des Kosovo ein Haus mit Swimmingpool bauen können. In so einem Land hätten sich die Menschen sicher auskömmlicher vertragen und hätten vielleicht Besseres zu tun gehabt, als einen Bürgerkrieg zu entfachen. Es spielt also schon eine große Rolle, wo die Mittel hingehen.

Ich finde, es ist auch eine falsche Darstellung, so zu tun, als seien wir von Russland abhängig wegen einer friedlichen Gaspipeline. Die dramatischen Verwerfungen auf dem Energiesektor sind durch die Sanktionen ausgelöst worden. Weil man glaubte, Russland sei von den Geldzahlungen des Westens abhängig. Den Krieg so eindämmen oder gar beenden zu können, das scheint sich nicht in dem Maße zu bewahrheiten. Es war aber das Ziel, mit dem man der hiesigen Bevölkerung die dramatischen Einschnitte begründet hat. Abhängig von Rohstoffexporteuren werden wir vorerst bleiben. Kein einziger der hektisch neu gewonnenen größeren Öl- und Gaslieferanten hat eine moralisch saubere Weste, wirklich keiner. Die Mehrheit der Staaten, zumindest der Menschen auf dieser Welt, befürwortet nicht die sogenannte westliche Werteordnung. Wir werden Energie immer von irgendwo her beziehen müssen, wo diese Werte nicht gelten. Auch deshalb nicht, weil sie auch bei uns nur bedingt eingehalten werden.

Die eigentliche Abhängigkeit kommt doch daher, dass wir einer Nuklearmacht gegenüberstehen. Dass wir deshalb gewisse Rücksicht nehmen und immerzu die Luft anhalten müssen. Was, wenn diese Nuklearmacht jetzt überzieht? Wie reagiert dann die nächste Nuklearmacht? Bringen sie uns tatsächlich auf den Kirchhof der Menschengattung? Das ist es doch, was den eigentlichen Schrecken in uns auslöst. Die Abhängigkeit von der Laune der Atommächte, das treibt mich wirklich um. Und natürlich nicht nur mich. Über 100 Staaten haben dem Atomwaffenverbot der UNO zumindest zugestimmt, noch nicht alle haben es ratifiziert. Aber genügend, um den Vertrag in Kraft zu setzen. Endlich müssen auch die Atomwaffenbesitzer sich diesem Verbot stellen, finde ich. Sie können sich nicht ewig davor drücken – erst recht nicht nach den jüngsten Erfahrungen.

***

Wenn wir über eine neue Friedensordnung reden, so ist für mich zentral, dass das nicht geht ohne die UNO zu stärken, die in den letzten Jahrzehnten immer wieder bewusst geschwächt wurde. Das Gewaltmonopol muss zur UNO zurückkehren.

Mir ist ganz wichtig, auf einen Umstand aufmerksam zu machen, der erstaunlicherweise selbst in der Friedensbewegung nicht überall im Bewusstsein ist: dass nämlich für einen bewaffneten Einsatz laut UN-Charta sehr viel mehr nötig ist als ein UN-Mandat. Es müssen noch sieben weitere Punkte erfüllt sein, bevor man einen bewaffneten Einsatz führen darf. Ich behaupte, es hat nach 1945, also solange es die UNO gibt, noch nie einen militärischen Einsatz gegeben, der chartagerecht war – noch nie!

Artikel 26 der UN-Charta schreibt die Schaffung eines weltweiten Systems der Rüstungsregelung vor. Die im Vorfeld von Einsätzen von der UN zu verabschiedende Rüstungsregelung hat es noch nie tatsächlich gegeben.

Artikel 32 sieht vor, dass im Streitfall auch die Streitparteien an Sitzungen des UN-Sicherheitsrats teilnehmen sollen. Zwar ohne Stimmrecht, aber sie müssen gehört werden und hören, was die anderen sagen.

Artikel 33 verlangt, dass vor jedem Einsatz von Gewalt *alle* friedlichen Mittel ausgeschöpft sein müssen; also diplomatischer Druck, Verhandlung, Vermittlung, Schiedsspruch, Gerichtsverfahren. Nun ist es etwas schwierig das Maß zu finden – was sind alle friedlichen Mittel? Ich würde ein unbestechliches Maß vorschlagen: Wenn für friedensfördernde Maßnahmen genauso viel Geld ausgegeben wurde wie für Rüstung, dann sind alle friedlichen Mittel ausgeschöpft.

Artikel 94 der UN-Charta erwartet, dass sich alle streitenden Parteien dem Internationalen Gerichtshof (IGH) unterwerfen, also dem Völkerrecht. Das haben die Großmächte nie gemacht. Keine USA, auch kein Russland. Ich finde, wer für sich selbst das Völkerrecht nicht akzeptiert, der darf erst gar kein Gewehr in die Hand nehmen!

Ganz wichtig sind *Artikel 43 und 45*: sie fordern, dass die Mitgliedstaaten der UNO Streitkräfte zur Verfügung stellen müssen, wenn ein bewaffneter Einsatz wirklich unvermeidbar ist. Es war nicht vorgesehen, dass die NATO das Exekutivorgan für militärische Streitigkeiten ist.

Artikel 47 besagt, dass die strategische Leitung bei der UNO liegen muss, wenn denn militärische Gewalt unvermeidbar ist. Von der NATO ist hier wiederum keine Rede.

Artikel 46 begrenzt auch bei der UNO Willkür: Bevor ein militärischer Konflikt geführt werden darf, muss es Pläne für die Waffengewalt geben. Also verbindliche Angaben, welche Waffengewalt
erlaubt ist. Wenn das getan worden wäre, dann wäre es z. B. nicht
möglich gewesen, das UN-Mandat für eine Flugverbotszone in Libyen derart zu missbrauchen und zum Einfallstor für den Krieg zu
machen. Es wäre auch nicht möglich, geächtete Waffen wie uran-
haltige Munition oder Streubomben zu verwenden.

Keine Schutzverantwortung der NATO hat je Schutz gebracht, kei-
ne humanitäre Intervention Humanismus. Die Alternative ist nicht
Nichtstun. Es gibt sehr viel, was man stattdessen tun kann. Ich habe
UN-Generalsekretär Guterres auf der Münchner Sicherheitskon-
ferenz sagen hören, das größte Sicherheitsrisiko sei die politische
Elite.

Das sollte uns doch ermutigen, die bestehenden Strukturen nicht
einfach hinzunehmen. Nicht nur António Guterres will einen Um-
bau der UN zu viel stärker friedenserhaltender Hilfe. Er erinnert,
dass das Militär der größte Klima- und Sozialkiller ist. Bevor wir
an einen neuen Frieden denken können, müssen Feindbilder abge-
baut werden. Volksentscheide wären wichtig, um im Sinne von Kant
eine Hemmschwelle für Gewalt zu setzen. Frieden ist zu wichtig, als
dass man ihn den Politikern überlassen kann. Deshalb brauchen wir
auch weiter eine starke Friedensbewegung.

Eugen Drewermann

Sag Nein!
Wie können wir den Frieden zurückgewinnen und wie können wir ihn bewahren?[*]

Rund um die Uhr werden wir beschallt, beeindruckt und in eine Kampagne der Zeitenwende hineingezogen, in der man uns beibringt, dass alles, was seit 1945 in Richtung Frieden versucht worden ist, ein einziger Fehler gewesen sei.

- Egon Bahr und Willy Brandt und die Ost-West-Versöhnung, falsch!
- Frieden schaffen mit weniger Waffen, Helmut Kohl, falsch!

»Wir sind zu wenig robust gegen Russland vorgegangen«, ist die Lektion, die wir jetzt übernehmen sollen.

Zu diesem Wendeprogramm sollen wir NEIN zu sagen, weil es nichts weiter ist als ein Salto mortale in die Vergangenheit. Seitdem ich denken kann, höre ich, dass der Russe kommt, und dass wir Bomben brauchen, Atombomben brauchen, dass wir die NATO brauchen, dass wir militärisch höchst gerüstet sein müssen. So aber schafft man nicht den Frieden.

Krieg ist konträr zur Kultur der Menschlichkeit

Am 3. April wurde im Spätprogramm des ZDF das Bild einer Ukrainerin gezeigt, die in Butscha ihren Sohn verloren hatte, eine

---

[*] Rede gehalten auf dem Kongress »Ohne NATO leben – Ideen zum Frieden«, Berlin, Humboldt-Universität, 21. Mai 2022, veranstaltet von frieden-links und Einzelpersönlichkeiten. Mehr unter: frieden-links.de. – Der Duktus der gesprochenen Sprache wurde hier weitgehend beibehalten.

Frau, aufgelöst in Tränen und Verbitterung. Der Junge war 27 Jahre
alt, als er etwa 500m weit zu seiner Arbeitsstätte gehen wollte und
dabei erschossen wurde. Jetzt liegt er in dem Raum dieser Frau. Sie
hat über ihn einen Teppich gebreitet. Und verzweifelt schreit sie:
»Die sollen alle dahin, wo mein Junge hinkommt, unter die Erde!«
Man kann die Not, die Traurigkeit, die Wut, die Hilflosigkeit dieser
Frau mehr als gut begreifen.

Aber was macht eine Politik daraus, die die Verzweiflung und das
Leiden der Menschen dazu benutzt, einen sinnlosen Krieg immer
weiter zu verlängern mit immer mehr Waffen, die geliefert werden?
Und wie kommt eine christlich sich nennende Partei dazu, die Regierung vor sich her zu treiben, endlich doch schwere Waffen in die
Ukraine zu liefern, einen Abnutzungskrieg gegen Russland zu führen, »Russland zu ruinieren«, mit den Worten von Frau Baerbock?

Das alles dient nicht dem Mitleid mit den Leidenden. Einzig das
Leiden wird sich universalisieren, geht dieser Krieg weiter. Dann
wird es unzählige solcher Bilder geben. Sie nehmen nicht ab! Gerade
im Namen dieser trauernden Ukrainerin müssen wir erwarten, dass
nicht länger aufgerüstet wird, sondern dass Friedensverhandlungen
eingeleitet werden. Das Verständnis für die Ukraine dient nicht der
Aufrüstung Selenskyjs für einen langen Dauerkrieg unter der Paten-
schaft der NATO-Mitglieder. Es muss möglich sein, sich miteinander zu verständigen und Frieden zu schließen. Es sind ja nicht allein
die Opfer des Krieges, die passiv, als Angehörige von Toten, zu be-
dauern sind. Es sind auch die Soldaten selber.

Wir, die Deutschen, haben am 21. Juni des Jahres '41 mit drei
Millionen Soldaten der Großdeutschen Wehrmacht die Sowjetunion angegriffen und uns mit 27 Millionen Toten daraus verabschiedet. Ungefähr 30 Millionen waren das Planziel der Nazis, den
ganzen Korridor auszudünnen für germanische Bevölkerungsstra-
tegien. Scheinbar ist das alles wie vergessen.

Aber davon, was das mit 20-, 25-Jährigen macht, erzählte mir
dieser Tage noch der Sohn eines Soldaten von damals: »Vierzig Jahre lang hat mein Vater von seinem Leben kein Wort gesagt, aber

dann, auf dem Sterbebett, vertraute er mir ein Geheimnis an, wie es war. Er war mit einem der letzten Flugzeuge aus Stalingrad evakuiert worden, zwei Beine amputiert. Seine Darstellung: ›In jedem Ort, in den wir vorrückten, gab es keine Menschen mehr. Da, mit einem Mal öffnet sich eine Tür und heraus kommt ein alter Mann mit einem kleinen Kind an der Hand. Mein Kamerad zieht das Gewehr, und ich schreie ihn an: Nein! Aber er schießt. Mein Vater hat an dem Tag nie mehr aufgehört zu weinen. Vierzig Jahre später das Trauma, einem Mord beigewohnt zu haben.«

Wir Menschen sind nicht darauf eingerichtet, Soldaten zu werden. Sähen wir, was man uns befiehlt zu tun, wir würden es nicht tun. Harold Nash war als Bomber-Pilot der Royal Air Force am Angriff unter Luftmarschall Arthur Harris im Juli 1943 an der »Operation Gomorrha« gegen die Hansestadt Hamburg beteiligt. In einer einzigen Nacht in Hammerbrook starben mehr als 40.000 Menschen, denen mit den Stabbrandbomben der Sauerstoff aus den Bunkern gezogen wurde.

Harold Nash beschreibt seinen Eindruck so: »Es lag unter uns wie ein schwarzes Band aus Samt, bestickt mit Perlen. Aber wir wussten, dass das, was wir dort unten anrichten, schlimmer ist als Dantes Inferno. Aber wir sahen ja nur Brände, wir sahen ja keine Menschen. Sonst hätten wir das nicht tun können.«

Mit einem Wort: Was wir Krieg nennen, was wir Militär nennen, ist das Untergraben von allem, was Kultur bedeutet. Erich-Maria Remarque konnte zwölf Jahre nach dem Ersten Weltkrieg in seinem Buch »Im Westen nichts Neues« genau das beschreiben: Wenn das – damit meinte er Artilleriefeuer, Bajonettangriffe, Handgranaten, Giftgas, Panzerketten, Typhus –, wenn das möglich war, war alles umsonst, was wir von Platon bis Schopenhauer jemals als Kultur bezeichnet haben.

Das Militär ist die Gegenwelt zur zivilen Welt. Alles das, was Ihnen verboten wird zu tun: Lügen, Töten, Brandschatzen, Rauben, Morden, wird im Krieg als befohlene Strategie geübt und ganz normalen 18-jährigen Jungen und jetzt sogar Mädchen aufgezwungen.

Und die Bundeswehr wirbt in Berlin und anderswo mit der Aufschrift auf den Omnibussen: Mach, was wirklich zählt!

Was zählte, das war 1970 im Vietnam-Krieg unter General Westmoreland das »body-counting« – jeden Tag. Welche Einheit hat wie viele nummerierbar zur Strecke gebracht? Dafür gab es Prämien. Effizient morden, weil es zählt. Wie inhuman muss man sein, um diese Propaganda zu akzeptieren? Sie schaukelt durch Berliner Straßen und die anderer Städte und sie verdient jede Art des Widerspruchs.

Remarque konnte auch sagen, wie man dahin kommt, Soldat zu werden: »Sechs Wochen Kasernenhof haben genügt, dass wir vor einem ehemaligen Postboten, nur weil er die richtigen Epauletten trägt, durch den Schlamm robben und jeden töten, den er befiehlt zu töten. Wir sind Bestien geworden, Mörder geworden. Käme dein eigener Vater von drüben, du würdest ihn mit deiner Handgranate zerfetzen. Das hat man aus uns gemacht.«

Wie es geschieht, können Sie bis heute in jedem Lehrbuch jedes Kasernenhofs von jedem Staat der Erde beobachten: Die Entseelung des Körpers zu einer bloßen Marionette. »Die Augen geradeaus! Links schwenkt! Marsch!« Das alles ist so sinnlos, dass der Zweck um so deutlicher wird: Die Angetretenen sollen nicht denken. Sie sollen aufhören, ein persönliches Gewissen zu haben. Sie sollen aufhören, als Subjekte Verantwortung zu tragen für ihre eigenen Gefühle und Entscheidungen. Nichts mehr hat zu gelten, was ihnen die Mutter gesagt hat, der Vater gesagt hat, der Lehrer, der Pfarrer, die Bücher. Jetzt gilt, was der Drill-Sergeant, der Brüllaffe im Hintergrund kommandiert, und nur das. Gut und Böse sind keine sinnvollen Kategorien mehr. Sie sind nicht für die Befehle selber, sondern nur noch für deren Ausführung verantwortlich.

Dass das unmenschliche Prinzipien sind, hatte auch die US-amerikanische Seite in den Kriegsverbrecher-Prozessen 1947 betont. Die Nazi-Granden wurden angeklagt, und alle antworteten sie: Wir haben getan, was alle Soldaten tun. Befehl ist Befehl.

Damals konnte der amerikanische Ankläger sinngemäß sagen: Das ist doch euer eigentliches Verbrechen. Ihr habt die Uniform an-

gezogen und aufgehört, Menschen zu sein. Ihr habt euch den Stahl-
helm über den Kopf geschoben und aufgehört zu denken. Ihr habt
euch den Koppel über den Bauch geschnürt und da stand drauf: Gott
mit uns. Und ihr habt nicht begriffen, wie ihr Gott lästert, wenn ihr
glaubt, was die Nazis und der Führer an Stelle Gottes euch ins Gewissen drücken. Die Preisgabe der Personalität ist das eigentliche
Verbrechen, die Voraussetzung für alles Weitere.

Dann aber bräuchten wir Menschen, die standhalten und sich
nicht umformen lassen unter Befehl. Dies ist der wahre Mut, der
dazu gehört, Frieden auf dieser Welt zu haben: NEIN zu sagen in
persönlicher Verantwortung.

Als die Bundesrepublik 1955 aufrüstete, konnte Hermann Hesse
einem seiner Leserbriefschreiber auf die Frage, was denn mit seinem
Roman Demian gemeint sei, mit dem folgenden Beispiel antworten:
»Es ist möglich, dass sie dich einziehen und dir sagen: ›Nimm das
Gewehr! Ziele! Drück ab!‹ Und du tust es. Dann werden die Zeitungen sagen, dass du ein treuer, tapferer Soldat bist. Dann wird der
Militärpfarrer dich womöglich dafür segnen, dass du den Befehlen
gehorcht hast. Die bürgerliche Welt wird dir zustimmen, dass du sie
verteidigt hast. Es ist aber auch möglich, dass in dir selber eine leise
Stimme spricht: ›Du sollst nicht töten!‹ Also nimmst du das Gewehr
und zerbrichst es über deinen Knien. Dann hast du sie alle gegen
dich, die Presse, die Pfarrer, die öffentliche Meinung. Dann bist du
ein Querdenker, ein Phantast, ein Pazifist. Aber du hast Nein gesagt,
um zu dir selber Ja zu sagen.«

Das ist die wirkliche Auseinandersetzung, vor der wir heute stehen, mehr denn je. Es ist nicht möglich, Mensch zu bleiben und
sich darin trainieren zu lassen, Soldat zu werden. Beides geht nicht
ineinander!

Kein geringerer als Albert Einstein hat das in den 20er Jahren des
vergangenen Jahrhunderts schon gesagt. Nur wenn wir das Militär
beseitigen, werden wir ohne diese Parallelgesellschaft nicht immer
wieder den Rückfall in die Steinzeit erleben, in ein Morden unterhalb dessen, was wir geschichtliche Vernunft nennen. Es ist Zivili-

sation nur unter der Bedingung zu haben, dass wir die Bereitschaft
zum Krieg, präformiert in der Politik, trainiert auf den Kasernen-
höfen, industrialisiert in der Rüstung, ein für alle Mal mit NEIN
verabschieden.

Raus aus der Spirale der Angst

Natürlich werden wir zu hören bekommen, dass das ein phantas-
tisches Programm ist, dem man nicht folgen darf. Denn dann sind
wir wehrlos. Dann müssen wir Angst haben. Und eben deshalb, aus
Angst, haben wir das Militär. Die gesamte menschliche Geschichte
im Verlaufe der letzten sechs- oder zehntausend Jahre können Sie
auf diesen Parameter auftragen. Die organisierten Verbände bis hin
zu Staatengebilden und Bündnissen haben Angst vor einem poten-
tiellen Angreifer.

Und wie antworten unsere Staaten darauf? Nicht, indem sie
Angst überwinden. Ganz im Gegenteil! Indem wir, die wir Angst
haben, mehr Angst machen müssen jedem potenziellen Angreifer.
Mit anderen Worten: Wir haben zwar schon abscheuliche mörde-
rische Waffen, aber vielleicht hat ja der Russe oder der Chinese, irgendjemand, schlimmere Waffen. Das wissen wir nicht. Aber weil
es sein könnte, müssen wir ganz bestimmt die Waffen erfinden, die
noch schlimmer sind, als die des Gegners jemals werden. Das Programm ist, Angst zu beruhigen durch Angstverbreitung. Und das
Mittel dazu: Immer abscheulichere Mordinstrumente zu systemati-
sieren und zu installieren, eine Spirale ohne Ende.

Das, was wir im Kalten Krieg erlebt haben, nannte sich dann sogar Frieden durch wechselseitige Abschreckung, »Balance of Power«.

Und was kommt bei dieser Logik der Angst heraus?

Am 6. August 1945 startete von den Marianen aus der Bomberpulk
mit der Enola Gay und dem Piloten Paul Tibbets an Bord.

Nach den Wettermeldungen wurde der Pulk auf Hiroshima gelenkt. Und um 8.15 Uhr starben mit einer einzigen Bombe mehr als

100.000 Menschen in wenigen Sekunden. Damals hielt die Welt den Atem an.

Karl Barth, ein Schweizer Theologe, sagte: »Wir müssen über Krieg nie mehr reden. Es kann keinen Krieg mehr geben. Er ist das Unrecht schlechterdings. Hiroshima ist das Ende dessen, was je Krieg geheißen hat.«

Was man nicht ahnte: 14 Tage später schickten die USA ihre Kamerateams in die Trümmerlandschaften von Hiroshima, um alles aufzunehmen. Nicht um das Grauen zu dokumentieren und es in Ewigkeit unmöglich zu machen, nein, um herauszufinden, in welchem Abstand die Druckwelle, die Strahlenwelle, die Hitzewelle Menschen verstrahlt und zerstört hatte, um es beim nächsten Mal besser, effizienter machen zu können. Und so ging das weiter bis 1952. Eine Uran-Spaltbombe hat ihre physikalische Grenze beim Abstrahlen der Neutronen, eine kritische Masse. Mehr davon kann man nicht gemeinsam lagern. Also müssen wir die Sonnenenergie, die Verschmelzung von Wasserstoff zu Helium, vom Himmel auf die Erde holen, die Wasserstoffbombe, sie ist physikalisch ohne Grenzen. Wenn wir die haben, haben wir die schlimmste Waffe, wir sind dann Sowjetrussland überlegen, also werden wir sie haben. In dieser Art ging das ständig weiter. Beim Erproben der Wasserstoffbombe hatte man es übrigens nötig, 40.000 Wirbeltiere mitzunehmen, um genau das zu sehen: Wann platzen die Trommelfelle, wann verbrennt die Haut, in welcher Generation entstehen Missbildungen durch genetische Veränderungen infolge radioaktiver Strahlung. Damit man es machen könnte, nicht um es zu verhindern, testete man es aus.

So treibt die Angst voreinander zu immer wahnsinnigeren paranoiden Ideen des militärischen Rüstens. Und es schafft nicht Sicherheit, es ist die Bedrohung der ganzen Menschheit durch den Menschen, durch niemanden sonst. Also müssen wir aus dieser Spirale heraus und das Allereinfachste und Wichtigste dabei lernen: Der Friede kommt nicht durch die Stärke der Waffen, durch die Überlegenheit der Rüstung. Die Bergpredigt hat vollkommen recht, in den Worten Jesu:

»In dieser Welt wage ich die Menschen glücklich zu nennen, die den Mut haben, wehrlos zu bleiben. Nur die bereiten den Frieden.« (Matthäus 5,5-9) Abrüstung statt Aufrüstung! Nicht nur weniger Waffen, sondern überhaupt keine Waffen mehr!

Immanuel Kant konnte sich das vor über 200 Jahren vorstellen. Wenn der eine Staat rüstet, macht er dem Nachbarstaat Angst und der wird auch rüsten. Und die Spirale der Gewalt wird immer weiter eskalieren. Am Ende sind die Ausgaben für die Rüstung so teuer, dass man Krieg führen muss, damit es sich rentiert. Schon Montesquieu konnte angesichts der Rüstungspolitik der Preußen sagen, wir haben inzwischen mehr Waffen als Nahrungsmittel. Heute haben wir 60 Millionen Binnen-Flüchtlinge allein in Afrika. Aber wir müssen 100 Milliarden schon mal für Rüstung versprechen in der nächsten Zukunft, für die nächsten zwei Jahre. Haben Sie je gehört, dass wir auch nur zwei Milliarden Dollar gehabt hätten für Flüchtlinge, dass wir eine Milliarde Dollar gehabt hätten für die Leute, die als Flüchtlinge auf Lesbos oder Samos sitzen seit fünf Jahren, jeden Winter unbeachtet? Dafür haben wir kein Geld. Aber für Rüstung allemal.

Wie durchbrechen wir den Todeskreislauf der Angst?

Indem wir aufhören, Angst zu haben und uns Angst machen zu lassen.

Das Problem dabei ist auch in der Friedensbewegung selbst gelegen. Sie hat allemal großen Zulauf gewonnen mit dem Argument, dass wir selbst gefährdet sind. Zur Dislozierung der Pershing 2 war damals in Bonn der Zulauf gewaltig. Auch 1991 beim ersten Golfkrieg waren Tausende auf den Marktplätzen, denn man fürchtete sich. Die US-Navy hatte über 400 Atombomben im Persischen Golf. Was wird mit der Energieversorgung? Katastrophenszenarien. Angst sollte ein Motiv zum Frieden sein. Aber was wir erleben, ist ein ganz anderes. Es ist als allererstes ein Motiv zu rüsten und zur Bereitschaft für den Krieg.

Und dann hat man sich nach dem Zusammenbruch der Sowjetunion einen neuen Feind für die NATO ausgeschaut, den Islamismus. Damals war es kein Problem, dass Putin völlig sinnlos den zweiten Tschetschenien-Krieg vom Zaun brach. Es war eine Aktion der gemeinsamen Anti-Terror-Kampagne. Es war ein Verbrechen, nicht geringer als der Überfall auf die Ukraine, aber es ging durch, weil wir es ja genauso machen.

Wann kommen wir aus dem Kreislauf der Angst heraus? Da hat Mahatma Gandhi ohne Zweifel recht: Der Friede kommt nicht aus der Motivation der Angst, im Gegenteil, einzig aus der Stärke der eigenen Person. Durch die Treue zu sich selber, durch den Mut, ein eigenes Gewissen zu haben. Auf Indisch: Satyagraha (beharrliches Festhalten an der Wahrheit), »denke selber« hätte *Kant* gesagt, »bleibe du selber« hat Gandhi gesagt. Der Widerstand gegen die Bereitschaft zum Krieg und zur Rüstung für den Krieg liegt eigentlich nur darin, sich nicht länger einschüchtern zu lassen. Und das wäre die Kampagne am heutigen Mittag: Wir müssten den uns Regierenden erklären: Wir lassen uns von euch nicht länger ins Bockshorn jagen durch immer neue Schreckensszenarien wie »Der Russe kommt!«, wie »Der Chinese kommt!« Dass *ihr* kommt, ist schlimm genug! Und jetzt machen wir euch da oben Angst, weil wir uns keine Angst mehr machen lassen. Wir wollen den Todeskreislauf der ständigen Eskalation, wer kann noch effizienter, besser und umfänglicher morden, ein für alle Mal beseitigen. Die uns Vertretenden haben die Pflicht, sich zueinander zu setzen und über ihre Ziele, ihre Interessen verträglich zu verhandeln.

Wenn wir Angst überwinden wollen, ist es so ähnlich, wie wenn Sie Ihrem eigenen Hund in die Augen schauen. Ihre Nachbarin hat gesagt, er ist Wadenbeißer, Sie aber mögen ihn und Sie wissen, dass er lediglich Angst hat, deshalb kann er bissig werden. Sie müssen ihn beruhigen, aber nicht mit der Peitsche kujonieren. Bei Vierbeinern wissen wir das. Bei Menschen scheinen wir gar nicht nötig zu haben, ein Gleiches zu tun. Sehen wir mal in die Augen dessen, den wir für den Feind erklären. Er hat genau vor uns die Angst, die wir ihm machen, weil wir vor ihm Angst haben. Und dieser Teufelskreis muss ein Ende haben.

Es gab eine glänzende Gelegenheit 1973, als Helmut Schmidt mit Breschnew sprach über die Dislozierung der Pershing 2. Und Breschnew sagte, das macht uns Angst. Und Schmidt antwortete, eure Raketen machen uns Angst. Was für eine wunderbare Situation zu sagen: Wir hören damit auf. Keiner muss Angst haben vor dem anderen, damit ist Schluss. Stattdessen setzte Schmidt die Dislozierung der Pershing 2 durch und hielt es bis zum Ende für den Teil seiner Erfolgspolitik, nicht militärisch, sondern wirtschaftlich: Man hatte Russland kaputt gerüstet. Das ist, was wir im Hintergrund sehen. Hätten wir es nur zu tun mit dem Reflex der Angst, wären wir in einer psychologisch verständlichen, allgemein menschlichen Lage befindlich. Was wir aber miterleben, ist der Missbrauch der Angstreflexe durch eine gezielte Politik, die Angst benutzt, um die eigene Machtstrategien durchzusetzen. Und da sind wir bei dem Problem, das thematisch heute angesprochen werden soll: Raus aus der NATO!

Die NATO verteidigt die Macht der USA, doch nicht den Frieden

Seitdem sie gegründet wurde, fast zeitgleich mit der Gründung der Bundesrepublik 1949, haben wir ein Militärbündnis, dessen strategisches Ziel eigentlich schon 1945 definiert wurde.

Damals konnte Winston Churchill erklären, dass man die falsche Sau geschlachtet hätte: Adolf Hitler. Der Krieg müsste eigentlich gleich weitergeführt werden, gegen Stalin, gegen Moskau. Und die Deutschen sind dabei die besten Soldaten. 40 Kilometer vor Moskau waren die doch schon. Wenn wir die gewinnen und sie marschieren lassen, ist das geschwächte Russland nach 27 Millionen Toten endgültig am Ende. Das ist unsere Chance. Mit solch einem Programm ist die Bundesrepublik gegründet worden, als Aufmarschglacis gegen die Sowjetunion.

Und der NATO-Beitritt 1955 passte genau in dieses Schema. Was die wenigsten von Ihnen wissen: der geheime Krieg wurde illegal mitgeführt. Es ging dahin, dass man in jedem Fall eine Machtübernah-

me durch kommunistische Parteien in Italien, in Griechenland, wo
immer auch sonst, verhindern musste durch inszenierte Bürgerkrie-
ge, Überwachung und gezielte Tötungen. Selbst der SPD-Vorsitzende
Ollenhauer stand auf der Liste der Bedrohung US-amerikanischer
Imperialziele. Wenn er denn an die Macht gekommen wäre, hätte
man um sein Leben fürchten müssen. Die Geheimarmee Gladio
machte im Untergrund das, was offiziell die NATO sowieso tat.

1952 schon waren wir unter Adenauer dabei, den Vertrag über
die Europäische Verteidigungsgemeinschaft zu unterschreiben. Sieben Jahre nach dem Desaster des Zweiten Weltkriegs hatten Deutsche schon wieder dabei zu sein, weil die USA es wollten. Damals
wollten es die Franzosen nicht, nicht schon wieder Deutsche in Uniform östlich vom Rhein. Drei Jahre später hatten wir das, was wir bis
heute beibehalten haben: Wir müssen gegen Russland gewappnet
sein.

Wir haben uns 2001 gewundert, dass man die Freiheit Deutschlands am Hindukusch verteidigen kann. Ich war elf Jahre alt, als ich
aus dem Munde von Konrad Adenauer hörte, dass wir die Freiheit
Deutschlands in Korea verteidigen. Keiner dieser Sprüche hat an
Aktualität verloren oder gar an Unsinnigkeit. Sie sind gesteigert,
durch die Repetition des Verkehrten zur Gewohnheit erhoben worden. Und was wir in Form der NATO haben, ist nicht nur eine un-
endliche Spirale der Rüstung, sondern auch der Propaganda impe-
rialistischer Machtdurchsetzung.

Wer bedroht denn da wen?

Die US-amerikanische Politik ist gestützt auf über 750 Militärstützpunkte rund um den Globus.

Russland kommt, ganz hoch gerechnet, auf um die 30. Der Mi-
litärhaushalt der Vereinigten Staaten beträgt 750 Milliarden Dollar,
der der Russen kaum ein Zehntel davon. Die USA allein geben mehr
aus als die nächsten neun militärisch rüstenden Staaten in der Se-
rie, China, Russland, Deutschland, Frankreich zusammen. Und das
Programm ist so obsolet, wie es nur sein kann.

1989 waren es zum dritten Mal Russen, die diesmal in Gestalt von Gorbatschow den Vorschlag machten zu entmilitarisieren, dass endlich Frieden wäre. Vom Ural bis zum Atlantik keine Waffen mehr, stattdessen die Konversion von Wissen, Geld, Industrie, Engagement für Ziele, die menschlich die Not auf diesem Planeten lindern könnten. Das lag auf dem Tisch. Versprochen wurde Gorbatschow, die NATO werde sich keinen Zentimeter nach Osten ausdehnen. Es wird heute gelogen, das wäre gar nicht so gewesen, ist aber schriftlich zu haben. Genscher machte sich Gedanken, ob die neuen Bundesländer militärisch genutzt werden dürften und versprach, dass es nicht geschähe. Wir hätten den Frieden haben können, wenn wir ihn nur hätten wollen dürfen.

1990 aber machten sich die Thinktanks in den USA bereits Gedanken darüber, wie wir ein 21. amerikanisches Jahrhundert ausrufen, ein »New American Century«. Die Sowjetunion ist kollabiert, und wir jetzt müssen das Machtvakuum für uns erobern. Das ist das Programm von allem, was dann kam: Ein Krieg nach dem anderen im Nahen Osten. Seit 2001 haben die USA, nicht die Russen, sieben islamische Staaten zerbombt. Aber man wollte sich alles aneignen, was Russland nicht mehr aktiv verteidigen wird. Und an dem Punkt sind wir heute. Afghanistan ist gerade misslungen, aber mit Kasachstan, Usbekistan und Kirgisistan ist die Südflanke offen. Das Baltikum ist sowieso weg. Und jetzt kommen zusätzlich noch zwei neue Staaten, Schweden und Finnland, mit über 1000 km Grenzlänge dazu, Platz genug, um Raketen aufzustellen.

Stellen Sie sich vor, was wäre, wenn Russland versucht hätte, ein zweites Mal Raketen in Kuba aufzustellen oder in Venezuela, Nicaragua, Bolivien Militärstützpunkte gegen die USA errichten würde, wir hätten genau dieselbe Krise wie damals 1962 auf Kuba. Das Strategic Air Command war damals bereits in der Luft mit Atombomben zum Angriff. America first! Das lässt sich nicht bedrohen, wir sind stark, wird Herr Stoltenberg als Chef der NATO sagen. Und wir werden keinen Zentimeter zurückgehen. Wir gehen lieber hunderte von Kilometern vorwärts gegen Russland, aber das sei keine

Bedrohung; es wäre ein Missverständnis zu glauben, das sei Machtausdehnung, es ist vielmehr die Antwort auf Putins Versuch, das Sowjetimperium wiederherzustellen.

Gegen diese offiziellen Narrative müssen wir uns wehren. Wir werden nicht von Russland bedroht. Es wird uns eine Gefahr halluziniert, die keinem anderen Zweck als der strategischen Geopolitik der USA und ihrer Machtausdehnung dient. Dass es anders geschildert wird, hindert nicht daran, dass es so ist.

Es gibt gerade von den Grünen heute ein Argument jenseits von Angst, aufgeblasenem Machtwillen und der Beanspruchung des Imperialismus, das lautet: Uns gehört die Welt und keinem andern.

Weswegen? Weil wir Amerikaner sind, weil wir die Guten sind, weil wir first sind und weil wir, die Europäer, mitzumachen haben.

Den Krieg, den Putin führt, kann man ein Verbrechen nennen. Das ist er. Aber man könnte auch sagen, was in Frankreich zum Sprichwort wurde: Er ist schlimmer als ein Verbrechen. Er ist ein Fehler! Weil jetzt Russland alles das bekommt, was es mit dem Überfall auf die Ukraine verhindern wollte: Raketen in ungezählter Fülle, dicht bis an die Grenze. Die militärische Versorgung der Ukraine ist voll im Gange. Ob ein NATO-Staat daraus wird oder nicht, das Faktum ist längst eingeleitet. Alles, was verhindert werden sollte, steht jetzt da, die gesamte EU, Mann für Mann, die Hacken zusammengeschlagen, die Gefolgschaft zu den USA – besser konnte es nicht kommen. »We get him at the nuts!«, würde man auf »Amerikanisch« sagen. Das haben wir hingekriegt. Übrigens, für das Militär ist die versaute Sprache typisch. Alles, was mal für Liebe und Zärtlichkeit gemeint war, muss pervertiert werden.

Verantwortung – wie und für wen?

Aber eines wird uns gleichzeitig moralisch beigebracht, die zweite Ebene der Lüge: die sogenannte Verantwortung. Aus Mitleid mit Menschen müssen wir den Krieg verweigern. Die Angst, die zu ihm führt, müssen wir überwinden durch Gemeinsamkeit, in Respekt vor der Angst des anderen, den wir als Gegner überhaupt erst züchten. So haben wir es soeben gesagt. Eines aber wird uns jetzt darauf geantwortet: Wir müssen aus Verantwortung humanitäre Interventionen starten und militärische Eingreiftruppen in aller Welt in Bereitschaft halten. 20 Jahre in Afghanistan haben diese Gedanken nicht geändert, ganz im Gegenteil. In Mali sind wir weiter dabei auf Seiten der Franzosen, überall aus »internationaler Verantwortung«.

Man kann es nicht laut genug sagen: Wir, eines der reichsten Länder dieser Welt, haben für die Welt Verantwortung, allerdings, aber dann muss man sich anschauen, wie sie wahrgenommen wird. Menschen, die nicht mehr wissen, wohin, lassen wir ertrinken im Mittelmeer, lassen militärisch organisiert Frontex heran, um sie durch Push-backs zurück in die Lager in Libyen zu schicken, schnüren ihnen die Fluchtwege ab, weil sie ja nur lästig sind, weil sie Geld kosten. Flüchtlinge aus der Ukraine sind uns jetzt aus politischen Gründen hoch willkommen. Sie werden noch in 20 Jahren Russland verfluchen und Putin hassen. Das ist politisch korrekt. Leute, die einfach nur als Menschen um einen Ort bitten, wo sie leben könnten, sind uns nicht genehm, müssen ferngehalten werden. Da hätten wir Verantwortung für über 50 Millionen Menschen, die jedes Jahr verhungern. Gerade jetzt in Ostafrika droht eine neue Dürre.

Wie sieht da unsere Verantwortung aus?

So, dass an der Chicagoer Nahrungsmittel-Börse spekuliert wird auf den Hunger. Das kann jeder lernen in BWL. Je weniger ein Produkt auf den Markt geworfen wird, desto teurer ist es, wenn es gebraucht wird. Eine Dürre in Ostafrika bedeutet weniger Nahrungsmittel in Ostafrika. Also werden die Preise steigen, und was ein richtiger Moneymaker ist, der muss jetzt zugreifen, sonst verliert er seine Chancen.

Wie kann man aus dem Tod von Millionen Verhungernden Geld scheffeln? Das ist Kapitalismus, wie wir ihn haben. Verantwortung, wie man sie uns predigt. Ausblenden der wirklichen Not, die wir lösen müssten, und die Erfindung von virtuellen Ängsten, die völlig überflüssig sind. 100 Milliarden für Rüstung, mal eben versprochen, Aufrüstung der Bundeswehr, voll im Einsatz neuerdings, so sollen wir in die Zukunft gehen. In Wirklichkeit verhindern wir die Menschlichkeit der Zukunft, indem wir die Humanität wegsperren durch unsinnige Machttiraden.

Deshalb sagen wir aus Verantwortung: Nein zur Aufrüstung, Nein zum Militär und Nein zum Dienst an der Waffe.

Die Perversion der Moral

Und dann kommt es eigentlich noch ärger. Man sollte denken, dass Moral ein Instrument wäre, Unmenschlichkeit zu verhindern. Nicht so, wenn das Wort Krieg ausgesprochen wird. Dann werden Sie miterleben, dass bereits im Vorfeld die Moral zur Waffe instrumentalisiert wird. Sie lesen die Zeitung. Mit wem führen wir jetzt Krieg? Putin. Und das ist: ein Mörder, sagt Herr Biden, ein Krimineller, sollen wir alle sagen, ein Dämon, wird die Bild-Zeitung schreiben, ein Teufel, das absolut Böse, das wir aus moralischen Gründen absolut, mit allen Mitteln, bekämpfen und vernichten müssen.

Auch das haben wir hier erlebt seit 1945. Es ist kein Krieg vom Westen geführt worden außer gegen Hitler. Ho Chi Minh – Hitler, Saddam Hussein – Hitler, Gaddafi – Hitler, Milošević – Hitler, immer bekämpfen wir aus moralischen Gründen schon im Vorfeld das absolut Böse. Die Idee ist so falsch, dass Sie im Jahre 1520 aus der Feder von Erasmus von Rotterdam in wenigen Sätzen die Entlarvung dieser Selbsthypnose der Unmenschlichkeit beschrieben finden.

Wer, wenn es Krieg gibt, fragt Erasmus vor fast genau einem halben Jahrtausend, wird denn von den Kombattanten seine Sache für die falsche erklären? Anders, weil man am Verhandlungstisch sich über Gut und Böse, Richtig und Falsch nicht einigen kann, treibt man sich in den Wahnsinn, das Schlachtfeld als den Ort einer Gottes-Justiz, eines Orlogs, zu erklären. Und dann wird der effizienteste Mörder, weil er gesiegt hat, sich das Recht nehmen zu behaupten, dass er immer schon im Recht gewesen ist. Er hat in Wahrheit nur bewiesen, dass er unmenschlicher ist als derjenige, den er besiegt hat. Denn zum Sieg gehört der Einsatz der furchtbarsten Zerstörungsmittel.

Im Vorfeld jedes Kriegs werden Sie mit Lügen und Propaganda-

Aussagen dahin gelenkt, den potenziellen Gegner zu hassen. Er war schon immer schlimm, immer war der Russe schuld. Er war es in Wirklichkeit nie im ganzen zwanzigsten Jahrhundert, aber er hatte es zu sein, weil wir Macht über seinen Korridor haben wollen. Brzezinski, als Vordenker der US-amerikanischen Außenpolitik, konnte sich rühmen zu erklären, was wir zu fürchten hätten: Nicht den Russen, aber dass sich Westeuropa und Russland verbinden würden zu einem Wirtschaftsraum von Lissabon bis Wladiwostok. Eurasien als ein Wirtschaftsraum, das wäre das Ende der US-amerikanischen Weltmachtvision. Das müssen wir fürchten. Deshalb darf Nord Stream 2 nicht in Betrieb genommen werden, deshalb, damit die USA sich durchsetzen, müssen wir Flüssiggas aus Fracking teuer anlanden in speziellen Häfen, die noch gebaut werden.

Aber das alles wird garniert mit moralischen Gründen. Die da drüben sind böse. So muss das sein: Wenn Sie Menschen töten sollen, dürfen Sie keine Menschen mehr töten, sondern haben Sie es zu tun mit Ungeziefer, Pesterregern, Läusen, Teufeln, was auch immer. Und das Furchtbare ist, dass Begriffe, die zur Moral gehören, und eben deshalb einen jeden Menschen, weil er ein Mensch ist, einbeziehen, fraktioniert werden zum Gegensatz zwischen den hier Guten und den drüben Bösen. Und selbstredend sind ständig wir die Guten und natürlich die jenseits der Grenzen das absolut Böse. Allein dieses Kalkül verändert alles, was wir Menschlichkeit nennen könnten.

Phil Zimbardo, ein US-amerikanischer Psychologe, hat zwei Bücher darüber geschrieben: »Das Stanford-Gefängnis-Experiment« und »Der Luzifer-Effekt« zu Abu Ghraib. Er wollte lediglich beschreiben, was daraus wird, wenn sich eine Gruppe von Menschen als die Guten hinstellt und sich die Aufgabe zuspricht, die Gegengruppe als die Bösen bekämpfen zu müssen.

Kämpft nicht gegen das Böse

Bei der Rüstung haben wir gesehen, dass wir immer gefährlicher, brutaler, schrecklicher rüsten müssen. Dieselbe Aussage müssen wir jetzt ins Moralische ziehen. Wir, die Guten, sind gewissermaßen der

Erzengel Michael im Kampf gegen den Teufel. Auf diese Art werden
wir das Böse, das wir bekämpfen wollen, in unsere eigene Seele und
Psyche aufnehmen. Wir müssen böser sein als jeder denkbare Böse
sein könnte. Wir wollen den Bösen in die Hölle schicken, aber wir
machen die ganze Welt, dabei an allererster Stelle uns selber, zum
Herrschaftsgebiet des Teufels. Diese Spaltung der Moral verdirbt
selbst Menschen, die es gut meinen, dahin, die schlimmsten Dinge
tun zu können oder sogar tun zu müssen. Auch diese Spirale müssen
wir irgendwann einmal durchbrechen. Und wieder hätte die Bergpredigt vollkommen recht: Kämpft nicht gegen das Böse, steht da.
(Matthäus 5, 39)

Und Isaac Newton hat recht: Druck erzeugt Gegendruck. Das
Böse, das Sie bekämpfen, schleicht sich ein in Sie selbst, in Ihre Seele. Es verbessert nichts. Der Crash von zwei Druckstärken reprodu-
ziert sich, quadriert sich, vergrößert sich ins immer Höhere. Kampf
gegen das Böse ist daher gar nicht möglich. Wie aber dann?

Eben noch sagte ich, wir könnten ja mal schauen in die Augen
Ihres bissigen Hundes, besser: Ihres vermeintlich gefährlichen Gegners, und Sie interessieren sich für dessen Angst. Dann sind Sie
dicht dabei zu tun, was in moralischer Absicht das einzig Richtige
wäre: Sie suchen den anderen zu verstehen in den Gründen, weswegen er so handelt. Wenn Sie es aus dem Bergpredigt-Text nicht lesen
wollen, können Sie es auch 500 Jahre früher vom Buddha hören:
Natürlich gibt es Gut und Böse, aber beides hat seine Ursachen.

Dann kommen wir nicht daran vorbei, dem Papst recht zu geben,
wenn er sagt, der Krieg in der Ukraine hat ja Gründe. Solche, die bei
uns liegen. Warum werden in unserer Gesellschaft denn Menschen
böse? Doch nicht, weil ihnen das einfällt oder weil sie Spaß daran
hätten. Sie können 2001 noch Putin im deutschen Bundestag sehen,
wo er auf Deutsch eine Rede hält und ihm die damaligen Abgeordneten Standing Ovations geben. Das war 2001.

2005 sehen Sie Schröder, dessen Namen man gar nicht mehr aus-
sprechen darf, als Putin-Freund, auf den Stufen der Universität in
Königsberg, in Kaliningrad, stehen, gegenüber dem Kant-Denkmal

von Marion von Dönhoff, etwa 400 Meter von den Unterständen entfernt, die man als Museum geformt hat zur Erinnerung an die Zeit, als Königsberg noch als Festung gehalten werden sollte gegen den Ansturm der Roten Armee. Auf Russisch und Deutsch werden die Kommandos ausgetauscht, bestimmte Szenen eingespielt.

Die Vernunft Immanuel Kants, die Gedanken zum ewigen Frieden, konfrontiert mit dem ewigen Wahnsinn der Unterstände – wir müssen kämpfen! Putin und Schröder gemeinsam zur Einladung für einen europäischen Frieden.

Er sollte nicht zustande kommen. Als ein Jahr später in München bei Herrn Ischingers Konferenz zur Aufrüstung Putin erklärte, es droht, wenn wir so weitermachen, ein kalter Krieg, konnten deutsche Gazetten schreiben: Putin: Kalter Krieg! Den wollte er aber gerade vermeiden! Wir dagegen wollten ihn, unbedingt sogar, durch permanente Ausdehnung der NATO. Sie hatte '89 sechzehn Staaten, heute hat sie 30, bald 32 Staaten, und Moldawien und Georgien sind schon in der Zielscheibe. Das soll so weitergehen. Keine Versöhnung! Die Schwäche des anderen ausnutzen! Machtgewinn! Strategisch sich durchsetzen mit allen Mitteln!

Allein der Krieg im Nahen Osten hat über zwei Millionen Tote gefordert. Haben Sie irgendetwas gehört, dass wir dabei ein Verbrechen begangen hätten?

Wenn Julian Assange die Bilder verbreitet, die Chelsea Manning von einem Hubschrauberangriff auf Zivilisten in Bagdad weitergegeben hat, wenn gezeigt wird, mit welchem Jargon man Menschen kaputt schießt, reuelos, skrupellos, und es kommt ins Internet, dann ist nicht das Verbrechen der GIs das Verbrechen, sondern dass es mitgeteilt wird im Internet. Dafür gehört Assange 175 Jahre lang eingesperrt, muss verfolgt werden seit zehn Jahren, mit falschen Behauptungen getrieben werden. Darf er, wenn überhaupt, in London nur bleiben, weil er so krank ist, dass er nicht überstellt werden könnte in die USA, nicht weil wir, die Europäer, mal sagten, es muss möglich sein, die Verbrechen des Militärs offenbar zu machen, damit sie aufhören?

Die Lüge muss ein Ende haben!

Was wir erleben, ist, dass die simpelste moralische Reaktion auf das verbrecherische Militär unterdrückt werden muss durch Geheimhaltung, und das ist die Geschichte des Militärs überhaupt. Nie dürfen Sie wissen, was gemacht und geplant wird. Sie sind ja die Bürger, die sich geschützt fühlen müssen durch den starken Staat, der nur das Gute will. Noch einmal Immanuel Kant. Er konnte sagen, die Moral des Politischen ist ganz einfach: Handele so in der Öffentlichkeit, dass du deine Absicht öffentlich erklären könntest. Alle Lügen, Geheimdiplomatie, Spionage, Waffen, die der Gegner gar nicht kennen darf, die ihn aber abschrecken sollen, fänden augenblicklich ihr Ende.

Und dann käme zur Moral noch ein Weiteres: Wir dürften uns nicht länger einreden lassen, dass die Trennung von Gut und Böse juristisch und ethisch unausweichlich wäre. Wenn jemand wirklich etwas tut, das nach moralischer Wertung als böse bezeichnet werden muss, ist uns nicht die Pflicht gegeben, dagegen anzukämpfen, sondern nachzuschauen, aus welchen Zusammenhängen, mit welchen Absichten, unter welchen Bedingungen der andere so in die Ecke getrieben wurde, dass er meinte, so handeln zu sollen. Und diese Umstände, die wir selber mit zu verantworten haben, müssen wir abtragen.

Was ist mit der Ukraine?

Der Krieg wäre bis zum letzten Tag nicht nötig gewesen, hätte man akzeptiert, was Russland forderte:

Militärisch-politische Neutralität der Ukraine, endlich Frieden im Donbass und die Zugehörigkeit der Krim zu Russland.

Stattdessen hatte es das United Kingdom nötig, den Ansatz einer solch möglichen Verhandlung zu unterminieren und Selenskyj dann den Rücken zu stärken mit immer neuen Versprechungen. Er muss durchhalten, er ist der Starke, er muss gegen die Russen hetzen.

Ich will die Politik, die dahintersteht, kulturgeschichtlich nicht länger kommentieren, aber erinnern darf ich daran, dass Kiew einmal um das Jahr 900 der Ursprungsort der russischen Orthodoxie war und die russische Kultur dort ihre Wurzeln hat. Die Ukraine hat länger zu Russland gehört als es die Vereinigten Staaten von Amerika überhaupt gibt. Dass die Ukrainer nicht gerade glücklich waren unter der Zarenherrschaft und noch weniger unter Stalin, ist allgemein bekannt. Auch die Russen haben gigantische Fehler begangen. Die Kornkammer, die Ukraine, mit Millionen Hungertoten unter Stalin in den dreißiger Jahren, das dürfen wir nicht übersehen: das hat den Hass mancher Ukrainer auf Russland bestätigen und erklären können. Vergessen dürfen wir auch nicht, dass, als die Nazis einmarschierten, ganze Teile der Ukraine die Deutschen begrüßten als Befreier von Stalin. Und von dieser Denkungsart gibt es heute noch in der Kiewer Regierung eine ganze Reihe Bandera-Anhänger.

Imperialismus und Kapitalismus

Das alles müssten wir verstehen, und wir müssten es durch Friedfertigkeit, aber nicht durch Aufrüstung beantworten. Versöhnung müsste ein Ziel sein, aber dann müssten wir aufhören, imperiale Machtpolitik zu treiben, dann müssten wir wohl auch begreifen, dass der Imperialismus nicht nur eine politische Machtgebärde ist, sondern gewissermaßen eine kapitalistische Notwendigkeit. Ein Wirtschaftssystem wie das unsere kann Frieden nicht wollen. Es besteht auf dem Glaubenssatz, dass das Bessere der Feind des Guten ist, also dass wir immer schneller in Konkurrenz miteinander den anderen vor die Wand stellen müssen. Schneller, größer, weiter, reicher, umfangreicher, das ist Krieg im Wirtschaftsraum. Und es soll keine Überlebenden geben außer dem Sieger. The winner takes it all. Und der Zweite ist der schlimmste Verlierer; hätte er nur ein bisschen schneller laufen können, hätte er ja gesiegt. Schade, schade!

Diese Welt der permanenten Konkurrenz dürfen wir nicht länger akzeptieren, auch wenn sie uns beigebracht wird und schon in der Schule, schon im Kindergarten, im Leistungsvergleich gefördert wird. Was dabei nicht gefördert wird, ist die simple Menschlichkeit, Mitgefühl zu entwickeln, Sensibilität, Empathie, die Verbindlichkeit von Gefühlen, die einander zugesagt werden, die Gültigkeit von Versprechen, die dem Frieden dienen. Eine Politik, die mit System alles das verleugnet, eine Dauer-Presse, die jeden Tag das Gegenteil uns in die Seele schreiben möchte, können wir nur ablehnen, weil das, was menschlich ist, darin bewusst verfälscht wird.

Machen Sie die simpelste Probe aufs Exempel. Nehmen Sie 1916, die Schlacht von Verdun. Hunderttausende von Toten! Und was steht in den Zeitungen? Wie tapfer unsere Soldaten unter dem Gefechtsfeuer des Feindes ihre Stellung bewahren, wie sie zurückschießen und drüben furchtbare Verwundungen und Verletzungen anrichten, eine Siegeshymne aus der Orgie des Schreckens. Niemals, behaupte ich, hat irgendeine Zeitung die Wahrheit geschrieben über das, was ein Schlachtfeld ist. Tucholsky konnte das. Er nannte 1914 bis 1918 »die große Boulangerie«. Schlimmer als das Schweineschlachten ist das Schlachten von Menschen, aber deshalb nennen wir es ja eine Schlacht, deshalb nennen wir es Schlachtfeld. Und keine Zeitung zeigt uns die Realität. Am Ende muss man die Schuldgefühle, den Rest an Menschlichkeit abwischen mit Trophäen, Konfetti-Paraden und neuen medialen Begleiterscheinungen.

1991 im ersten Irak-Krieg, als Bush der Ältere mit mehr als 30 Staaten ein Dritte-Welt-Land überfiel, brauchte man in USA, in God's own country für die sechs Wochen Krieg sechs Monate für die Parade des Sieges zwischen Los Angeles und New York City. Nach Vietnam hatte Amerika endlich gesiegt und nach dem Zusammenbruch des Sowjet-Imperiums der Welt gezeigt, wer der Herr der Welt ist. Das musste bejubelt werden, und so ging es dann weiter.

Die große Chance der Nicht-Gewalttätigkeit

Oder Nine Eleven 2001. Ein einziger hat damals die Wahrheit gesagt, die ich übrigens hier im Sender Freies Berlin am gleichen Tage noch im Gespräch mit meinem Freund Michael Longard sagen konnte: Die USA müssen sich hüten, darauf mit Gewalt zu reagieren. Wenn sie das begreifen, läge der Frieden nahe. Zwei Tage später, in Süditalien, hörte ich die Antwort des Dalai Lama auf die Frage einer

ziemlich entsetzten US-amerikanischen Journalistin, was denn an
9/11 passiert sei: That's a great chance for non-violence, meinte der
Dalai Lama, eine großartige Chance für die Nicht-Gewalttätigkeit.
Wie bitte, Sir? Eine große Chance!

Stellen Sie sich vor, 2001 hätten die USA sich gefragt: Warum
hassen sie uns? Welche Gründe haben sie? Die Kolonialpolitik in
Jahrhunderten, in denen wir den gesamten Kulturgürtel im Nahen
Osten verwüstet haben und abhängig gemacht, Grenzen gezogen,
ausgebeutet haben. Es gibt 100 Gründe, weswegen sie uns nicht ge-
wogen sind. Dem müssen wir einmal nachgehen; nur eines dürfen
wir nicht: Hass mit organisierten Militärschlägen beantworten, in
denen wir die ganze Welt zu einem unsichtbaren, aber dann sehr
konkretem Schlachtfeld machen.

Und dann: Drohnenmorde! Wieder Geheimhaltung! Die deutsche Regierung darf nicht wissen, dass allein über Ramstein inzwischen mehr als 10.000 Drohnenmorde, auch unterschrieben von
Barack Obama, Friedensnobelpreisträger, zu verantworten sind.
Er hat ja auch bei seinem Besuch in Deutschland gesagt, von deutschem Boden gingen keine Raketen aus. Das ist das übliche double-
speak. Sie werden gelenkt, die Raketen, von deutschem Boden aus.
Aber das darf man nicht wissen, Frau Merkel nicht, Herr Steinmeier
nicht. Dann müssten wir uns ja den USA verweigern und sagen, wir
hören auf, faktisch eure Kolonie zu sein. Das sollten wir 1949 werden, aber nun ist Feierabend damit. Wir sind es endgültig leid, eure
Fußtruppe bei euren Machtspielen zu sein.

Jetzt sollen die Europäer Russland angreifen, damit ihr im Pazifik China in Containment-Politik einkreisen und angreifen könnt.
AUKUS – Australien, Großbritannien (UK), USA plus Japan, Taiwan, möglicherweise noch Indien, schnüren einen Gürtel komplett
um China, den nächsten Staat, den wir dämonisieren und terrori-
sieren müssen. Wir könnten von der Seidenstraße lernen, was Wirt-
schaften bedeutet: Der eine gibt dem anderen, was er nicht hat, und
bekommt deswegen, was er nicht hat. Frieden wäre Handel.

Und das Eurasien von Lisboa bis Wladiwostok, wir hätten es ha-

ben können! Aber dann müssten wir Nein sagen zur Imperialpolitik
der USA, zur NATO! Raus aus der NATO! Mit ihr ist kein Frieden
möglich, weil er nicht sein soll.

Der Frieden soll auch deshalb nicht sein, weil wir glauben, dass
wir als die Stärkeren uns den Krieg leisten können wegen Rüstungs-
überlegenheit, militärischer Überlegenheit. Wir sind schon die
number one, und jetzt müssen wir zeigen, *dass* wir es sind und es
bleiben, ein amerikanisches 21. Jahrhundert.

Stattdessen müssten wir mit dem antworten, was wir in Europa
gelernt haben über Menschlichkeit, über Güte von unseren Philosophen, aus dem Neuen Testament, aus der Kulturtradition, die dazu
gehört, zu wissen, dass ein Krieg nichts schafft als Unheil. 30 Jahre,
von 1618 bis 1648, haben wir erlebt, wie man ganz Europa verwüs-
ten kann, nur in Machtspielen, unter dem Vorwand von Religion,
von absoluter Richtigkeit. Wir haben das gelernt und ihr hättet es
lernen können 1863 in euerm Bürgerkrieg. Wir könnten uns die
Hand über dem Atlantik reichen zum Frieden. Aber wenn ihr jetzt
weitermachen wollt wie bisher, machen wir nicht länger mit und
sagen:

Raus aus der NATO! Verantwortung für die Welt! Nein zur Rüstung und Ja zu einer universellen Menschlichkeit!

Gerne schließe ich mit einem Satz, der von Mahatma Gandhi
stammt. Wir überlegen ständig, was denn zu tun ist, um den Frieden zu retten, zu bewahren. Ganz einfach: Es gibt keinen Weg zum
Frieden. Der Friede selber ist der Weg.

Und wer nicht damit anfängt, kann dort nicht ankommen.

Dann haben Sie das ganze Programm des Neuen Testaments:
Abrüsten, einseitig, das ist, was Jesus fünf Tage, bevor man ihn ans
Kreuz schlagen wird, der Menschheit vorlebt – beim Einzug in Je-
rusalem. Er zitiert ein Wort des Propheten Sacharja: Käme wirklich
jemand, der die Welt verändern könnte im Namen Gottes, wäre seine erste Maßnahme, die Bogen zu zerbrechen, die Kriegswagen zu
verbrennen. (Sach 9,9. Mk 11,2) Das ist das Programm Jesu. Und
dann hat Paulus völlig recht, wenn er im 1. Korinther-Brief sagt:

Die Herrscher dieser Welt nennen das Wesen Gottes, seine Güte, schlicht und einfach Wahnsinn. Und deshalb haben sie Jesus umgebracht.

Wir müssen sagen, was die da oben Wahnsinn nennen mit Bezug auf Gottes Güte, zeigt nur die Paranoia, in der sie selber existieren. Und wir brechen aus dem Irrenhaus dieser Politik ein für alle Mal aus.

Wir beschließen, frei zu sein.

Und dann sind wir bei dem, was Wolfgang Borchert 1947 in Basel auf seinem Krankenlager als sein Vermächtnis an die Menschheit sagen konnte:

> Du. Mann an der Maschine und Mann in der Werkstatt. Wenn sie dir morgen befehlen, du sollst keine Wasserrohre und keine Kochtöpfe mehr machen – sondern Stahlhelme und Maschinengewehre, dann gibt es nur eins: Sag NEIN!

> Du. Forscher im Laboratorium. Wenn sie dir morgen befehlen, du sollst einen neuen Tod erfinden gegen das alte Leben, dann gibt es nur eins: Sag NEIN!

> Du. Mutter in Deutschland und Mutter in der Ukraine, wenn sie morgen befehlen, ihr sollt Kinder gebären, Krankenschwestern für die Spitäler und Jungen für die Front, dann gibt es nur eins: Mutter in Deutschland, Mutter in der Ukraine, sagt NEIN!

> Du. Pfarrer auf der Kanzel. Wenn sie dir morgen befehlen, du sollst den Mord segnen und den Krieg als Gottesurteil heilig sprechen, dann gibt es nur eins: Sag NEIN!

Denn wenn ihr nicht NEIN sagt, wird das stets so weitergehen und immer noch viel schlimmer kommen.

Interview mit Gabriele Krone-Schmalz

»Mit schweren Waffen ist niemandem gedient«[*]

Geht es darum, Russland zu verstehen, kommt man nicht um Gabriele Krone-Schmalz herum. Bereits in ihrer Dissertation befasste sich die spätere ARD-Journalistin mit dem flächenmäßig größten Land der Welt. Zwischen 1987 und 1991 war sie Korrespondentin in Moskau, wo es ihr als erster Journalistin aus dem Westen gelang, Michail Gorbatschow zu interviewen. Für ihre Verdienste erhielt Krone-Schmalz 2008 die Puschkin-Medaille, eine prestigeträchtige Auszeichnung »in Anerkennung ihres Beitrages zur Festigung der Freundschaft und Zusammenarbeit zwischen Russland und Deutschland«. Ihre Erlebnisse und Erfahrungen beschrieb die heutige Professorin für Journalistik in mehreren Bestsellern. Ihr Werk »Russland verstehen« sei gerade nicht erhältlich, wie Gabriele Krone-Schmalz am Telefon mitteilt. Titel und Inhalt müssen aktualisiert werden – um Missverständnissen vorzubeugen.

Frau Krone-Schmalz, wie sind Sie für Ihre Tätigkeit auf Russland gekommen?

Das hat vielleicht damit zu tun, dass ich im Kalten Krieg aufgewachsen bin und mir schon in jungen Jahren – vermutlich stabilisiert durch ein wunderbares Elternhaus – nicht vorstellen konnte, dass

[*] Die Herausgeberin und der Herausgeber sowie der Verlag danken Gabriele Krone-Schmalz sowie der Schweizer Zeitung *Die Weltwoche* für die Genehmigung, die einführenden Zeilen und das Interview in diesem Band wiederzugeben. Das Interview führte Roman Zeller, es erschien am 5.4.2022 in: Die Weltwoche 18/22.

sich die Welt so simpel in Gut und Böse aufteilen lässt. Um mehr über die Ost-West-Konfrontation zu erfahren, habe ich osteuropäische Geschichte und politische Wissenschaften studiert. Nach einigen Jahren im innenpolitischen Bereich hat mir der Westdeutsche Rundfunk die Korrespondentenstelle in Moskau angeboten. Eine Riesenchance! Damals fing die Perestroika-Politik von Michail Gorbatschow gerade erst zu wirken an. Es gab so unendlich viel aus diesem Land zu berichten, das sich langsam, aber sicher öffnete.

Sie waren von 1987 bis 1991 Korrespondentin in Moskau. Wie erlebten Sie diese Jahre am Ende des Kalten Krieges?
Als ungeheuer bereichernd und gleichzeitig als enorm anstrengend. Es hilft der eigenen Entwicklung sehr, mit seinem Wohnsitz mal die Seiten zu wechseln und hautnah zu erleben, dass man nicht der Nabel der Welt ist. Ich habe in der Zeit gelernt, zu akzeptieren, dass sich nicht alle Widersprüche auflösen lassen. Westliches Denken läuft ja eher darauf hinaus, für alles eine Lösung zu finden, alles irgendwie in den Griff zu kriegen. Aber das geht nicht, man muss Widersprüche auch mal aushalten. Ich hatte das Glück, in einer Zeit in Russland arbeiten zu dürfen, in der die Aufbruchsstimmung mit Händen zu greifen war und die Bereitschaft der Menschen, aufeinander zuzugehen und sich zu vertrauen. Nicht umsonst hat Michail Gorbatschow damals von einem europäischen Haus gesprochen, das man gemeinsam bauen wolle. Davon sind wir heute leider meilenweit entfernt. Trotzdem lohnt es sich, zu analysieren, warum das nicht geklappt hat. Und zwar schonungslos. Das heißt auch, mal einen Perspektivwechsel vorzunehmen und nicht immer nur alles aus der eigenen Warte zu betrachten.

Haben Sie, als Deutsche, damals irgendwelche Ressentiments erfahren?
Nein, und das kann ich bis heute noch nicht fassen. In diesem Riesenreich gab es nirgendwo auch nur einen einzigen Menschen, der mir oder meinem Mann feindselig begegnet wäre. Diese Bereitschaft zur Vergebung für die deutschen Gräueltaten im Zweiten Weltkrieg

wird meines Erachtens viel zu oft als selbstverständlich hingenommen. Dabei ist es eine moralische Höchstleistung, alles andere als selbstverständlich.

Wie lautet Ihre wichtigste Erkenntnis über die Russen?
Ich glaube, »die« Russen gibt es genauso wenig wie »die« Amerikaner oder Deutschen. Wenn ich denn unbedingt etwas über russische Menschen sagen sollte, dann dies: verlässlich, von großer Herzlichkeit und Tiefe, das Gegenteil von Oberflächlichkeit.

Und was ist die falscheste Vorstellung, die über Russland herumgeistert?
Dass russische Menschen nicht in der Lage seien, sich um ihre eigenen Probleme zu kümmern.

Während Ihrer Zeit in Moskau, wie frei waren Sie als Journalistin?
Sehr frei. Der politische Wille hieß Glasnost, Transparenz. Wir konnten in Russland zum Beispiel viel freier arbeiten als in der DDR.

Wie steht es heute um die Meinungsfreiheit in Europa? Die EU hat unlängst Russia Today verboten, diesen »Propagandakanal des russischen Regimes«.
Ich finde, dass es nicht zu unserem System und unserem Anspruch passt, ausländische Sender zu verbieten. Haben wir wirklich so viel Angst vor anderen Sichtweisen, anderen Meinungen? Was sagt das über den Zustand unserer Gesellschaft aus und über den sogenannten mündigen Bürger? Im Grunde machen wir damit genau das, was wir Russland und anderen Staaten vorwerfen.

In der Zwischenzeit haben Sie mehrere Russlandbücher publiziert und befassten sich auch mit Putin. Was haben Sie, als Sie sich mit der Person des russischen Herrschers auseinandersetzten, über ihn gelernt?
Dass zwischen seiner ersten Amtszeit und heute eine große Veränderung stattgefunden hat. Ich beziehe mich nicht nur auf die denkwürdige Rede 2001 vor dem Deutschen Bundestag, die jetzt

viele als argwöhnische Täuschung zu brandmarken suchen. Es gab
ernstzunehmende Vorschläge für einen gemeinsamen Wirtschaftsraum – von Wladiwostok bis Lissabon – und für eine gemeinsame
Sicherheitsarchitektur – von Wladiwostok bis Vancouver. Es gab
bemerkenswerte Anstrengungen innerhalb Russlands zum Aufbau
einer starken Zivilgesellschaft. Das lässt sich alles belegen. Und diese
Westorientierung war zum damaligen Zeitpunkt keineswegs ein in-
nenpolitischer Selbstläufer. Dafür hat Putin kämpfen müssen, denn
die chaotische Zeit unter Boris Jelzin, dem ersten Präsidenten Russlands, hatte Werte wie Demokratie und Freiheit diskreditiert. Aber
im politischen Westen hatte man sich offenbar entschlossen, Russland als zusammengekrachte Supermacht nicht ernst zu nehmen,
und hat das auch deutlich gezeigt. Zudem wurde Putin lange Zeit
lediglich als »KGB-Mann« wahrgenommen und nicht als Präsident
eines Landes, das dabei war, sich von Grund auf umzustrukturieren.

*Was will Putin? Glauben Sie, dass er sich die Ukraine einverleiben
will? Um zu alter sowjetischer Größe zu finden?*
Sagen wir es so: Ich habe mich schon mal geirrt, indem ich nie damit
gerechnet hätte, dass Russland in die Ukraine einmarschiert. Aber
ich bin nach wie vor aus guten Gründen davon überzeugt, dass es,
jedenfalls bis vor kurzem, nicht Putins Ziel war, eine wie auch immer geartete Sowjetunion wieder aufleben zu lassen. Klar war und
ist, dass es russische Sicherheitsinteressen massiv tangiert, wenn
Länder wie die Ukraine oder Weißrussland wirtschaftlich und militärisch in westliche Bündnisse eingebunden sind. Darauf hat der
russische Präsident immer wieder hingewiesen. Es war aus meiner
Sicht nicht sehr hilfreich, wenn dann von westlicher Seite lediglich der Vorwurf kam, man befinde sich schließlich nicht mehr im
19. Jahrhundert und im Denken von Einflusszonen. Das scheint mir
einigermaßen heuchlerisch. Oder wollte irgendjemand behaupten,
die USA dächten nicht in Einflusszonen? Die Ukraine als Brücke
zwischen Ost und West – das wär's gewesen. So sah das im Übrigen
auch Henry Kissinger.

Wie bezeichnen Sie Russland, als westliches oder als östliches Land?
Oder schwebt es irgendwo im Niemandsland?
Das ist eine interessante Frage, auf die es innerhalb Russlands auch
durchaus unterschiedliche Antworten gibt. Wenn man es rein geo-
grafisch betrachtet, dann müsste die Antwort »eher östlich« lauten,
denn der weitaus größte Teil Russlands befindet sich östlich des
Urals. Politisch, historisch und kulturell betrachtet, war der Schwerpunkt immer westlich des Urals. Ich habe allerdings den Eindruck,
dass sich das Selbstverständnis Russlands, das ich noch bis vor gar
nicht allzu langer Zeit eher als europäisch wahrgenommen habe,
zu verschieben beginnt. Nicht ins Östlich-Asiatische, sondern hin
zu einer Sonderform, die beide Elemente verbindet und von denen
noch nicht klar ist, welches die Oberhand gewinnen wird.

Treibt die russophobe Haltung des Westens Russland nun in die Arme
Chinas?
Eindeutig, ja. Wobei Russland in dieser Konstellation der Junior-
partner ist. Russland und China – das ist keine Liebesbeziehung,
eher eine Zweckgemeinschaft, die so lange funktionieren wird, wie
sie den Interessen beider Staaten dient.

Mit was für Gefühlen blicken Sie derzeit nach Moskau?
Mit großer Sorge und Trauer. Ich denke an meine Freunde dort und
versuche mir vorzustellen, wie sie sich fühlen. Als Aussätzige und
Unerwünschte im europäischen Ausland, das sie so gerne bereist
haben. Ich war jetzt wegen Corona länger nicht in Moskau und frage mich, wie sich die Restriktionen – man darf ja zum Beispiel das
Wort Krieg nicht in den Mund nehmen – auf die Stimmung in dieser pulsierenden Metropole auswirken.

Wie schätzen Sie die Sanktionen ein? Für wie einschneidend halten
Sie sie?
Sie schaden Russland, überhaupt keine Frage. Ob sie dazu führen,
dass der Krieg schneller beendet wird – da habe ich meine Zwei-

fel. Nach dem Motto »Jetzt erst recht« ist in Russland eine Menge an Durchhaltewillen und Leidensbereitschaft zu mobilisieren. Eine Wagenburgmentalität gegen den Westen ist seit längerem festzustellen. »Der Westen will uns nicht«, das denken viele. Was die westlichen Sanktionen allerdings auch bewirken, sind enorme und vermutlich noch nicht völlig absehbare Probleme für die Sanktionierenden selbst, je nach Land unterschiedlich stark ausgeprägt. Ich habe den Eindruck, dass viele von denen, die bei uns so vollmundig nach Öl- und Gasembargos rufen, keine wirkliche Vorstellung von den Konsequenzen haben. Mit ein bisschen frieren wird es nicht getan sein.

Auf breites Unverständnis stößt heute, dass Angela Merkel 2008 die NATO-Mitgliedschaft der Ukraine blockierte. War dieser Entscheid wirklich ein Fehler?
Nein, auf keinen Fall. Die Ukraine in die NATO aufzunehmen, hätte meiner Ansicht nach damals schon zu kriegerischen Auseinandersetzungen geführt. Es war von Deutschland und Frankreich ein sehr weiser Entscheid. Aber man muss wissen, dass dadurch die NATO-Perspektive nicht vom Tisch war und in allen weiteren NATO-Papieren als Ziel erhalten geblieben ist.

Geht es nach den Journalisten, hätte Deutschland längst die Gasleitung kappen, noch mehr und schneller schwere Waffen liefern, militärische Truppen senden müssen: Für wie gefährlich halten Sie diese kriegstreiberische Stimmungsmache?
Mich wundert die Chuzpe, mit der eine Berufsgruppe, deren Mitglieder weder gewählt noch in irgendeiner Form bevollmächtigt sind und die sich auch nicht im demokratischen Sinne verantworten müssen, versucht Politik zu machen. Ich halte das für inakzeptabel.

Und wie beurteilen Sie Kanzler Olaf Scholz?
Bis zu seiner Entscheidung, schwere Waffen zu liefern, war ich jeden Tag dankbar für die Mischung aus Gelassenheit und Entschlossen-

heit, einen dritten Weltkrieg zu verhindern. Ich hätte mir gewünscht, dass die Bürger für ihren Bundeskanzler mal auf die Straße gehen, um ihm den Rücken zu stärken. Es erschreckt mich, dass laut Umfragen eine Mehrheit in unserer Gesellschaft die Lieferung schwerer Waffen richtig findet. Das wird den Krieg nicht verkürzen, sondern in die Länge ziehen, noch mehr Opfer fordern und das Risiko eines Weltkriegs deutlich erhöhen. Damit ist letztlich niemandem gedient.

Wie entscheidend ist die Rolle von US-Präsident Joe Biden? Oder anders: Wie gefährlich ist seine konfrontative Politik für den Weltfrieden?
Klar ist, ohne die USA wird es keine Lösung geben. Zyniker behaupten, dass es zurzeit für die USA gar nicht besser laufen könnte: Russland und die Ukraine zerfleischen sich gegenseitig, man muss nur abwarten und versuchen, nach Möglichkeit einen dritten Weltkrieg zu vermeiden, wobei der sich im Fall der Fälle im Wesentlichen in Europa und nicht auf amerikanischem Territorium abspielen würde. Und wirtschaftlich – endlich ist die verhasste Pipeline Nord Stream 2 Geschichte und der Weg frei zur Vermarktung von Fracking-Gas aus den USA, das bisher aus Umweltschutzgründen und wegen des hohen Preises eher keine Chance hatte. Die Sanktionen schaden Russland und der EU, den USA schaden sie eher nicht. Der amerikanische Präsident hat natürlich das Problem, mit uneindeutigen Mehrheitsverhältnissen umgehen zu müssen. Und faktisch »drohen« alle zwei Jahre Wahlen, deren Ausgang alles andere als sicher ist. Über alldem darf nicht in Vergessenheit geraten, dass dieser russische Angriffskrieg gegen die Ukraine zu verurteilen ist, aber das darf einem nicht den Blick auf die Realitäten vernebeln. Im Grunde sollte Krieg in unseren sogenannt zivilisierten Zeiten ohne hin keine Option mehr sein. Aber das ist wohl Wunschdenken.

Wie lautet Ihr Idealszenario, um diesen Krieg zu beenden?
Das Idealszenario muss auf jeden Fall leisten, dass alle Beteiligten gesichtswahrend aus dieser Sache herauskommen. Wer sich auf den Standpunkt stellt, dass man das «diesem Kriegsverbrecher Putin«

nicht zubilligen dürfe, sollte sich fragen, ob es ihm wirklich um die Beendigung des Leids geht oder um die eigene Befindlichkeit. Nochmals ganz deutlich: Nichts rechtfertigt diesen Krieg, aber jetzt kann es nur darum gehen, dem so schnell wie möglich ein Ende zu bereiten, und nicht darum, irgendwelche Lektionen erteilen zu wollen. Das wird letztlich auf dem Rücken der Ukrainer ausgetragen und der Soldaten, die auf beiden Seiten sterben.

Ihre Lösung für sofortigen Frieden?

Ich habe die Waffenlieferungen von Anfang an für falsch gehalten, weil sie nicht dazu führen werden, dass die Ukraine »gewinnt«, sondern nur dafür sorgen, dass der Krieg in die Länge gezogen wird. Dann balancieren wir weiterhin auf der Rasierklinge mit Blick auf einen dritten Weltkrieg. Ich hätte nie gedacht, dass ich in meinem Beruf mal der Geheimdiplomatie das Wort reden würde. Aber jetzt hoffe und wünsche ich, dass genau das auf höchster Ebene passiert. Das mindert das Risiko von Gesichtsverlust der Beteiligten und das Zerreißen jedes Halbsatzes in den Medien. Wenn wir uns erinnern, was entspannungspolitisch alles möglich ist, dann müssen wir nur an den Beginn der sogenannten neuen Ostpolitik denken. Auch die begann ohne Öffentlichkeit, unmittelbar nachdem die Sowjetunion 1968 die Demokratiebewegung in der Tschechoslowakei niedergewalzt hatte. Das Ergebnis ist bekannt: über Jahrzehnte nur Vorteile für alle Beteiligten, sowohl humanitär als auch wirtschaftlich.

Autorinnen und Autoren

Sevim Dağdelen, Journalistin und seit 2005 Mitglied des Deutschen Bundestages, Obfrau im Auswärtigen Ausschuss und Vizevorsitzende der Deutsch-Chinesischen, Deutsch-Indischen sowie Deutsch-Amerikanischen Parlamentariergruppen des Bundestages.

Daniela Dahn, seit 1981 freie Schriftstellerin und Publizistin, vielfach ausgezeichnet, in der Wende Gründungsmitglied der Bürgerrechtsbewegung Demokratischer Aufbruch, zahlreiche Veröffentlichungen zur deutschen Einheit und ihrer Folgen, Gastdozenturen in den USA und Großbritannien, stellvertretende Vorsitzende des Willy-Brandt-Kreises, Mitglied des Wiss. Beirates IALANA und der Humanistischen Union.

Dr. Eugen Drewermann, international bekannter Kirchenkritiker, Psychoanalytiker, Schriftsteller, Redner, Friedensaktivist und Tierschützer. Seine Verteidigung des Einzelnen gegenüber den Zwängen durch Kirchenobere führte dazu, dass ihm auf Druck Kardinal Ratzingers, des späteren Papstes Benedikt, zuerst die Lehrerlaubnis, dann die Predigtbefugnis entzogen wurde. 2005 verließ Drewermann die katholische Kirche. Seine Bücher sind Bestseller.

Wolfgang Gehrcke, ehemaliges MdB DIE LINKE. 1961 sowohl Mitbegründer der Ostermarschbewegung als auch Eintritt in die illegale KPD. Seitdem friedenspolitisch und in linken Organisationen und Parteien (DKP, PDS, DIE LINKE) aktiv. Buchpublikationen, u. a. mit Christiane Reymann zu linker Strategie, Afghanistan, Nahost, deutsch-russischen Beziehungen.

Dr. Jörg Goldberg, Diplom-Volkswirt, Regierungsberater in Benin und Sambia, entwicklungspolitischer Gutachter mit Schwerpunkt Afrika. Redaktionsmitglied von Z. *Zeitschrift Marxistische Erneuerung.* Zahlreiche Veröffentlichungen, darunter: Ein neuer Kapitalismus? Grundlagen historischer Kapitalismusanalyse, Köln 2021.

Lühr Henken, Ko-Sprecher des Bundesausschusses Friedensratschlag (friedensratschlag.de), Herausgeber der Kasseler *Schriften zur Friedenspolitik*, Mitarbeit in der Berliner Friedenskoordination (frikoberlin.de).

Andrej Hunko, seit 2009 MdB DIE LINKE und Mitglied der Parlamentarischen Versammlung des Europarates und der OSZE. Schon lange zuvor war der Aachener aktiv gegen Krieg und Sozialabbau. Seit 2013/14 beschäftigt er sich mit dem Ukraine-Konflikt und möglichen Lösungen. Mehrfach besuchte er Russland und die Ukraine – teilweise als Wahlbeobachter des Europarates oder der OSZE.

Jörg Kronauer, Soziologe und freier Journalist. Lebt in London und ist Redakteur des Nachrichtenportals german-foreign-policy.com. Zahlreiche Veröffentlichen, darunter: Der Aufmarsch – Vorgeschichte zum Krieg. Russland, China und der Westen, Köln 2022.

Prof. Dr. Gabriele Krone-Schmalz, Journalistin und Publizistin. Zwischen 1987 und 1991 Moskau-Korrespondentin der ARD. Mitglied im Petersburger Dialog, seit 2011 Professorin für Fernsehen und Journalistik. Zahlreiche Veröffentlichungen zum Themenkomplex Russland, darunter: Respekt geht anders. Betrachtungen über unser zerstrittenes Land, München 2020.

Oskar Lafontaine war Ministerpräsident des Saarlandes und Bundesminister für Finanzen. Er war Vorsitzender der SPD und Vorsitzender der Partei DIE LINKE.

Prof. Dr. John Neelsen, ehem. Hochschullehrer am Institut für Soziologie der Universität Tübingen. Forschungsschwerpunkte: Entwicklungssoziologie (mehrjährige Forschungsaufenthalte in Indien und Sri Lanka), Nord-Süd-Beziehungen, politische Ökonomie.

Christiane Reymann, Publizistin. Studium der Soziologie und Politik in Marburg, Arbeit als freie Journalistin für Printmedien, Funk und Fernsehen. Zahlreiche Veröffentlichungen, darunter 2021: Buchbeiträge zu Frauen in Ost- und Westdeutschland, Linke und Staat.

Dr. Werner Rügemer, Publizist und interventionistischer Philosoph. Zahlreiche Bücher, darunter »Die Kapitalisten des 21. Jahrhunderts«, 3. Auflage, Köln 2021 und »Imperium EU«, Köln 2020.

Gerd Schumann lebt und arbeitet als freier Autor (u. a. *junge Welt*) in Berlin und in Mecklenburg. Zahlreiche Veröffentlichungen in Hörfunk und Printmedien, darunter Bücher zur Geschichte des deutschen Kolonialismus (Kaiserstraße, Köln 2021) und zu Joseph »Joschka« Fischer (Wollt ihr mich oder eure Träume?, Berlin 2021).

Ekkehard Sieker, Wissenschaftsjournalist, langjähriger Mitarbeiter bei den ARD-Magazinen *Monitor* und *Plusminus*, dazu Fernsehdokumentationen. Zurzeit am Max-Planck-Institut für Wissenschaftsgeschichte in Berlin. Zahlreiche Veröffentlichungen zu den Themen Kernenergie, Abrüstung, Geheimdienste und Terrorismus.

Bernhard Trautvetter, Studiendirektor a. D., Friedensökologe, Publizist, Sprecher des Essener Friedensforums, Mitglied im Bundesausschuss Friedensratschlag, in der VVN-BdA und der GEW. Aktiv seit den Zeiten des Vietnamkriegs und der Veröffentlichung des Berichts des Club of Rome (1972). Träger des Düsseldorfer Friedenspreises (2018) – Website: essenart.de

Lucas Zeise, Finanzjournalist, Studium der Philosophie und Volkswirtschaft. War an der Gründung der *Financial Times Deutschland* beteiligt. Zahlreiche Veröffentlichungen, darunter: Das Finanzkapital – Basiswissen (2. Auflage, Köln 2021).

Jörg Kronauer

**Der Aufmarsch –
Vorgeschichte zum Krieg**
**Russland, China
und der Westen**

Paperback
207 Seiten, € 14,90
ISBN 978-3-89438-778-5

»Als der Tag anbrach, breitete sich eine Schockwelle über die Welt aus:
In Europa tobte fast 23 Jahre nach dem NATO-Angriff auf Jugoslawien
wieder ein offener Krieg.« Diesen einleitenden Worten lässt Jörg
Kronauer die Vorgeschichte jenes Waffengangs folgen, in den der
Ukraine-Konflikt durch den russischen Angriff im Februar 2022 umschlug:
Dabei geht es um einen der beiden Großkonflikte, für die der Westen
seit Jahren rüstet. Einmal gegen Russland, das sich nach seinem
dramatischen Niedergang in den 1990ern stabilisiert hat und nun auf einer
eigenständigen Rolle in der Weltpolitik beharrt. Zum zweiten gegen China,
das bei rasantem Aufstieg im Begriff ist, zur Weltmacht zu werden. Dies
suchen die transatlantischen Staaten zu verhindern. Der Machtkampf
gegen Russland wie gegen China wird politisch, wirtschaftlich und medial
geführt. In wachsendem Maß kommt ein militärischer Aufmarsch hinzu.
Der Band zeigt: Eine künftige militärische Konfrontation, mit der bei
weiterer Brandbeschleunigung auch das Szenario eines allumfassenden
Weltkriegs bedrohlich aufscheint, liegt in der Logik dieser Politik.

PapyRossa Verlag